Anita Bind-Klinger

Aura-Soma, Bach-Blüten und Reiki

Die harmonische Verbindung der drei großen Heilsysteme

WILHELM HEYNE VERLAG
MÜNCHEN

HEYNE ESOTERISCHES WISSEN
Herausgegeben von Michael Görden
13/9813

Umwelthinweis:
Dieses Buch wurde auf chlor- und
säurefreiem Papier gedruckt.

Taschenbucherstausgabe 1/2000

Wilhelm Heyne Verlag GmbH & Co. KG, München
http://www.heyne.de
Printed in Germany 2000
Umschlaggestaltung: Atelier Bachmann & Seidel, Reischach
Umschlagabbildung: Comstock, Berlin; Lavendelfoto, Hamburg;
Livingston Media, Hamburg
Satz: Schaber Satz- und Datentechnik, Wels
Druck und Bindung: Elsnerdruck, Berlin

ISBN 3-453-16246-3

Inhalt

Danksagung

DHANYAVAD
DHANYAVAD
DHANYAVAD ANANDA

Freudiger Dank - Glückseligkeit - ein Mantra in Sanskrit-Worten

Meinen freudigen, innigen Dank empfinde, summe, singe und sage ich allen geistigen Führern und Lichtwesen, die mich in meiner Arbeit geleitet und begleitet haben, in schönen und schwierigen Stunden.

Meinen freudigen, innigen Dank meinem Mann Alfred, der mich in seiner Stärke und Liebe immer und immer wieder auffangen und aufrichten konnte und mir mit unermüdlicher Geduld die vielen Stunden am Computer erleichterte.

Meinen freudigen, innigen Dank all den Menschen in meiner Umgebung, die mich in Liebe und Verständnis, jeder auf seine Weise, unterstützten.

Meinen freudigen, innigen Dank an Peter Michel und Annette Wagner, die Initiatoren und Geburtshelfer dieses Buches waren

DHANYAVAD
DHANYAVAD
DHANYAVAD ANANDA

Einleitung

Seit einiger Zeit lebt ein Spruch in meinem Herzen. Er heißt:

Rede nur, wenn du gefragt wirst,
lebe so, daß du gefragt wirst,
und wenn du gefragt wirst,
sprich nur von dem, was du selbst erfahren hast.

Diesem Rat will ich auf den nächsten Seiten folgen. Man trat mit der einen oder anderen Frage an mich heran, über die sogenannten alternativen Naturheilverfahren zu schreiben und *gewisse Rezepte* für bestimmte Krankheitsbilder zu geben. Ich zögerte, weil ich nichts von Rezepten halte und tagtäglich damit konfrontiert bin, Verallgemeinerungen und Halbwahrheiten zu klären und wieder aufzulösen. Ich wollte nicht dazu beitragen, ein Mittel A gegen ein Leiden namens B einzusetzen und das Verfahren D gegen diesen oder jenen Charakterfehler. Dann jedoch wurde ich mit der Idee schwanger, die ganze Sache umzudrehen. Diese *Umkehr* besteht darin, nicht bestimmte *Heilmittel gegen etwas Negatives* zu benennen, sondern *Hinweise für etwas Positives.* Wobei ich der tiefsten Überzeugung bin, daß es keine negativen Krankheiten gibt, sondern nur Hilferufe des Körpers oder einfach Zeichen oder Konsequenzen aus unserem früher gelebten Verhalten.

Ein erstes Zögern verwandelte sich allmählich in eine große Freude und zu einem tiefen Wunsch, meine Erfahrungen dazu mitzuteilen. Meine Motivation, dieses

Buch jetzt zu veröffentlichen, ist es, mit einfachen Worten verschiedene Heilungswege zu beschreiben und bei der praktischen Anwendung erste Hilfestellung zu leisten. *Den Weg selbst kann nur der Mensch allein gehen.* Echte und dauerhafte Heilung geschieht im Inneren des Menschen und nirgendwo anders. Deshalb kann das Buch nur eine Hilfe zur Selbsthilfe sein. Es kann keine medizinische Behandlung ersetzen, dennoch können die beschriebenen Heilmethoden jede Therapie und alle Heilungsprozesse unterstützen oder begleiten.

Ein Buch, gleich welche Themen ihm zugrunde liegen, ist ein *konserviertes* Wissen. Es ersetzt in keiner Weise eigene Erfahrungen. Das Lesen einer Speisekarte im Restaurant ersetzt ja auch nicht das Bestellen, das Essen und das Verdauen. Im Leser selbst wird das Wissen individuell *lebendig.* Die Wörter und Begriffe, die ich hier zu Papier gebracht habe, werden durch Dein Lesen *in Deiner eigenen Sprache* lebendig, die in Deinen Erfahrungen wurzelt. Ich will dazu beitragen, was über das Verstehen möglich ist, zu erklären, was über die innere und äußere Wahrnehmung möglich ist, begreiflich zu machen - und kann nur dazu einladen, die eigene Verantwortung für sich selbst anzunehmen.

Kannst Du Dir vorstellen, daß gesund zu werden Spaß macht; daß es eine Freude sein kann, Ansichten und Einsichten zu korrigieren; und daß Veränderungen im Körperlichen wie im seelisch-geistigen Bereich mit Leichtigkeit geschehen können?

Seit Jahren erfahre ich an mir selbst und gemeinsam mit Menschen in meiner Naturheilpraxis *das ewige Spiel mit der Harmonie zwischen Krankheit und Gesundheit.* Manchmal ist es ein lustiges, spannendes Spiel, und ein anderes Mal finde ich das gar nicht mehr lustig und würde am liebsten die Spielregeln ändern. Ich durfte

Menschen in ihren Prozessen begleiten, in denen sich etwas ganz schwer und dramatisch änderte. Ebenso gab es Menschen, die sich dem Lebensfluß und den Anforderungen durch ihre Lebensaufgaben in tiefstem Vertrauen hingaben. Welch eine Freude und Kraft, so etwas mitzuerleben.

Ich stelle im Buch mehrere Methoden vor, von der *jede für sich allein* in die Heilung führen oder die Gesundheit stärken kann. Es ist genauso möglich, einzelne Therapien miteinander zu kombinieren. Reiki zum Beispiel unterstützt jede mir bekannte Therapie, das gilt auch für Edelsteine und die farbigen Aura-Soma-Essenzen. Es ist leicht möglich, sich mit diesem Buch selbst in die Welt der farbigen Edelsteine und Bach-Blüten einzuarbeiten. Für den Umgang mit Aura-Soma-Pomandern und Meisteressenzen braucht es eventuell ein Gespräch mit einem Aura-Soma-Berater, der die ganze Farbauswahl vorstellen kann; und für Reiki und dessen Anwendung ist der persönliche Kontakt zu einem Reiki-Meister erforderlich, der die Einweihungen oder Einstimmungen vollzieht und die Handstellungen erklärt.

Meine Absicht ist es, klar und deutlich auszudrücken, was mir mein Herz mitteilt. Ich lausche meinem Herzen und benutze Worte, symbolische Begriffe und Vergleiche, um die Wahrnehmungen aus *dem Bereich jenseits der Worte* zu erfassen, und bringe etwas davon an die Oberfläche des Erkennens. Unsere Sprache ist dabei nur ein Hilfsmittel, ähnlich einer Brücke, die zwei Uferseiten verbindet. Ich vertraue darauf, daß das, was ich überbringen will, auch zwischen den Zeilen zu lesen oder zu hören ist.

Es ist leider so, daß unsere deutsche Sprache sehr arm an neutralen Worten ist, bezogen auf die männlich-weiblich-Thematik. Das Buch mag männlich orientiert wirken, wenn ich über *den* Menschen schreibe und für den weiblichen Teil keine Silben anfüge. Mir ist es an dieser Stelle wichtig mitzuteilen, daß ich weibliche wie männliche Qualitäten gleichermaßen wertschätze und mich für eine neue Ebene des Zusammenwirkens einsetze. Sie liegt nicht in dem Anhängen weiblicher Silben, sondern in meiner Grundeinstellung, die nicht in gut oder schlecht unterteilt.

❦

Vertraut nicht den Lehrern, sondern der Lehre.
Vertraut nicht den Worten, sondern ihrem Sinn.
Vertraut nicht dem relativen Sinn, sondern dem absoluten.
Vertraut nicht dem Intellekt, sondern der Weisheit.

Der XIV. Dalai Lama

Der eigene Weg in die Gesundheit

Das Ende des Leidens liegt in
der Freude des Augenblicks.

JIDDU KRISHNAMURTI

Herzlich willkommen auf dem Weg! Dieser Satz enthält für mich zwei ganz wesentliche Punkte. Der erste ist, daß ich jeden Leser, jeden, der offen dafür ist, auch zwischen den Zeilen zu lesen oder wahrzunehmen, *willkommen* heiße. Mutter Teresa hat einmal gesagt, daß die schlimmen Krankheiten der Welt nicht in der Tuberkulose oder gar der Pest bestehen, sondern im Sich-nicht-angenommen-Fühlen, im Nicht-willkommen-Sein hier auf dieser Erde. Ich begrüße und heiße (auf dem energetischen Herzensweg) jeden willkommen, der den Weg der Höhen und Tiefen, der Fragen und Antworten, der Gewißheiten und Ungewißheiten betritt. Unbewußt gehen wir ihn alle, es hat eine andere Qualität, ihn bewußter zu gehen.

Der zweite wesentliche Punkt im Willkommenssatz betrifft genau diese Qualität des *eigenen* Weges. Ist der Weg in die Gesundheit nicht ein Pfad voller Entsagungen, Kasteiungen und Diäten? Ist das nicht der steinige Weg voller Ego-Fallen? Oder ist es der Heilungsweg, der mich mit verklärtem Liebesblick nach oben allem Weltlichen gegenüber gleichgültig sein läßt? Was ist das denn für ein Weg? Wie sieht denn mein eigener Weg in die Gesundheit aus?

Von der Wichtigkeit des Ziels

Die Kraft des Wirkens beginnt schon mit der Absicht, deshalb gleich nach dem Willkommensgruß eine Sufi-Geschichte, welche die Bedeutung der Zielorientierung klar werden läßt:

»Darf ich von Dir lernen, weiser Mann?« fragte ein eifriger Student einen alten Sufi-Meister, der in die Stadt kam. »Meinetwegen«, murmelte dieser und setzte sich. Verwundert mußte der Student zur Kenntnis nehmen, daß der Meister trotz vieler Fragen von Vorbeiziehenden seinen Kopf immer tiefer zum Boden senkte, statt zu antworten. Bis ... ein alter, zerlumpter Mann mit einem riesigen Holzbündel auf der Schulter nach dem Weg in die nächste Stadt fragte. Der Sufi-Meister sprang auf nahm ihm das Bündel ab und begleitete ihn den halben Weg dorthin. Als er zurückkam, begehrte der eifrige Student Auskunft über dieses, ihm seltsam anmutende Verhalten. »Er war der einzige«, sagte der Sufi, »der sein Ziel kannte, als er um Hilfe bat.«

Ich gehe davon aus, daß Du, der Du jetzt dieses Buch in Händen hältst, über Krankheit und Gesundheit etwas weißt. Du weißt, wie es ist, sich im eigenen Körper krank zu fühlen, Schmerzen zu fühlen; hast womöglich verschiedene Wege des Gesund-Werdens erlebt, Dir Gedanken über Heilung gemacht oder hast Krankheit im Kreise Deiner Angehörigen erfahren.

Ich gehe auch davon aus, daß Dir verschiedene Wege des Krankseins und Gesund-Werdens vertraut sind.

Wenn ich von meinen persönlichen Erfahrungen ausgehe, wollte ich nicht immer wirklich »gesund« werden - manchmal wollte ich nur die Schmerzen loswerden und mich gar nicht mit Ursachen und Hintergründen auseinandersetzen, die eine Veränderung des Lebensstils oder eine andere Einsicht gefordert hätten.

Wenn wir uns mit wirklichem Gesund-Sein und Heilung beschäftigen, kommen wir zuerst an diese Grundfrage. Ist unsere tiefste Motivation wirklich das Heil-Sein - oder brauchen wir noch den Vorteil, den die Symptome mit sich bringen, für ein eingehendes Verstehen von Zusammenhängen. Brauchen wir noch den sogenannten Krankheitsgewinn, wie zum Beispiel erlaubter Rückzug, Schonung oder Aufmerksamkeit?

Die Liebe heilt, nicht das Denken

Wir alle, davon bin ich zutiefst überzeugt, kennen das Allheilmittel. Es ist die Liebe in ihrer reinsten Form. *Die reine Liebe ist das höchste Arzneimittel,* das waren nicht nur Worte von Paracelsus. Liebe ist das, was uns gesund sein läßt. Liebe ist das, was uns heil macht. Weil es oft unser dringlichster Wunsch ist, geliebt zu werden, werden wir in den verschiedensten Variationen *krank.* Widerstände gegen die reine Liebe verursachen Schmerzen. Diese Sätze mögen aufhorchen lassen. Wenn Du auch nur einen Teilsatz für nicht stimmig hältst, betrügst Du Dich um die Wahrheit.

Das Mysterium der Heilung

Das Mysterium der Heilung liegt allein in der Liebe begründet. Ich weiß aus meiner praktischen Erfahrung, daß nach solchen Worten die vielen Wenn und Aber auftauchen. Ist der Knieschmerz, der nach einer Sportverletzung geblieben ist, mangelnde Liebe? Die Krankheitsursachen, die durch die elterlichen Gene und konstitutionell bedingt sind oder durch unsere moderne Lebensweise - wie Computer, Mikrowellenherde und ähnliches - kommen, was hat das mit reiner Liebe zu tun? Folgende Kapitel versuchen, bei der Entschlüsselung dieser Fragen Hilfe zu leisten.

Die Menschheit befindet sich schon seit längerer Zeit in einem großen Umbruch. Das Alte geht nicht mehr, das Neue ist noch unsicher, noch nicht ganz faßbar. Die wissenschaftliche Medizin konnte dank der Forschung und der Technik viele Leben retten, beziehungsweise die Qualität in manchen Dingen verbessern - aber sie wird nie »heilen« können. Sie wird immer ihren berechtigten Platz in der Diagnostik und Notfallmedizin bewahren, beziehungsweise ausbauen. Weder das Skalpell noch eine hochtechnisierte Behandlung an einem Apparat werden heilen, auch der Behandler selbst, sei er auch ein auf dem neuesten Stand ausgebildeter Arzt, ein fachkundig fundierter Heilpraktiker oder intuitiver Betreuer, kann in seiner mitfühlenden Begleitung den Hilfesuchenden nicht unterstützen, den individuellen Heilungsweg nach innen zu gehen.

Jede Form von Arznei, ob pflanzlich, tierisch oder mineralisch, jede Form von Therapie ist nur ein Mittel oder Werkzeug, dessen sich die Behandler bedienen, *um Liebe einzuschleusen.* Liebe ist es, was ihn heilen wird. Manipulationen, Ablehnung, Verdrängungen oder Bestrafungen können die inneren Heilungskräfte nicht stärken. Heilen bedeutet, einen Menschen in die Gesundheit *hineinzulieben.* Jede heilende Therapie hat mit Liebe zu tun, auch mit der Angst vor der Liebe; denn Liebe bedeutet Vergebung, Entwicklung und Verwandlung. Nelson Mandela hat dazu folgende Zeilen geschrieben:

Unsere tiefste Angst ist nicht,
daß wir der Sache nicht gewachsen sind.
Unsere tiefste Angst ist, daß wir unermeßlich reich sind.
Es ist unser Licht, was wir fürchten, nicht die Dunkelheit.
Wir fragen uns: Wer bin ich denn eigentlich, daß ich
leuchtend, hinreißend, begnadet und fantastisch sein darf?
Wer bist Du denn, daß Du das nicht sein darfst?
Wenn Du Dich klein machst, dient das nicht der Welt.
Es hat nichts mit Erleuchtung zu tun, wenn Du Dich
einkringelst, damit andere um dich herum
sich nicht verunsichert fühlen.
Du wurdest geboren, um die Ehre Gottes zu verwirklichen,
die in uns ist.
Sie ist nicht nur in einigen von uns -
sie ist in jedem Menschen.
Und wenn wir unser Licht erstrahlen lassen,
geben wir unbewußt den anderen Menschen die Erlaubnis,
dasselbe zu tun.
Wenn wir uns von unserer Angst befreit haben,
wird unsere Gegenwart ohne unser Zutun andere befreien.

In diesen Worten steckt so viel tiefe Weisheit. Die wachsende reine Liebe in uns ist es, die etwas heilen kann. Wenn wir uns *erinnern* und diese Rückverbindung zur schöpferischen Urquelle erlauben und keine Hemmungen und Ängste vor dieser verändernden Liebe haben, dann haben wir es geschafft. Zur Zeit empfinde ich mich - mit vielen anderen Menschen gleich - an dem Vertrauen zu dieser kraftvollen Liebe arbeitend. Vertrauen, daß ich für die Veränderungen und Wandlungen bereit bin und meinen persönlichen Willen, den Ego-Willen, meinem Höheren Selbst unterstelle. Die tiefste Weisheit unserer aller Höheren Selbste ist, daß Gottes Wille durch uns wirke, denn Sein Wille ist die Liebe.

Liebe bedeutet Vereinigung. Diese Vereinigung ist es, die viele Menschen in aller Konsequenz vermeiden wollen. Leider, beziehungsweise »Gott-sei-Dank«, gibt es keine selektive wahre Liebe.

Die ursprüngliche Bedeutung des Heilens bedeutet Ganzwerden; die schattigen Anteile des Wesens ebenso integrierend wie die lichtvollen annehmend. Liebe bewertet nicht, sie verurteilt nicht, sondern vereint Gegensätzliches.

Behandler jeder Therapieform, die als Mensch der Kraft und der Macht der Liebe vertrauen, sind gute Wegbegleiter auf dem Weg in die Heilung. Sie sind frei von dem sogenannten Helfersyndrom und ebenso fern der Zwangsbeglückung. Wer zu sehr helfen will, nimmt dem anderen das Glücksempfinden, es allein geschafft zu haben und bringt ihn eher in eine Form der Abhängigkeit.

Auf dem eigenen Weg in die Gesundheit gibt es die verschiedensten *Reiseführer.* Der allerwichtigste ist das eigene Höhere Selbst oder die eigene innere Führung. Für den, der noch nicht bewußt im Kontakt mit seinem Höheren Selbst steht, will ich erklären, daß das Höhere Selbst eine feinstoffliche Instanz in jedem Menschen ist, die Körper und Seele miteinander verbindet und so die wichtige Kommunikation herstellt. Das Höhere Selbst ist gleichsam eine Verbindung zwischen der Seele und dem Körper. Der Begründer der Bach-Blütentherapie, Edward

Bach, drückte es so treffend aus: *Alles wahre Wissen kommt allein aus unserem Inneren, in der stillen Kommunikation mit der Seele.* In vielen Menschen geschieht diese heilende Kommunikation ganz ohne willentliches Zutun im Einklang mit dem innersten Wesenskern. Sind wir erst einmal aus der Harmonie in eine Krankheit gerutscht, mag es wie ein *Wendepunkt* oder eine *Umkehr* mit einer bewußten Hinwendung zum Höheren Selbst sein, die uns wieder gesunden läßt. Die kraftvollsten Heiler befinden sich in Dir selbst. Sanfte Naturheilverfahren, wie sie im folgenden beschrieben werden, sind *nur Brücken zu Dir selbst.* Wenn wir diese Brücken vertrauensvoll, ohne Zweifel und ohne Widerstände überqueren, empfinden wir diesen ersehnten harmonischen Einklang zwischen Körper, Seele und Geist.

Das Höhere Selbst verständigt sich häufig über unsere Intuition in Form von Eingebungen und Wahrnehmungen, die ihren Ursprung nicht im verstandesmäßigen Denken haben. Die Intuition gilt als der gefühlsmäßige, weibliche Anteil, während der Intellekt, die Erkenntnisfähigkeit aus der Vernunft, als der männliche Anteil der Geistkräfte gilt. Wir benötigen beide Aspekte auf unseren Wegen.

Ein weiterer wichtiger Reiseführer ist die Ausdauer, den eigenen Heilungsweg zu gehen. Dabei gilt es, das individuelle gesunde Maß zu finden zwischen konsequenter Disziplin und spielerischer Leichtigkeit. Überhaupt gehören Leichtigkeit sowie Toleranz und Humor in großen Maßen ins Reisegepäck. Ich nenne die Lebensfreude und die Dankbarkeit in diesem Zusammenhang als die wichtigste Seelennahrung auf dem Weg.

Nicht Kampf ist die Lösung, sondern Integration

Es gibt in diesem Buch einige besondere Geschenke auf diesem Weg, dem *eigenen Weg in die Gesundheit*, der oft ein mehr oder weniger langer Lebensprozeß ist und leider sehr selten ein schnelles Wunder. Auf diesem Weg sollten wir nicht kämpferisch all demgegenüber eingestellt sein, was und wer uns begegnet, sondern begeistert, daß wir diesen Weg gehen dürfen (wollen!/können!); und alles, was da ist, will mit einbezogen werden. Es liegen nicht zufällig ein Brocken oder gar eine Barriere auf unserem Lebensweg, die nicht einen tieferen Sinn hätten. Davon ausgehend, daß wir in unserem Geist immerzu mitgestalten, arrangieren wir auch die sogenannten Schwierigkeiten auf unserem Weg.

Überdenke »Zufälle«, wenn Du Dich gegen diese Beschreibung wehrst. Die Hindernisse auf unserem Weg bedeuten *Herausforderungen zur Integration*, nicht zum Kampf. Manchmal werden wir aufgefordert und dadurch gefördert, eventuell noch versteckte Fähigkeiten in uns zu wecken. Integration heißt Vereinigung und Vervollständigung. Etwas auf unserem Weg, sei es ein Mensch, der uns verletzt, ein Krankheit, die uns an etwas hindert, eine Kündigung, die unsere Planung durchkreuzt, will verstanden und in unser Bewußtsein eingegliedert werden. Das erreichen wir nicht, wenn wir in kämpferischer Haltung gegen das Neue oder Herausfordernde eingestellt sind.

Erwarte deshalb in diesen Seiten keine Rezepte *gegen* etwas, sondern Hilfen *für* etwas. Es mag sein, daß eine Integration ein *Kampf mit sich selbst* wird, solange, bis wir verstehen, daß nichts, aber auch gar nichts wirklich gegen uns ist. Wenn wir innerlich loslassen von alten, überholten Vorstellungen und den Krankheitsprozeß, den Ort des körperlichen Geschehens, als ein Symbol *für* etwas sehen können, öffnen wir uns neuen Möglichkeiten. Ich weiß selbst nur zu gut, daß es gerade für diese Öffnung und das Hineinnehmen von etwas bisher noch Unvertrautem Mut und Selbstvertrauen braucht. Dazu will ich beitragen.

Als ein Beispiel sei Schlaflosigkeit genannt. Der Schlaf ist der heilige Versuch der Natur, die Tageswunden zum Verheilen zu bringen. Den Schlaf zu unterbrechen oder zu kürzen, heißt, heilende Verbände abzureißen. Schlaflosigkeit bedeutet das Fehlen von Loslassen-können. Demnach wirst Du in diesem Buch keine Rezepte gegen Schlaflosigkeit finden, sondern Hilfen, das Loslassen zu stärken. Wenn die Aufmerksamkeit und damit die Kraft auf das positive Ziel gerichtet ist, wird es leichter.

Es ist gerade das Ziel der heilenden Liebe, Gegensätze zu vereinen. Wenn sich also ein körperliches oder seelisches Symptom zeigt, was liegt dann näher, als sich den Gegenpol anzuschauen und das Gleichgewicht wiederherzustellen. Das sollte jedoch nicht geschehen, indem wir die Aufmerksamkeit und Kraft gegen das eine richten und damit die Gewichtigkeit noch verstärken, sondern wir können ganz bewußt die innere Achtsamkeit von der einen Waagschale auf die gegenüberliegende verlagern. Das symbolische Bild der Waage mag das veranschaulichen. Wann immer wir spüren, daß ein Ungleichgewicht und eine Disharmonie entsteht, könnten wir mit Gelassenheit auf die andere Seite der Waage schauen und aus den vorhandenen Möglichkeiten die passende Hilfe wählen und das Gleichgewicht wiederherstellen.

Umkehr ist ein Schlüssel

Mit dieser Umkehr ist *die Umkehr der Achtsamkeit nach innen* gemeint, das erweiterte Schauen auf die andere Waagschale, die Aufmerksamkeit und Konzentration auf das *für* anstatt auf das *gegen* zu richten. Die Umkehrung, wie ich sie jetzt in Beispielen beschrieben habe, ist ein wichtiger Teil auf diesem Weg in die Gesundheit. Er versinnbildlicht auch, daß niemand dies in der Außenwelt tun kann, sondern es nur in Dir selbst möglich ist.

Wenn Krankheiten ganz allgemein gesprochen auftreten, haben wir uns symbolisch auf einen Umweg oder gar eine Sackgasse eingelassen. Umzukehren und wieder auf den vorgesehenen Weg zurückzukehren, liegt in Deiner Macht und Verantwortlichkeit. Heilung und Gesunderhaltung liegt in Deiner Mitgestaltung und in Deiner Wahl. Das Licht auf dem Weg, die Wegbeschreibung und die Richtungsschilder können Reiki, Edelsteine, Aura-Soma-Essenzen, Bach-Blüten und weitere Heilmittel sein. Derer gibt es eine unerschöpfliche Menge und Auswahl, denn alles von Gott Geschaffene enthält den Kern dieser Rückverbindung zur Ur-Liebe.

Die Botschaften aus Pflanzen, Mineralien und dem Licht selbst sind vorhanden, und die Welt wäre ja gesund und ganz heil, wenn diese feinstofflichen Energien *alleine* heilen könnten – es bedarf der Öffnung des Menschenherzens dafür. Es braucht die innere Erlaubnis, mit diesen Energien oder Informationen, wie immer wir es nennen wollen, *eins* zu werden. Es braucht das Vertrauen, sich von dieser Liebe erfüllen zu lassen, ohne Hemmungen und Bedenken, von dieser Kraft fortgeschwemmt zu werden.

Umkehr zur eigenen inneren Ur-Kraft ist der Schlüssel zur Heilung. Umkehr ist auch der Schlüssel zu allen

Formen von Ängsten, die in diesem Zusammenhang schnell wie der Blitz einschlagen. Eine Weisheit, von Christian Morgenstern formuliert, lautet:

Angst klopfte an die Tür,
Vertrauen öffnete
und niemand war da.

Wenn wir uns unseren Kraftquellen zuwenden, falls wir uns auf Abwegen nach außen befanden, dann muß auch die Angst umkehren. Ich möchte auch in diesen Zeilen nicht nur *gegen* die Angst reden. Angst gehört zu unseren Gefühlen wie der Nebel zum Wetter. Wenn aus Angstgefühlen heraus gesunde Vorsichtsmaßnahmen wachsen, hatte die Angst sogar ihre Berechtigung.

Wenn wir unseren schwierigen Lebensthemen, unseren Schmerzen, unserem Kummer und was auch immer auftauchen mag, mit der Kraft der reinen Liebe begegnen, finden sich auf einfache Weise Lösungswege, neue Sicht- und Handlungsweisen und eine Menge Lust und Freude, die Sache selbst anzupacken. Haben wir erst eine Vision unseres Heilseins, eine Sehnsucht und damit ein Ziel vor Augen, dann findet sich auch das Werkzeug, die Kraft zur Anwendung und die freudige Ausdauer.

Eine Umkehr ist auch dann erforderlich, wenn ein ausschließliches Vertrauen in die schulmedizinische Forschung und die Eingriffsmethoden (dieser Begriff wird im folgenden noch erklärt) besteht – dann braucht es eine Umkehr und eine Einkehr zu sich selbst. Die Einstellung – die Therapeuten werden mich schon wieder hinkriegen, die wissen das richtige Mittel für mich, ist erstens gefährlich und zweitens keine Dauerlösung. Die Eigenverantwortung abzugeben, beziehungsweise aufzugeben, bedeutet sich selbst aufzugeben.

Der eigene Weg in die Gesundheit ist ein schöner Weg. Er hat so viele Facetten eines Juwels wie es Individuen unter den Menschen gibt. Die Eigenverantwortlichkeit wird leichter, wenn wir erkennen, daß im Wort selbst die gesuchte Antwort zu finden ist (Ver-antwortung). Manchmal mag es schwierig aussehen, in all der möglichen Vielfalt das Richtige zu finden. Die Überflutung und Überreizung ist auch ein Zeichen dieser neuen Zeit; und es gilt diese zu durchschauen und das Wesentliche für sein eigenes Wesen zu erkennen. Dabei spielt die Achtsamkeit und das Gewahrsein eine große Rolle. Im Kontakt mit unserer inneren Aufmerksamkeit und Achtsamkeit werden wir der Anteile *gewahr*, die uns unterstützten, die richtige Wahl zu treffen. Es gibt bei den verschiedensten Heilverfahren kein gutes oder schlechtes. Es ist gut, daß es diese Vielfalt gibt, nichts ist umsonst - so hat jeder Mensch die Chance, das Wesentliche für sich selbst zu *entdecken* und zu *entwickeln*.

Wählen, nicht urteilen

Im Kontakt mit dem inneren und äußeren Gewahrsein können wir uns im alltäglichen Leben üben, eine Wahl zu treffen und in Entschiedenheit die Verantwortung dafür zu übernehmen. In diesem Geschehen brauchen wir uns weder zu sehr in der Vergangenheit zu orientieren noch ausschließlich in der Zukunft. Dabei ist es gut, die Aufmerksamkeit auf das *Wählen* zu legen und nicht auf das *Beurteilen*, oder besser ausgedrückt auf das *Verurteilen* dessen, was wir nicht gewählt haben.

Ich wählte sehr bewußt das Wort *üben*, weil das Leben nach meiner Wahrnehmung ein ständiges Üben von Entscheidungen ist. Es formt sich etwas anderes oder hat andere Folgen, wenn wir aus Angst, Fehler zu machen, keine Entscheidungen treffen. Damit rutschen wir mehr und mehr in die Passivität, und das Leben ist nun einmal Fluß, Bewegung und Veränderung. Zu jeder Wahl gehört es unabdinglich dazu, daß ein Teil angenommen ist und ein anderer nicht. Trennung also, wo doch im Heilwerden immer von der vereinenden Liebe gesprochen wird. Wieder ein Paradox, wieder ein Körnchen Wahrheit. Solange wir auf dieser Erde atmen und leben, begegnen wir andauernd diesen Gegensätzen. Es ist das Ziel, diese verschiedenen Anteile eins werden zu lassen, sie zu vereinen. Das ist der Auftrag, den jeder von uns in irgendeiner Facette in sich trägt, seine eigenen Schattenanteile ebenso wie die eigenen Lichtanteile zu lieben. Die Entscheidungen und Trennungen gehören zu unserem liebenswerten Alltag genauso dazu wie die Vereinigungen und Verschmelzungen. Die reine Liebe ist es, die uns erlöst, nicht unser Denken. Die Erlösung geschieht in diesem täglichen Nicht-verurteilen, im Integrieren unserer Entscheidungen.

Rabindranath Tagore sagte dazu in einem Gebet:

Laß mich nicht bitten um den Schutz vor Gefahren,
sondern um den Mut, ihnen die Stirn zu bieten.
Laß mich nicht bitten um Stillung meines Schmerzes,
sondern um die Herzenskraft, ihn zu bezwingen.
Laß mich nicht ausschauen nach Verbündeten
auf dem Schlachtfeld des Lebens, sondern nach meiner
eigenen Stärke.
Laß mich nicht in zitternder Furcht nach Erlösung
lechzen, sondern nach Geduld, meine Freiheit
zu gewinnen.

Um nun auf die verschiedenen Wege in die Gesundheit einzugehen, will ich die Symbolik des Baumes zu Hilfe nehmen. Der Baum ist seit Menschengedenken als Symbol bekannt. Seine Verwurzelung in der dichten Erde, sein verbindender Baumstamm, durch den die Lebenssäfte fließen, und seine in den lichten Himmel sich entfaltende Blätterkrone sind gleich wichtig.

Ohne einen dieser Anteile kann er nicht bestehen, beziehungsweise wäre er kein Baum. Seine Wurzel und seine Krone sind in der Bedeutung umkehrbar - ich erinnere an die Bedeutung von Umkehr der Aufmerksamkeit auf dem Lebensweg. Ein Anteil verzweigt und verästelt sich bis ins kleinste Blatt im Licht, der andere Teil verzweigt sich bis zu feinsten Kapillaren im Dunklen. Beides gehört in der polaren Welt zu dem *Einen.* Jeden Ast oder Zweig kann man sich als einen Heilungsweg vorstellen. Die Homöopathie, mit ihren mineralischen, tierischen und pflanzlichen Potenzen, ist ein großer Ast dieses Heilungsbaumes, Aura-Soma als Farbtherapie ein anderer, die Edelsteintherapie ein weiterer. Reiki nimmt in meinem Bild eine Sonderstellung ein, im Kontakt mit Reiki erfahre ich das Ganze, den materiellen, dichten Anteil ebenso wie die nicht-materiellen, feinstofflichen - so wie jeder Baum auch eine Aura, ein nicht sichtbares Kraftfeld um sich herum hat. Reiki bedeutet in diesem Symbolbild das Verbindende. Alles in uns und um uns herum ist in diesem Kraftfeld des *einen* Bewußtseins enthalten. Auch wenn wir für vieles noch keine Worte haben, ist das Unnennbare oder noch Unfaßbare dennoch existent. Mineralien, Pflanzen, Tiere, Menschen und alle Licht- und Geistwesen kommunizieren in dem einen Bewußtsein, ob wir das wahrhaben wollen oder nicht. Das Unsichtbare ist uns näher als das Sichtbare. Es werden nicht die technischen Geräte sein, die uns in dem Erforschen dieser Ebenen unterstützen, sondern die Bereitschaft und Offenheit, in aller Einfachheit mit dem Herzen zuzuhören, durch das Herz zu sprechen und über die Herzen zu kommunizieren.

Resonanzprinzip und Eingriffsprinzip

Das Herz wird leichter durch Wahrheit und Zärtlichkeit lernen als durch Härte, Strenge oder gar Gewalt. Deshalb kommt den sogenannten sanften Heilungsmethoden mehr und mehr Bedeutung zu. Mit Geduld wird Sanftes die Härte besiegen. Das Wasser, von allen Dingen das nachgiebigste, besiegt das härteste aller Dinge, den Stein – ist ein weiser Satz aus dem chinesischen Tao te-king. Das zunächst Schwache wird zur Stärke.

Wie so oft sind Wahrheiten paradox oder beinhalten eine Umkehrung. Unsere körperlichen Schmerzen, Krankheiten oder Konflikte sind in der Lage, uns zunächst aus der gewohnten Bahn zu werfen, sie können uns schwach machen. Die Wahrheit darin ist, daß aus dieser Unterbrechung des Gewohnten und der folgenden Korrektur ein gesünderes oder heilsameres Leben folgen könnte, so daß aus der Schwäche eine Stärke werden kann.

Wir wählen und gestalten mit, wenn es darum geht, ob wir Schmerzen, Krankheiten und Konflikte als *Eingriffe* des Lebens sehen und gegen sie ankämpfen oder ob wir es wagen, mit der vermeintlichen Störung in *Resonanz zu* schwingen. Wenn wir mitschwingen, haben wir die damit verbundene Energie nicht gegen uns, sondern vereinen uns mit dieser Kraft. Delphine sind uns in dieser Sichtweise große Lehrer. Sie spielen mit den Wellen. Sie wissen genau, daß sie das durch Wind aufgepeitschte Wasser und die hohen Wellen nicht ändern können - sie passen sich an und ändern einfach ihren Schwimmstil. Was uns Delphine lehren, hat nichts mit Feigheit und nichts mit Selbstaufgabe zu tun. Es ist intelligent, als Meerestier mit dem Meer in Resonanz zu sein. Übertragen auf uns Menschen wäre es auch intelligent (oder sehr heilend!), wenn wir als »Erdenwesen« mit der Erde in Resonanz stünden und mit den Höhen und Tiefen mitschwingen würden, anstatt dagegen anzukämpfen.

Man unterscheidet bei den Heilmethoden zwei Grundprinzipien, und zwar das *Eingriffsprinzip* und das *Resonanzprinzip*. Die Begriffe sprechen für sich selbst. Zum Eingriffsprinzip gehören erstens solche Verfahren wie Operationen und Bestrahlungen, wo der Eingriff mit dem Skalpell oder anderen technischen Geräten am deutlichsten sichtbar ist.

Dazu zählen zweitens alle Arten chemischer Medikamente, die etwas in unserem Organismus angreifen, zum Beispiel die ganze Reihe der »Anti-Mittel«, von Antibiotika - gegen das Leben der Bakterien gerichtete Stoffe, Antihistaminika - gegen die vom Körper hochgepeitschte Histaminbildung im Spiel mit Allergenen, bis zu den Betablockern, die dann wirklich die Kommunikation der Seele mit dem Körper unterbrechen können. Man faßt all jene Mittel in der Allopathie zusammen. Der allopathische Begriff stammt aus der Gründerzeit der Homöopathie, man wollte die ähnlich der Krankheit wirkenden Mittel (= homöopathische) denen gegenüber abgrenzen, die gegen die Krankheit gerichtet sind (= allopathische). In der wissenschaftlichen Allopathie erkannte man das Bakterium, das Virus oder welchen Erreger auch immer, als den zu bekämpfenden Feind an und griff in den Organismus mit einem vernichtenden Gegenmittel ein. Wenn das zugrunde liegende Terrain nicht ins Gesunde verändert wird, werden dieselben oder ähnliche Erreger bald wieder Vermehrungsgrundlage haben.

Drittens gehört jede Form der Substitution zu den Eingriffsprinzipien, das ist die medikamentöse und grobstoffliche Zugabe von Tabletten, Spritzen oder ähnlichem als »Ergänzung von außen«. Substituiert werden unter anderem Stoffe, die zum Beispiel nach einer Operation nicht mehr selbst gebildet werden können. Wenn die Schilddrüse herausoperiert wurde, müssen Schilddrüsenhormone eingenommen werden. Wenn ein großer Mineralstoffmangel, aus welchen Gründen auch immer, entstanden ist, werden Spurenelemente und Elektrolyte in Tablettenform eingenommen, denn unser Körper könnte sie nicht so schnell aus der Nahrung gewinnen, wie sie im Enzymhaushalt oder im Stoffwechsel der einzelnen Zellen gebraucht werden.

Ich betone, daß während oder nach bestimmten Krankheiten oder Operationen manche Substitutionen notwendige Lebensmaßnahmen sein können. Eingriffsprinzipien gehören oft als Notlösungen zu unserem Dasein dazu, wobei die Resonanzprinzipien als längerfristige Methoden einen körperlichen sowie seelisch-geistigen Zustand ausheilen und inneres Gleichgewicht wiederherstellen können.

In den Resonanztherapien spielt der *Widerhall* aus dem Individuum den wesentlichen Part. Das Mitschwingen und die Kommunikation zwischen Mensch und resonanzförderndem Reiz stellt das Gleichgewicht wieder her. Zu den Resonanztherapien gehören zum Beispiel jene Methoden, die ich in diesem Buch beschreibe, Homöopathie, Farb- und Edelsteintherapie, Bach-Blüten ebenso wie Mantras, bei denen das Mittönen besonders deutlich ist. Im Singen ist der menschliche Körper unser Resonanzkörper, und die Frequenzen und Schwingungen lassen jede einzelne Zelle in uns vibrieren.

In der Farbtherapie läßt sich ebenfalls das Wirkprinzip der Resonanz verdeutlichen. In alten Schriften, wie etwa dem Tibetischen Totenbuch, steht geschrieben, daß der innerste Wesenskern des Menschen Farbe ist. Deshalb reagiert der Mensch in seiner Außenwelt entsprechend seiner inneren Färbung oder seines Konfliktes auf die Farben - er ist in Kommunikation oder Resonanz mit ihnen. Etwas in seinem Inneren gibt einen Widerhall, es kann etwas verstärkt oder gelöscht werden.

Die Homöopathie gehört als eine Reizregulations-Therapie auch zu den Resonanztherapien, ich erläutere dies in einem späteren Kapitel näher.

In manchen Fällen ist dies wirklich eine lebensnotwendige Maßnahme, es sollten danach allerdings unbedingt die Wiederaufbaumaßnahmen nicht vergessen werden, um das Terrain zu klären, auf dem sich die Erreger einnisten konnten. Leider wird das allzu häufig vergessen und die zugrunde liegenden wahren Ursachen laden zu neuen Infektionen oder Attacken ein.

Bei den Resonanzprinzipien spielt die Resonanz, das Miteinander-im-Einklang-Sein, eine wesentliche Rolle. Das Gesetz der Resonanz, das Miteinander-in-dem-einen-Bewußtsein-verbunden-Sein und Miteinanderkommunizieren, durchwirkt unser gesamtes Universum. Wenn der Nährboden für spezielle Bakterien in unserem Körper hergestellt ist, hilft es auf Dauer nicht, mit chemischen Mitteln die Erreger zu vernichten, sondern die dauerhafte Lösung wird es sein, das Terrain wieder zu klären und zu bereinigen.

Ganz tief verwurzelte Therapieformen, wie zum Beispiel die Atemtherapie, wirken nach dem Resonanzprinzip - einfach zu verstehen, wenn man erkennt, wie das Ein- und Ausatmen einander bedingen, wie sich Fülle und Leere begegnen, Geben und Nehmen im harmonischen Einklang stehen. Mit dem Begriff des Einklangs ist auch die Klangtherapie hervorzuheben. Alles ist Schwingung und gehorcht den Gesetzen der Resonanz.

Ebenso ist die Bach-Blütentherapie eine hervorragende Resonanztherapie. Ein Mensch, der die Hoffnung auf Erfolg und Heilung verloren hat, wird mit der Blütenessenz von *Gorse,* die genau diese Thematik symbolisiert, die Kraft zur Umkehr entfalten und wieder neue Hoffnung schöpfen können.

Resonanzmethoden und Eingriffsverfahren werden uns im täglichen Leben in verschiedensten Weisen begegnen. Nehmen wir einen Musiker, der seine Gitarre stimmen will. Er wird weder etwas Stoffliches hinzufügen noch etwas Stoffliches wegnehmen. Allein durch die Veränderung in der Spannung der Saiten wird er sein Musikinstrument stimmen, solange bis er mit seiner hörenden Wahrnehmung einverstanden, mit ihr im Einklang ist. Vielleicht braucht er auch gelegentlich eine neue Saite, weil die alte riß, oder eine Reparatur am Holzkorpus (= Eingriffsprinzip). Bevor er der Gitarre aber eine Melodie entlockt, wird er sie stimmen (= Resonanzprinzip). Geschieht das im übertragenen Sinne nicht auch täglich in unserem Leben?

Natürlich begegnen wir auch beim Reiki dem Resonanzprinzip und ebenfalls bei vielen anderen Therapieformen, die ich in diesem Rahmen nicht beschreibe, weil ich sie nicht ausführe und mit ihnen nicht vertraut bin. Dazu zählen Shiatsu, Reflexzonen- und ähnliche Massagearten sowie viele Formen von energetischer Lichtarbeit. In der Naturheilkunde gibt es eine Bio-Resonanz-Methode, die ich hier bloß namentlich erwähne, da sie nur in Verbindung mit einem technischen Gerät ausgeführt werden kann. Über Elektroden in der Hand oder einer anderen Hautkontaktstelle wird die spezifische Energie aufgenommen, die der Patient ausstrahlt, und einem Gerät zugeführt, das diese negativ ankommende Schwingung genau umkehrt und die positiv gepolte Schwingung wieder in den Patienten einströmen läßt. In diesen Schaltkreis von Patient und Gerät können auch Allergene oder andere Erreger als Information miteingeschwungen werden.

Dies ist ein großartiger Ansatz, der besonders in den Allergiebehandlungen große Erfolge aufweisen kann. Ich erwähne ihn deshalb nicht in diesem Buch, weil der Mensch sie nicht allein durchführen kann, er benötigt ein »Gerät«. Der Schwerpunkt der hier aufgeführten Therapieformen liegt darin, eigenverantwortlich und mit wachsendem Bewußtsein über die eigenen Hände (im Reiki), über Farbenergien (im Aura-Soma), über Edelsteine und Blütenessenzen oder mittels bewußter Klangtherapie heil zu werden. Die einzeln dargestellten Heilungswege werden im folgenden für sich selbst sprechen. Ich freue mich darauf, sie Dir vorzustellen, wenn Du sie noch nicht kennst, und bin sicher, einiges in Dir vertiefen zu können, wenn Du sie schon erfahren hast.

Mir ist es wichtig, ohne belehrend und wertend zu sein, heilsame Resonanztherapien vorzustellen und neugierig darauf zu machen, sich auf die eine oder andere Möglichkeit in einem Seminar oder durch weiterführende Lektüre näher einzulassen. Probiere es aus! Keiner kann über den Geschmack von Äpfeln reden, wenn er keine ißt.

Viel Freude und Licht auf Deinem eigenen Weg in Deine Gesundheit.

Die Geheimnisse der Welt ergeben sich nur demjenigen,
der bereit ist, sich von ihnen verwandeln zu lassen.

MICHAEL ENDE

Reiki - keine Medizin ersetzt Deine Hände

❦

Reiki ist ein Geschenk, das Du Dir selbst gibst.

PHYLLIS LEI FURUMOTO

Reiki (Reeki gesprochen) ist eine japanische Heilkunst, in der man universelle Lebensenergie durch Handauflegen weiterleitet. Reiki ist etwas Wunderbares in seiner Einfachheit. Phyllis Lei Furumoto, die jetzige Großmeisterin des Usui-Systems, bezeichnet Reiki als ein *heiliges Werkzeug*, dessen Wert in der kontinuierlichen und achtsamen Anwendung liegt. Reiki heißt berühren und berührt werden.

Im folgenden schreibe ich *über* Reiki - um Reiki aber wirklich zu verstehen, muß man es selbst erfahren. Ich teile so einfach und so ehrlich wie möglich meine persönlichen Erfahrungen aus nunmehr dreizehn Jahren Reiki-Praxis mit. Meine Zeit mit Reiki begann damit, daß ich 1984 meine Erste Grad-Einweihung erhielt; nachdem ich zuvor einiges über Reiki gehört hatte und meine Ohren immer länger und ich immer neugieriger geworden war, bis ich mir von einer Freundin vier Behandlungsstunden geben ließ. Es gab überhaupt keine Zweifel in mir, mich Reiki zuwenden zu wollen. Ein Jahr später dann folgte der zweite Grad, und es dauerte fast zehn Jahre, bis ich mir klar war, daß ich mich der Verantwortung stellen wollte, die Meisterschaft und damit das Reiki-Lehren zu übernehmen.

Man kann sich in Reiki nicht wie bei anderen Behandlungsmethoden einlesen und es dann selbst ausprobieren. Oft ist es so, daß jemand von Reiki hörte, neugierig wurde, einige Informationen erzählt bekam, vielleicht eine Reiki-Behandlung von einem Reiki-Lehrer erhielt. *Reiki bedeutet Berührung!* Deshalb können Worte und Erklärungen nur ein Abklatsch davon sein. Wer selbst ein paar Reiki-Stunden bekommen hat, mag den Wunsch in sich verspüren, die Anwendungen und Einweihungen in einem Seminar zu erlernen, das ein dazu ausgebildeter Reiki-Meister gibt.

Den Umgang mit Reiki, die Form und alles weitere in eine Sprache zu bringen, bedeutet Einschränkungen, Hilfsvorstellungen - und damit nicht mehr das Wahre. Wie beschreibt man jemandem eine Rose, der keine Blumen kennt? Krishnamurti sagte einmal: *»Die Wahrheit ist ein pfadloses Land.«* Das mag verständlich machen, daß jede Regel in der Handhabung, oder auch die Organisation um Reiki, nur eine Hilfsmöglichkeit ist, sich dieser Wahrheit zu nähern.

Was ist Reiki?

Reiki steht für universelle (rei) Lebensenergie (ki) und bezeichnet sowohl die Energie selbst als auch das System des Behandelns. Reiki ist das Ur-Eine. Reiki ist für mich *die Mutter aller Heilweisen.* Sie ist eine Heilkunst für sich allein und kann ohne Aura-Soma-Farben, Edelsteine oder sonstiges angewendet werden. Wenn verschiedene sanfte Heilweisen die einzelnen Spektralfarben darstellen, dann ist Reiki das weiße Licht in seiner Gesamtheit.

Unsere einmal eingeweihten Hände haben wir immer

dabei, wo wir auch sind. Keine Medizin der Welt ersetzt unsere Hände, die wir *immer bei uns* haben, in jeder nur erdenklichen Situation. Es erfordert nicht mehr als unsere *körperliche Präsenz und das Bewußtsein, Kanal oder Vermittler für die universelle Energie* zu sein. Es bedeutet, nie mehr ohnmächtig zu sein, zu jeder Zeit mit der Urkraft verbunden zu sein. Es ist dann nur noch eine Frage der Zeit, bis sich Widerstände, je nach Beschaffenheit und Hintergrund, auflösen.

Eines muß noch betont werden, man braucht Zeit, um Reiki zu geben oder zu empfangen. Zeit ist etwas, das »in unserer Zeit« und in all unseren Verhaltensmechanismen sehr, sehr rar geworden ist. Wer die schnelle Lösung sucht, wird bei Reiki entscheidend auf die Probe gestellt. Er wird, in der Stille sitzend und Reiki gebend oder im Liegen Reiki empfangend, der Geduld begegnen. Ohne Geduld ist keine Entwicklung möglich, das war schon immer so und wird wohl auch so bleiben, ob uns das gefällt oder nicht.

Reiki ist *Einfachheit*. Je mehr wir über Reiki philosophieren und Reiki interpretieren, desto wahrscheinlicher ist es, den wahren Wert von Reiki zu verfehlen. So paradox das klingen mag, Reiki ist ein Weg in das Land, in dem es keine Wege mehr gibt.

Nach Hawayo Takatas Worten (dritte Großmeisterin, im Kapitel über die Reiki-Geschichte beschrieben) bestehen alle Menschen aus dieser universellen Lebensenergie. Jeder kann diese Energie zum Heilen nutzen, wenn man die Gesetzmäßigkeiten kennt. In einem Ersten-Grad-Reiki-Seminar wird in vier Einstimmungen oder Einweihungen der Energiekanal dazu wieder geöffnet und geklärt. Es werden die Handpositionen für die Selbstbehandlung und für die Behandlung an anderen Menschen gelernt, die Reiki-Geschichte mit der spirituellen Tradition, die Lebensregeln sowie sinnvolle Austauschmöglichkeiten besprochen. Es sollte genügend Zeit für Fragen, Antworten und Erfahrungsaustausch im Zusammensein von Schülern und dem Lehrenden da sein.

Die Eigenbehandlung ist die grundlegende Praxis des Usui-Systems. Durch das Empfangen von Reiki werden Gesundheit und Wohlbefinden auf physischer, mentaler, emotionaler und spiritueller Ebene gefördert.

In einem zeitlichen Abstand zum ersten Grad, indem man mit dem Geben und Nehmen der Energie Erfahrungen gesammelt hat, kann man in einem Zweiten-Grad-Seminar durch eine weitere Einweihung die Reiki-Kraft in sich intensivieren und drei Symbole lernen und üben, um Fern- und Mentalbehandlungen geben zu können. Auch danach sollte Zeit vergehen und Reiki-Anwendungen zur täglichen Praxis gehören, bevor man sich damit auseinandersetzt, sich und sein Leben ganz dem Reiki zu widmen und die Meister-Ausbildung anzustreben.

Das Usui-System der natürlichen Heilung

Das Usui-System geht auf den Japaner Mikao Usui zurück (weiteres dazu im nächsten Kapitel), der als erster *diese* Form der Heilmethode durch Handauflegen praktizierte. Im Prinzip ist in jedem von uns dieser Kanal universeller Lebenskraft von Geburt an angelegt, doch oft verschüttet, unerkannt und nicht bewußt benutzt. Ein Mensch, der mitfühlend jemandem die Hand auflegt, gibt auch Energie weiter, das ist oft eine persönliche, durch eigene Vorstellungen und Wünsche geprägte Energie. Es ist die Energie des *Helfen-Wollens;* doch wissen wir wirklich, was dieser Mensch in diesem Moment benötigt? Wenn wir am Tage mehrere solcher Heilungsprozesse begleiten, fühlen wir uns leicht leer und ausgelaugt.

Indem wir Reiki praktizieren, stehen wir mit der universellen Lebensenergie in Verbindung. Sie fließt durch den Reiki-Gebenden in den Reiki-Aufnehmenden in der Menge und Konzentration, die er (der Aufnehmende) jetzt gerade benötigt. Das bedeutet, nicht der Reiki-Behandler *gibt*, sondern der zu Behandelnde *nimmt* sich Reiki durch den Behandler. Das ist sehr wesentlich. Somit kann man niemanden überladen, keine Zwangsbeglückung oder »manipulierte Heilung« - es gibt kein Zuviel.

Eine »Überfüllung« oder auch Abhängigkeit wird es auf einem wahren Heilungsweg nicht geben.

Reiki fließt in alle Ebenen unseres Mensch-Seins ein - auf die körperliche Ebene, auf die mentale, die emotionale und die spirituelle Ebene. Somit berührt es ganzheitlich unser gesamtes Wesen. Es versorgt unsere dunklen Stellen mit Licht und führt uns so an die Bewältigung und Verarbeitung verdrängter Seelenmuster.

Beim Geben und Empfangen von Reiki wird der Heilungsprozeß in allen Schichten von uns angeregt. Es ist wie eine Schulung und Verfeinerung der Wahrnehmung. Das Bewußtsein entwickelt sich ständig weiter, es wird von Reiki genährt. In diesem Wachstum kann uns bewußt werden, was in uns noch nicht beleuchtet und erlöst ist. Reiki führt uns »in uns selbst« dorthin, wo es noch etwas zu tun gibt. In der Eigenbehandlung, der grundlegenden Praxis des Reiki-Usui-Systems, wächst die Selbstachtung, die gesunde Liebe zu sich selbst, und das Bewußtsein für das wahre, höhere Selbst vertieft sich.

Die Geschichte von Reiki

Ich berichte von der Geschichte hier nur wesentliche Stationen. In einem ersten Reiki-Seminar wird die Geschichte wesentlich ausführlicher erzählt, denn im Rahmen der mündlichen Tradition ist sie und die Benennung der spirituellen Traditions-Linie Teil des Seminarinhalts.

Die Geschichte von Reiki beginnt Ende des neunzehnten Jahrhunderts. Damals bekam ein Mann, der wirklich aus aufrichtigster Motivation heraus auf der Suche nach dem wahren Heilen war, ein Geschenk. *Das Geschenk, mit den Händen zu heilen.* Sein Name war Mikao Usui, er war Mönch und Direktor einer christlichen Universität in Japan, als er von seinen Studenten Fragen über das Wesen der Heilungen, wie sie Jesus praktiziert hatte, gestellt bekam, die er nicht beantworten konnte. Er beschloß, sein Amt niederzulegen und suchte jahrelang in westlichen Bibliotheken (in Universitäten in USA) und schließlich auch in den bestausgestattetsten Bibliotheken in Klöstern in Indien, Tibet und Japan. Geduldig und beharrlich sein Ziel verfolgend, lernte er Chinesisch und zuletzt noch Sanskrit. Dort fand er die Zeichen und Symbole, nach denen er suchte. Mit der damit verbundenen Kraft kam er allerdings erst in Kontakt, nachdem er einundzwanzig Tage gefastet und meditiert hatte. Am letzten Tag dieser Rückzugs- und Besinnungszeit – auf einem heiligen Berg in Japan – erfuhr er etwas, was wir in der mündlichen Tradition als Einweihung bezeichnen. Er stand im Kontakt mit den Symbolen und der Kraft.

Er sammelte schöne und schwierige Erfahrungen mit Reiki, viele Menschen konnte er körperlich wie durch ein Wunder heilen, andere fielen nach anfänglicher Besserung wieder in ihre alten Leiden zurück. Mikao Usui erkannte, daß nicht jeder Mensch in gleicher Weise wirklich heil werden will und kann. Der körperlichen Heilung folgten die geistigen und emotionalen Prozesse und es liegt - auch bei der Begleitung durch Reiki - im Interesse und Seelenwunsch jedes einzelnen, ob und wie er die erhaltene Lebensenergie einsetzt und in seiner Heilwerdung nutzt. In dieser Zeit formulierte er die Lebensregeln und erkannte die Wichtigkeit des Energieaustausches, wonach der Reiki-Empfangende für die Behandlung etwas geben sollte, zum Beispiel in Form von Geld oder einer anderen Leistung.

Vor der Heimkehr in eine andere Seins-Ebene, übergab Mikao Usui dieses Heilungsgeschenk Chujiro Hayashi, der jahrelang sein Schüler gewesen war und ihn begleitete hatte. Er kam aus der gleichen Kultur wie Usui, und auch er hielt dieses Geschenk in Ehren und war sich dieses Segens bewußt.

Chujiro Hayashi zögerte zunächst, als die Hawaiianerin Hawayo Takata sich für Reiki interessierte und es in die westliche Kultur einbringen wollte. Sie war mit fünfunddreißig Jahren nach einem schweren Schicksal sehr krank zu ihren Eltern nach Japan gekommen, um dort an ihrer Gesundung zu arbeiten. Sie kam auf Umwegen zu Reiki und erlebte die universelle Lebensenergie - sie nannte sie Gotteskraft - als heilsam für sich und erholte sich in kurzer Zeit von ihren schweren Erkrankungen. Zutiefst davon überzeugt, wollte sie Reiki erlernen und möglichst vielen Menschen diese Kraft vermitteln.

Chujiro Hayashi befürchtete, daß die westlich orientierten Menschen mit der Kraft der Symbole und Rituale in veränderter Weise umgehen würden. Er hatte recht. Menschen, die in Reiki eingeweiht waren, erhielten die Erlaubnis, diese Heilweise für sich und andere *anzuwenden.* Sie hatten nicht die Erlaubnis, dieses Geschenk zu *verändern.* So geschah es, daß sich durch einige Nachfolger Veränderungen in das System des Reiki eingeschlichen haben. Nach Hawayo Takata wurde ihre Enkeltochter, Phyllis Lei Furumoto, als jetzige Großmeisterin von den meisten Reiki-Meistern anerkannt, und sie ist ganz besonders in dieser Zeit bemüht, die ursprüngliche Form zu betonen, beziehungsweise sie wieder erkenntlich zu machen. Es ist wichtig, klar zu trennen, was eine persönliche Veränderung in der Anwendung von Reiki ist oder was die ursprüngliche Form darstellt - ohne Interpretationen und Vermutungen, ohne Verallgemeinerungen von eigenen Erfahrungen. Alle von ihren Hinweisen abweichenden Reiki-Verfahren sollten sich nicht *das Usui-System der natürlichen Heilung* nennen. Das ehrt einerseits die individuelle Arbeit des einzelnen und schafft andererseits Klarheit, was Reiki ist.

Die spirituelle Linie des Usui-Systems setzt sich zusammen aus Mikao Usui (Japan), Chujiro Hayashi (Japan), Hawayo Takata (Hawaii) und Phyllis Lei Furumoto (jetzt in den USA lebend). Erst nach Hawayo Takatas Tod wurde erstmals von ihren Schülern die Geschichte von Reiki als Erfahrungsgeschichte aufgezeichnet und die Reiki-Lebensregeln gedruckt weitergegeben. Bis dahin war es eine *traditionell mündliche Überlieferung.*

Meister und Schüler

Es ist auch heute noch Tradition im Usui-System, daß Reiki von einem Meister an den Schüler in persönlicher Unterweisung weitergegeben wird. Die Einweihungen von Mensch zu Mensch und das gesprochene Wort sind wichtige Elemente in der Übertragung. Im Reiki geht es um *Berührung* im wahrsten Sinne des Wortes. Berührungen solcher Art sind nicht durch Video und Bücher möglich. Reiki bedeutet »Berührung geben und nehmen«, es bedeutet einen *Kontakt herzustellen.* Der Kontakt der Hände bei den Handpositionen am Kopf ist eine Berührung von Haut zu Haut oder Haar, beim Handauflegen am Körper geschieht das auf der Kleidung. Der Reiki-Empfangende ist sogar meistens noch kuschelig zugedeckt. Der Kontakt von Mensch zu Mensch ist wesentlich, vom Reiki-Gebenden zum Nehmenden, vom Meister zum Schüler. Die Reiki-Behandlung ist im wahrsten Sinne des Wortes eine *Be-hand-lung* nach dem Resonanzprinzip.

Die Art und Weise der Kommunikation zwischen Meister und Schüler ist wichtig. Solche Prozesse sind wunderbare Spiegelbilder der Beziehungen, die wir aufbauen und unterhalten. Interessant ist auch, wie ein Reiki-Schüler zu seinem einweihenden Meister findet. Wenn der Schüler bereit ist, zeigt sich der *richtige* Meister, der im Reiki zunächst der Einweihende ist, dann der Mentor und Lehrer. Im Reiki gibt es den Satz: *»Handele, ohne zu fragen.«* Das erfordert als Basis das Vertrauen, welches von Anfang an da sein sollte. Jeder sollte zu seinem Meister eine Beziehung des Vertrauens aufbauen wollen und können.

Ich finde es immer wieder spannend wahrzunehmen, daß das Verhältnis zwischen Meister und Schüler etwas Bewegliches und nichts Statisches ist. Wenn ich die Verantwortung übernommen habe, für jemanden Meister-Lehrer zu sein, bin ich selbst Schüler auf einer anderen Ebene. Es kommt *zur Umkehr des Meister-Schüler-Verhältnisses,* der Schüler wird zu meinem Lehrer. Lernender und Lehrer sind eins.

Reiki ist eine wunderbare Heilkunst, sie ist uns als ein

segensreiches Geschenk durch Mikao Usui weitergegeben worden. Ich möchte die Begriffe *Segen und Geschenk* hervorheben, die in vielen Kulturen und Ländern andere Stellenwerte besitzen. So oft werden Geschenke nicht geachtet. Ebenso wird der Segen als solcher immer seltener anerkannt.

Ich erlebte schon oft, wie man Reiki zu beweisen suchte und bis in die Wurzeln hinterfragte. Ist das sinnvoll? Fragen wir eine Blume, warum sie blüht und ihren Duft verströmt? Im Bewußtsein des Segens, ein Geschenk der Heilung anzuwenden, bedeutet das, einer Tradition und ihren Ritualen zu vertrauen. Rechtfertigungen für die Ausführungen der Handpositionen, Interpretationen oder Veränderungen in der Anwendung zeugen nicht vom Dienen in der Tradition, wie es erwartet wird.

Es ist und bleibt eine große Herausforderung in der Ausübung von Reiki, *frei von Wünschen, Wollen und bestimmten heilenden Vorstellungen* zu sein. *Handele, ohne zu fragen* - welche Herausforderung. Ich bin sicher, jeder kommt irgendwann einmal an diesen Punkt, jenes so bedeutsame Vertrauen zu hinterfragen. Es kann nur in jedem von uns selbst beantwortet werden. Wenn wir in unserem Selbst wirkliche Hingabe erfahren haben, werden wir in diesem Vertrauen, uns hinzugeben, wachsen und immer wieder tiefere Wurzeln in uns finden. Hingabe an Reiki meint das Vertrauen, ohne zu wissen. Je mehr wir Reiki beweisen wollen, um so mehr Fragen zu Reiki werden auftauchen.

In der Reiki-Behandlung halte ich es für wesentlich, einen geborgenen, liebevollen Raum (im Sinne von Atmosphäre) herzustellen und dann in Verbindung zur Urquelle aller Kraft und des Lichtes Heilung »alleine« geschehen zu lassen. Was kann man für jemanden Heilsameres tun? Was ist heilsamer als die Verbindung zur

Urquelle? Reiki fordert auf, der Einfachheit zu vertrauen. In der Einfachheit zu bleiben, einfach die Hände aufzulegen, in dem Vertrauen, Reiki werde in der Menge dorthin fließen, wo es benötigt wird. Keine komplizierten Techniken, keine Vermutungen und Interpretationen.

Wenn wir uns den Samen als das Urpotential für die Fähigkeiten und Aufgaben der Seele ansehen, ist es verständlich, daß jeder Samen zum Keimen ein bestimmtes Terrain braucht, Umstände, um zu keimen und zu wachsen. Reiki ist die Kraft, die unser Wachsen auf allen Seins-Ebenen unterstützt und die jede heilsame Entwicklung fördert.

Dazu eine kleine Anekdote: Ein Mensch träumte, er käme in einen Laden, in dem es alles nur erdenkliche gab - und dazu noch geschenkt. Ein Engel bediente darin. Der Mensch vergewisserte sich, ob er hier wirklich alles bekommen könne, was er sich wünschte. Der Engel antwortete: »Ja, lieber Mensch, alles, was dein Herz begehrt.« Daraufhin begann der Mensch aufzuzählen, von einem immer liebe- und verständnisvollen Lebenspartner, einer gesicherten Arbeitsstelle und einem schönen Haus zum Wohnen, bis zu ... »Halt, halt mein lieber Mensch«, unterbrach da der Engel, »du erhältst zu allem nur den Samen. Das Werden und Wachsen deiner gewünschten Samen mußt du selbst betreuen.«

Über das Geheimnis der Symbole

Reiki bekommt in manchen Beschreibungen einen mysteriösen Hauch, wenn erzählt wird, daß die Einweihungen und die Symbole *geheim* sind. Sie sind zunächst für die geheim, die sich auf den Weg mit Reiki begeben. In der Zweiten-Grad-Einweihung lernt man genau diese Symbole und deren Anwendung. Sie sollten nur an die Menschen weitergegeben werden, die ernsthaft damit arbeiten wollen und nicht an solche, die einfach nur aus Neugier diese sehr kraftvollen Werkzeuge *wissen* wollen, ohne sie anzuwenden. Bei einigen Menschen weckt genau das die Neugierde, wenn etwas nicht sofort offensichtlich ist. In der Meistereinweihung wird das Einweihungsritual von Meister zu Meister im persönlichen Kontakt weitergegeben.

Reiki kommt aus Japan, im dem Ehre eine wichtige Rolle spielt. Ehre und Respekt, Würdigung einer mündlich überlieferten Tradition und Rituale haben dort andere Stellenwerte. Als Hawayo Takata es in den vierziger Jahren nach Hawaii und in die USA brachte, mußte einiges auch übersetzt werden. Die Wörter *secret* (geheim) und *sacred* (heilig) klingen sehr ähnlich. Heilig bedeutet auch heilbringend, die Symbole und Rituale sind wahrhaft heilbringend und nicht geheim für jene, die damit wirken, das heißt wirklich arbeiten.

Die Reiki-Lebensregeln

Reiki ist frei von Religions- und besonderen Glaubensvorstellungen. An Reiki muß man nicht glauben, sondern sich darauf einlassen, es zulassen und seine eigenen Erfahrungen und Erkenntnisse damit sammeln. Es gibt nur eine Religion, und das ist die des Herzens. Die Bedeutung des Wortes Religion ist Rückverbindung an das Göttliche. Wenn man es unter diesem Gesichtspunkt sieht, ist Reiki als die rückverbindende Kraft des Universums im doppelten Sinne religiös.

Es ist gleich, ob ein gläubiger Christ, ein praktizierender Buddhist oder ein Atheist die Hände im Sinne von Reiki auflegt. Frei, ohne sein persönliches Wünschen und Wollen, wird die universelle Lebenskraft dorthin fließen, wo sie der Aufnehmende jetzt benötigt, wenn der Gebende sich als Vermittler zur Verfügung stellt.

Die Lebensregeln von Reiki sind also keine religiösen Gebote und auch nicht als Affirmationen gedacht, mit denen das Unbewußte arbeiten soll, sondern sie unterstützen jeden Menschen in seinem spirituellen Wachstum. Sie können als moralische Anleitung verstanden werden und unterstützen unsere Entscheidungsfähigkeit für unseren spirituellen Alltag.

Da die Reiki-Lebensregeln zuerst in der mündlichen Tradition weitergegeben, dann ins Amerikanische, später in andere Sprachen übersetzt wurden, gibt es verschiedene Formulierungen der Regeln. Der Sinn *hinter* den Worten ist der gleiche - die Auslegung und Bedeutung wird sich in jedem Menschen den Raum im Herzen nehmen, den wir in unserem Inneren bereit sind zu geben. Jeder Satz enthält eine außergewöhnliche Tiefe und ist es wert, daß wir ihn längere Zeit auf uns einwirken lassen, bis wir ihn ganz verstehen. Lies die Sätze in Ruhe durch, spüre nach, wie sie sich in Dir anhören und Resonanz finden. Wo entdeckst Du Widerstände? Überdenke gerade diese Regel ganz besonders.

Gerade heute, ärgere dich nicht
Gerade heute, sorge dich nicht
Ehre deine Eltern, Lehrer und die Älteren
Verdiene Dein Brot ehrlich
Sei dankbar, allem Lebendigen gegenüber.

Die erste Lebensregel: Gerade heute, ärgere Dich nicht - kann auch ins Positive geändert werden: Für heute lasse allen Ärger los oder: Gerade heute, sei frei von Ärger. Der Ärger in jeglicher Form ist etwas, was wir aus einer Situation mitnehmen, die schon vergangen ist. Ärger macht den Ärger nur ärger.

Die zweite Lebensregel: Gerade heute, sorge Dich nicht - kann lauten: Für heute, lasse alle Sorgen los. Sorgen sind Ahnungen, Vorstellungen, die wir uns ab jetzt in die Zukunft hinein machen. Es gibt eine gesunde Form der Fürsorge, die ist hier nicht gemeint. Die beiden ersten Regeln besagen, sei ganz in Deiner Kraft *hier und jetzt,* bleibe weder in der Vergangenheit noch in die Zukunft hinein verhaftet. Es mag sinnvoll sein zu erkennen, was in uns diese Auslöseknöpfe sind, damit Ärger oder Sorgen entstehen können. Und wir könnten dann diesen »auslösenden« Menschen danken, weil wir uns wieder ein Stück besser erkannt haben.

Diese zwei Regeln sagen auch nicht, daß wir Ärger und Sorgen verleugnen sollen. Wenn Ärger und gar Zorn da sind, braucht es manchmal ein sinnvolles, angemessenes Ventil, damit uns der Überdruck nicht platzen läßt. Wenn wir unsere Bedenken und Sorgen aussprechen, mag uns die zweite Regel ins Bewußtsein kommen, damit wir den gesünderen Umgang üben, nämlich Vertrauen zu stärken, statt Angst zu nähren.

Die dritte Regel: Ehre Deine Eltern, Lehrer und die Älteren - erscheint auch in der Form: Ehre Deine Eltern, Lehrer und Deine Nachbarn. Sie betrifft die Würdigung jedes Menschen um uns, unabhängig davon, was Ältere oder unsere Nachbarn sonst noch tun. Auch wenn unsere Eltern und Lehrer oft die größten Herausforderungen darstellen, sie haben uns dennoch das Leben geschenkt, uns gelenkt und geführt. Dafür steht Ehre und die Anerkennung dessen, was sie für uns getan haben, gleich wie es jetzt aus unserer Sicht aussieht.

Die vierte Regel: Verdiene Dein Brot ehrlich - steht manchmal auch so geschrieben: Verdiene Deinen Lebensunterhalt ehrlich - oder: Verdiene Dein Leben ehrlich. Lebe ehrlich! Diese Regel lädt uns immer wieder ein, nach innen zu gehen, zu überprüfen, wie wir Aufrichtigkeit und Ehrlichkeit als innere Qualität in unserem Alltag leben. Fran Brown, eine der Reiki-Meisterinnen, die noch von Takata eingeweiht wurde und ein biographisches Buch über Takatas Lehre schrieb, sagt dazu: Wenn wir im Inneren ganz ehrlich sind, müssen wir auch vor einer roten Ampel *stehen* bleiben, auch dann, wenn sonst niemand zu sehen ist. Ehrlichkeit in uns hängt nicht davon ab, daß andere sie wahrnehmen.

Die fünfte Regel: Sei dankbar allem Lebendigen gegenüber - heißt in einer anderen Übersetzung: Sei dankbar für das, was Du erhältst. Ich halte diese Lebensregel für außergewöhnlich vielschichtig und sehr, sehr tief. Wenn ich Dankbarkeit zu einer inneren Haltung werden lasse, dankbar für den Ärger, die Sorgen, dankbar jede Veränderung in mir als einen Entwicklungsschritt (auch die Krankheiten) annehme, verändert sich augenblicklich meine Sichtweise. Dankbarkeit ist eine Qualität des Herzens, und wenn wir in der Herzensebene wahrnehmen, sind wir an der Quelle aller Lösungen, an der Quelle des Eins-Seins. Dankbarkeit ist verbunden mit Wertschätzung, Respekt und Achtung allem Göttlichen gegenüber. Der Kern allen Lebens beinhaltet diese kreative Energie und bedingungslose Liebe. Dankbar allem Lebendigen gegenüber zu sein - oder zu werden - ehrt das Leben an sich, lehrt uns den sinnvollen Umgang mit Naturgütern, reguliert ohne viel Worte unseren Hang nach Übermaß, korrigiert die Sichtweisen unserer Bedürfnisse. Ein wunderbarer Satz.

Wie sieht eine Reiki-Behandlung aus?

Gleich, ob es um eine Selbstbehandlung geht oder um die Behandlung eines Kindes oder Erwachsenen - es sollte möglichst immer *eine ganze Behandlung* gegeben werden. Die ganze Behandlung ist sinnvoll, gleich ob jemand an einer Halsentzündung, rheumatischen Kniegelenken oder einer Gemütserkrankung leidet. Auch wenn nur »ein Teil im Menschen« Schmerzen empfindet, krank ist immer der ganze Mensch. Es mag Notsituationen geben, wo man die Hände nur auf einen Körperteil legen kann, das sollte aber nicht die Regel sein.

Ideal ist es für einen Reiki-Patienten, an vier aufeinanderfolgenden Tagen jeweils eine Stunde Reiki zu bekommen. Danach kann man individuell entscheiden, ob man wöchentlich zwei oder eine Behandlung aufnehmen will. Bei Kindern, je nach Größe und Alter, ist die Behandlungsdauer kürzer. Was sich in einem Menschen über längere Zeit entwickelt oder verhärtet hat, ist auch nicht mit einer Reiki-Behandlung aufgelöst.

Am entspannendsten für den Reiki-Nehmenden ist es, zunächst in Rückenlage zu liegen, damit die Kopfpositionen und die Körpervorderseite behandelt werden kann. Der Behandler legt seine flachen Hände ohne Druck auf Kopf oder Rumpf auf und hält dort die Hände in jeder Position etwa drei bis fünf Minuten still. Der Körper des Behandelnden weiß, ohne den Verstand einzuschalten, wo die Lebensenergie im Wesen benötigt wird, auf welcher Ebene und wieviel. Beide, die Reiki-Geber und Nehmer, können loslassen und vertrauen, daß *das Bestmögliche für Körper und Geist geschieht.* Man kann dazu leise Hintergrundmusik hören, sie gehört aber nicht zur Behandlung selbst.

Nach der Kopf- und Bauchbehandlung dreht sich der

Behandelte auf den Bauch, damit der Rücken, vom Nacken bis zum Gesäß, von den Reiki-Händen berührt wird. Die Hände liegen auf der Kleidung, Reiki geht durch alle Verbände und Gipsschalen.

Die Reiki-Energie, die der Behandelte aufnimmt, durchfließt auch den Reiki-Gebenden. Er wird in einer Behandlung *für* jemanden mit universeller Lebensenergie durchströmt. So wird die persönliche Energie nicht erschöpft, und es ist immer wieder eine wahre Freude, Reiki zu geben. Im Prinzip ist das Reiki-Geben auch eine Heilsitzung für den Gebenden, er wird in dem Maße von Reiki durchströmt, wie es der Aufnehmende annimmt - und man *dient* ohne persönliche Vorstellungen in Vertrauen und Hingabe. Was könnte jemand geben, wenn es niemand entgegen- oder aufnimmt?

Etwas sehr Wichtiges will ich versuchen, klar und deutlich auszudrücken: Was *während* oder *nach* der Behandlung geschieht, liegt nicht in der Verantwortung des Reiki-Gebenden, sondern allein im Entwicklungsprozeß des Reiki-Aufnehmenden. Das heißt, es ist nicht der Verdienst des Gebers, wenn eine spontane Besserung oder gar Heilung eintritt. Der Reiki-Geber ist *kein Heiler;* auch ist er kein Pfuscher, wenn sich keine oder zunächst nicht wahrnehmbare Reaktionen einstellen. Der Reiki-Geber übernimmt auch keine Symptome des zu Behandelnden. Als Reiki-Gebende sind wir *nur* Kanal oder Vermittler dieser Ur-Kraft - nicht mehr und auch nicht weniger.

Wie der See sich
Tropfen um Tropfen auffüllt,
so nährt jede Zeit in Reiki
Körper, Geist und Seele.

[illegible]

Edelsteine und Kristalle – lebendige Bibliotheken unseres Selbst

❦

Die ganze Majestät der Natur ist in den Edelsteinen
auf kleinstem Raum zusammengedrängt,
und ein einziger genügt,
um darin das Meisterwerk der Schöpfung zu erkennen.

PLINIUS

Edelsteine und Kristalle, das ist ein Bereich, der mir persönlich ganz besondere Freude bereitet. Ich genieße ihre Schönheit, die mich an das Vollkommene, die Einheit, erinnert. Seit vielen Jahren arbeite ich mit Steinen. Genauer gesagt, wir arbeiten zusammen. Mit arbeiten meine ich, daß ich mich von Edelsteinen begleitet fühle und gelernt habe, mich ihrer unterstützenden Energien zu erfreuen. Sie erzählen, wenn ich ihnen zuhöre, und sie lassen so vieles in ihren Strukturen erkennen, wenn ich genau hinschaue. Ich habe bewußt meine inneren Türen für sie geöffnet und über mich und den Kosmos eine Menge gelernt.

Edelsteine und Kristalle sind Mineralien, die sich durch ihre Reinheit, Schönheit und Ausstrahlung von der Menge der anderen Mineralien abheben. Die Edelsteintherapie ist eine in allen Kulturen verankerte Art der Resonanztherapie in ihrer ursprünglichsten Form.

In der Zeit großer Veränderungen erfahren Edelsteine

und Kristalle eine neue Aktualität. Es gab sogar so etwas wie Modesteine. Es wurden *neue* Arten gefunden, beziehungsweise die Edelsteinhändler spürten die Nachfrage nach den Heilsteinen und schliffen seltene Arten zu Trommelsteinen und schönen Anhängern. Achate, Karneole, Bernsteine und Bergkristalle, die bisher bekannten Arten, hatten dieses oder jenes Symptom nicht löschen können, also probierte man es mit Apophyllit, Chiastolith oder dem Disthen. Wieder einmal erwachte der Wunsch nach der schnellen Lösung, und man hoffte auf einen Weg, der von außen die Last auflöste, möglichst ohne viel inneres Zutun. Noch vor wenigen Jahren wurden auf allen möglichen Verkaufsstellen und Jahrmärkten Edelsteine gehandelt wie Aspirin - der gegen Schmerzen, jener gegen Haarausfall, Hormonstörungen und ähnliches.

Es war klar, daß in dieser Umgangsweise vielen Menschen die wirklichen Heilkräfte der Edelsteine verborgen und unerkannt blieben. Auch die neuen Steine konnten diese Hoffnungen nicht sättigen. Menschen erwarteten von ihnen etwas, was Steine nicht geben dürfen, und hielten dann die ganze Edelsteintherapie für Humbug und Geldmacherei. Oft ging dabei verloren, was Steine dennoch gegeben haben. Wenn der Verstand allein das Heilende sucht, wird er einige Irrwege gehen. Wenn das Herz sucht, dann finden die Augen.

Es enthält dennoch viele Körnchen Wahrheit, daß in jener Zeit neue Edelsteinqualitäten auftauchten. Nach den kosmischen Gesetzen ist Aufgabenstellung und Lösung gleichzeitig da. Bei der Vielzahl von individuellen Schwierigkeiten und Aufgaben hat jeder Edelstein seine Berechtigung und ist für irgend etwas hier in der Welt die Antwort.

Zur Geschichte der Edelsteintherapie

Edelsteine und Kristalle haben schon immer einen großen Einfluß auf uns Menschen ausgeübt. Sie faszinieren uns durch ihre Schönheit und wirken durch eine mehr oder weniger starke Anziehungskraft auf uns ein. Schon vor tausenden von Jahren gab es in alten Kulturen bedeutende Steine, die man eben zu jener Zeit *finden* konnte.

Sie galten von jeher als ein Zeichen von Kraft, Besitz und Macht, wobei die Macht wieder zum Mißbrauch reizte. Sich in vergangenen Zeiten von Königs- oder Bischofshand mit Edelstein-besetzten Ringen berühren zu lassen, war ein Segen. Leider war die Motivation und die Ausrichtung der Kräfte des öfteren zweifelhaft.

Im alten Mexiko, in der Maya-Kultur, waren es Topase, Rubine und Smaragde. In der indischen Kultur dominierte der Mondstein. In Ägypten, zur Zeit der Pharaonen und Pyramiden, waren Lapislazuli und Malachit von Bedeutung. Es ist zur Zeit kein Zufall, daß in der Wende zum Wassermann-Zeitalter in großen Mengen und verschiedensten Qualitäten der violette Amethyst gefunden wird. Naturverbundene Völker, zum Beispiel die Indianer, kannten den Umgang mit Heilsteinen und verwendeten sie in ihren Medizinrädern.

Auch die Art der Anwendung in der Vergangenheit ist sehr verschieden. Einmal wurden sie als Ganzes eingesetzt, dann wieder zu Edelsteinmehl zermahlen und in Tinkturen eingenommen.

Die Äbtissin und Mystikerin Hildegard von Bingen, sie lebte von 1098 bis 1179, gibt in ihren Aufzeichnungen ganz konkrete Anleitungen, wie die etwa vierzehn Edelsteine, die zu ihrer Zeit bekannt waren, angewendet werden sollten. Oft beschrieb sie Möglichkeiten, wie die

Edelsteine ihre heilenden Kräfte durch Erwärmung auf eine Flüssigkeit wie Wasser, Öl oder auch Wein übertragen. Die Betroffenen konnten dann die Flüssigkeit trinken oder Umschläge damit machen. Hildegard von Bingen arbeitete und sammelte ihre Erfahrungen mit ganzen Steinen, sie ließ sie nicht zermahlen. Das ursprüngliche Ganze war auch bei ihr mehr wert als ein Teil. Sie beschrieb viele Steine als *Schutz-Steine.* Nach ihrem Verständnis waren Edelsteine und Kristalle so *vom Guten durchdrungen,* in ihrer Entstehung dem Guten an sich zugewandt, daß es bösen Geistern und bösen Mächten (auch bösen Gedanken und Flüchen) gar nicht möglich war, sich dort aufzuhalten, wo solche positiven Kräfte der Schöpfung vorherrschten. Sie nahm in den Edelsteinen geordnete Kräfte wahr, die ungeordneten Energien keinen Raum zur Ausdehnung ließen. Wo Licht ist, kann keine Dunkelheit sein. Schatten zeigen lediglich noch Widerstände an.

Glaube oder Wirklichkeit

Beruht die Heilwirkung von Edelsteinen und Kristallen nun auf dem Glauben allein oder ist sie eine unabhängige Wirklichkeit? Wo beginnt Glauben, wo hört er auf? Muß man an die Liebe glauben? Wirkt sie nicht, wenn man nicht daran glaubt? Wann spricht man von Suggestion? Was *ist* Wirklichkeit? Je mehr ich mich mit diesen Fragen beschäftigte, um so mehr Fragen bildeten sich.

Ich sehe eine Gefahr darin, einen Edelstein oder sogenannten Heilstein in dem Glauben zu nehmen, daß nun ein Wunder geschehen werde und ein körperliches Symptom oder ein Problem einfach verschwinde. Das ist nach meiner Ansicht falsch verstandene Edelsteintherapie. Es geschieht keine Heilung ohne eine Bewußtseinsveränderung. Einer echten und dauerhaften Heilung geht eine Erkenntnis voraus, eventuell Veränderungen von Denk- und Verhaltensmustern, zum Beispiel Ernährungsumstellungen und Veränderungen in der Lebensweise. Wenn ich nicht die psychischen Ursachen einer Krankheit oder eines Konfliktes erkenne oder den Krankheitsgewinn nicht erkennen will, dann werde ich diese Krankheit nicht los, beziehungsweise es kommt das gleiche oder ähnliche, etwas veränderte Geschehen nochmals auf mich zu.

Glauben bezeichnet das Fürwahrhalten einer Mitteilung. Einige Mitteilungen sind nicht auf der Stelle überprüfbar und vieles liegt im Grenzbereich physikalischer Nachweisbarkeit. Das darf dennoch kein Grund sein, die feinstofflichen Wirkungen von Edelsteinen oder auch von Farben oder anderen Heilweisen zu leugnen, in den Bereich der okkulten Phänomene einzuordnen oder als Placebo-Effekt abzustempeln. In den Naturwissenschaften ist es noch oft schwer, mit den bisher bekannten Nachweismethoden feinstoffliche Wirkungen zu erklären, sie gar zu reproduzieren. Wir können zum Beispiel bis heute kaum einen exakten, quantitativ-physikalischen Nachweis eines Gedankens, einer Stimmung oder von Emotionen geben. Jeder weiß jedoch, daß solche Phänomene unbestritten existieren.

Ich halte es für den ersten Schritt im sinnvollen Umgang mit Edelsteinen und Kristallen, ihnen eine Offenheit mit einer gesunden Skepsis (nicht Ablehnung) entgegenzubringen. Eine Offenheit dafür, eigene Erfahrungen und Impulse zuzulassen. Es hat nichts mit Suggestion zu tun, deshalb ist es oft hilfreich, vor den ersten Anwendungen gar nichts über den Stein zu *wissen*, um nicht vorprogrammiert zu sein. Bei Kindern und Tieren wirken Suggestionen und mentale Sätze ohnehin nicht.

Es wirken in uns die Kräfte, denen wir Raum zur Entfaltung geben. Übergeben wir unserer Angst einen inneren Raum und erlauben ihr, sich auszudehnen, dann wird sie das tun, wird Raum nehmen, bekommt durch unsere Aufmerksamkeit noch mehr Energie und so weiter. Werden wir uns dieser *Mitgestaltung in allem* bewußter, können wir üben, was geschieht, wenn ich der Zuversicht oder Hoffnung Raum überlasse. Was passiert dann? Welche Wirkung zeigt das?

Prinzipien ihrer Wirkungsweisen

Die Grundlage des Lebens ist nicht die Materie allein, sondern die mit ihr verbundene nicht-materielle Schwingung. Nach den Erkenntnissen der Quantenphysik haben Materie und Strahlung (Energie) eine Doppelnatur. Jedes Teilchen der Materie, jede Zelle als grundlegende organische Einheit, sendet elektromagnetische Felder aus und ist fähig, diese auch zu empfangen. Alles kommuniziert miteinander in einem Bewußtsein.

Jeder Mensch, jedes Tier, jede Pflanze und ebenso jedes Mineral besitzt einen dichten, materiellen Körper, der in einer bestimmten niederen Frequenz schwingt und gleichzeitig den nicht-sichtbaren, feinstofflichen, dessen Frequenzen höher sind. Die feinstofflichen Körner setzen sich aus verschiedenen Schichten zusammen und bilden den Ätherleib oder auch Lichtleib, der wie eine Brücke die sichtbare und die unsichtbare Welt verbindet.

Manche hellsichtige Menschen können diese Ätherkörper sehen, sie können die Zusammensetzung und die darin vorkommenden Farben beschreiben. Für viele von uns bleiben diese Sichtweisen verborgen, dennoch kann jeder von uns seine Wahrnehmungsfähigkeiten schulen und erweitern, um die Ausstrahlungen von Pflanzen und auch Edelsteinen erspüren zu lernen.

Ein Prinzip von Edelsteinwirkungen ist es nun, daß das feinstoffliche Schwingungsfeld des Minerals mit einem anderen korrespondiert, zum Beispiel mit dem des Menschen. Diese Kommunikation löst in ihrer Resonanz die verschiedensten Wechselwirkungen aus. Eine ist die, den Edelstein oder Kristall als wahre *Kraftquelle oder Energiereservoir* zu sehen. Das Kraftfeld des Steins wirkt auf unser eventuell geschwächtes Feld, und *Stärkung und Beschleunigung* sind die Resultate. Wobei es uns meistens sehr recht ist, wenn in uns ein positiver Seelenaspekt geweckt, belebt und gestärkt wird.

Weniger erfreulich kann es sein, wenn ein Widerstand oder ein Schattenanteil eine Belebung und Verstärkung erfährt. Man kann eine solche Resonanz auch als Heilreaktion sehen, so daß wir nun endlich den Schattenanteil verwandeln, beziehungsweise unseren Widerstand gegenüber einer Sache oder einem Menschen erkennen und neu wählen, ob wir ihn beibehalten wollen. Die Kräfte der Edelsteine sind nicht dazu da, *die Steine aus unserem Lebensweg* zu räumen - sie versorgen uns nur mit Licht, um die Dinge so zu sehen, wie sie sind und gegebenenfalls mit Kraft, eine unsinnige Haltung zu erlösen.

Edelsteine können uns Geduld und Hingabe lehren. Sie sind vor langer Zeit durch verschiedene Prozesse in Mutter Erde und unter Einwirkung der geistigen Kräfte der Schöpfung entstanden. Sie haben für ihr Wachstum und ihre Reifung unglaubliche Hitze und Druck ausgehalten, haben Spurenelemente in sich aufgenommen -

und ihre Aufgabe angenommen. So fordern sie uns auf, Geduld zu haben, vor schwierigen Entwicklungsphasen und inneren Reifungsprozessen nicht davonzulaufen und uns mit Hingabe unseren speziellen Lebensaufgaben zu widmen. Näheres dazu erläutere ich in den Entstehungsprozessen, die außerordentlich aufschlußreich sind.

Edelsteine und Kristalle verschenken ihre heilsamen Energien auf selbstlose Art und Weise. Ohne zu werten, ohne Vorbehalte stellen sie sich zur Verfügung. Es gibt Energie-gebende Steine, wie zum Beispiel die Quarzarten, Bergkristall und Amethyst. Andere Edelsteinarten, wie der Malachit oder der Türkis, sind fähig, negative Energien und Schwingungen von Krankheiten aufzunehmen – zum Schutz der Träger.

Ich nenne Edelsteine und Kristalle gern die *Botschafter des mineralischen Reiches,* so wie die Heilkräuter und Bach-Blüten die Botschafter des Pflanzenreiches sind. Edelsteine sind *verdichteter Geist.* Im Altertum galten Edelsteine als erstarrte Tropfen aus göttlicher Substanz.

Wichtig bei diesen Beschreibungen der Wirkungsprinzipien ist, daß es dabei kein richtig oder falsch gibt. Wer im Kontakt mit seinem inneren Selbst einen Stein wählt, erfährt die Energie, die ihn jetzt einen Schritt weiter begleitet, sei es mit schmerzlicher oder mit freudvoller Heilreaktion. Edelsteine vermitteln uns Kräfte und unterstützende Energien für unsere Bewußtwerdungsprozesse. Manchmal wirken sie wie *Katalysatoren* und lösen etwas aus, manchmal *beleben* sie schlafende Fähigkeiten, manchmal *vertiefen* sie etwas in uns. Besonders die Kristalle sind sogenannte *Lichtbringer,* sie schenken uns ein Licht, damit wir die Lebensschritte leichter erkennen können.

Biophysiker formulierten ihre Thesen der Edelsteinwirkungen folgendermaßen: Die elektromagnetische Strahlung der Edelsteine liegt im Frequenzbereich der Schwingungen natürlicher Körperzellen. Die Energien der Edelsteine zählen zu jenen Biofrequenzen, die regulierend auf den gesamten Organismus einwirken können. Die gesunde Körperzelle braucht für ihre Lebensfunktionen eine ganz bestimmte Energie oder Strahlung. Im disharmonischen oder kranken Zustand schwingt die Zelle nicht mehr normal, wobei das Potential bis auf Null zurückgehen kann, oder sie schwingt zu hoch infolge aufgezwungener Schwingung, zum Beispiel durch Erdstrahlen, übermäßige Belastung durch Elektrogeräte oder auch durch Entzündungen. Dieser These nach bewirkt der Edelstein oder Kristall eine Aufladung geschwächter Körperzellen, beziehungsweise eine Entladung energetisch überlasteter Zellen auf ihre ursprüngliche, gesunde Strahlung.

Spiegelbilder unseres Selbst - lebendige Bibliotheken

Manche Edelsteinarten weisen sehr schöne Strukturen und Zeichnungen auf, oder es entstehen schöne Bilder, wenn verschiedene Farben sich miteinander vermischen. Solche Steine laden geradezu ein, diese Strukturen und Zeichnungen als *eigenes Spiegelbild* zu erkennen. Das, was man in einem Stein an Bildern und Symbolen sieht, hat immer etwas mit einem selbst zu tun. Nach dem kosmischen Gesetz: Wie innen - so außen; wie oben - so unten. Betrachte strukturierte Steine aus dieser Sichtweise, dann wirst Du gemäß Deiner gegenwärtigen Lebensauffassung oder Stimmung freie Wege erblicken, oder alles sieht verbaut, dunkel oder verwundet aus.

Vielleicht erkennst Du ein Gesicht, ein Symbol, das Dich freut oder Dir etwas bedeutet. Oder Du siehst Ebenen, die Dir einen Überblick erlauben, oder Du siehst die Wurzeln für Deine Standhaftigkeit oder eine Leiter für Deinen Aufstieg.

Genau das meine ich mit dem Begriff *lebendige Bibliothek.* Ein Edelstein kann wie eine Aufzeichnung Deines Selbst sein. Nur Du kannst darin blättern und lesen. Niemand kann das für Dich tun, niemand *darf* das für Dich tun. Wenn Du Deine Hemmungen und Ängste losläßt, kann Heilung beginnen; und es wird Dir Freude bereiten, Seite für Seite Deines Lebensbuches zu erkunden.

Der Satz des römischen Gelehrten Plinius, den ich an den Anfang des Edelsteinkapitels stellte, beschreibt das so treffend - *ein einzelner genügt, um darin das Meisterwerk der Schöpfung zu erkennen.*

Die verschiedenen Entstehungsprozesse

Die Beschaffenheit von Edelsteinen und Kristallen ist eine weitere Art, ihre Wirkungsweisen zu verstehen. Ob ein Stein dicht, undurchsichtig oder opak ist und auf das dichte, körperliche Sein wirkt, oder ob er glasklar ist und damit an die Klarheit in uns erinnert, ist von Bedeutung. Ihre Formen im Inneren, ihre Kristallgitter und ihre Wachstumsstrukturen entsprechen wertvollen Informationen und stehen in Resonanz mit uns. Das Wesentliche alles Lebendigen ist Information.

Es ist eine weitere Chance, sich die Welt der heilsamen Edelsteine zu erschließen, wenn wir neben dem rein intuitiven Zugang auch den über die analytische Edelsteinkunde betrachten und dabei die inneren Zusammenhänge zu uns selbst im Auge behalten. Die analytische Sichtweise beinhaltet die *Art der Zusammensetzung*, wie die Mineralien von einem frei beweglichen Sol-Zustand in einen festeren Gel-Zustand, sogar bis in das härteste Kristallgitternetz hineingewachsen sind. Auch die Härte eines Steines zeigt einen Bezug zu unserer inneren Härte und Standfestigkeit, aber auch der Zerbrechlichkeit.

Ich werde diese Sichtweise in vereinfachter Form ansprechen. Wer sich von diesem Wissen angesprochen fühlt, dem empfehle ich das Buch von Michael Gienger »Die Steinheilkunde«. Für diejenigen, die meine vorigen Bücher kennen, mag das Wirkprinzip der Entstehung eine Erweiterung und Vertiefung im Umgang mit Edelsteinen sein. In meinem ersten Buch »Heilung durch Harmonie« berichtete ich von Steinen in der Zuordnung zu den einzelnen farbigen Energiezentren. In die »Antwort des Herzens« beschrieb ich jeden Stein in bezug zur Liebesfähigkeit und zu den Qualitäten des Herzens. Diese Entstehungsgeschichte rundet die ganzheitliche Heilweise von Edelsteinen und Kristallen auf wunderbare Weise ab.

Unsere Erde lebt, alle Mineralien leben, auch wenn sie von anderen Zeitstrukturen und einer anderen Art und Schnelligkeit des Stoffwechsels geprägt sind. Noch bevor eine uns vertraute Form von Lebewesen, wie Pflanze, Tier oder Mensch, in der Geschichte der Erde diese belebte, war sie ein einziger glühend-heißer Magma-Ball. Das ganze Potential aller Mineralien und Spurenelemente ruhte in der flüssigen heißen Gesteinsschmelze – alle Formen waren möglich. Das Feuer ist das Sinnbild einer Urkraft des Lebens.

Primärgesteine symbolisieren Ur-Potentiale

Edelsteine, die sich während oder kurz nach Vulkanausbrüchen bilden, nennt man *Primärgesteine,* wobei es noch weitere Unterscheidungsmerkmale gibt. Die ganze Reihe der verschiedenen Obsidiane entstanden, als die glühende Lavamasse im plötzlichen Kälteschock einfror; sie sind wie erstarrtes vulkanisches Glas, wie eine erstarrte Gesteinsschmelze. Andere, wie der Aventurin oder der Rosenquarz, hatten mehr Zeit in ihrem Verfestigungsgeschehen und sickerten langsam in der Lava nach unten. Wieder andere, wie zum Beispiel die Turmaline, entstanden in kleineren oder großen Gasblasen, die unter enormem Druck langsam erkalteten.

Diese Primärgesteine wirken auf unsere Ur-Anlagen. Sie wirken auf das, was *aus unserer Tiefe des Seelenrepertoires auftaucht und sich verfestigt.* Sie bringen uns mit unseren individuellen Ur-Kräften in Kontakt, erinnern uns an unsere innere Lebendigkeit, auch an die Fähigkeit, etwas sterben zu lassen und Neues zu erschaffen. Sie sind ein Spiegelbild unserer *eigenen Potentiale.* In diesen lebendigen Bibliotheken erfahren wir etwas über unsere tiefsten und *ureigensten Veranlagungen.*

Solche Edelsteine sind: Achat, Amethyst, Aquamarin, Bergkristall, Falkenauge, Fluorit, Karneol, Kunzit, Labradorit, Obsidiane, Rutilquarz, Sodalith, Suggilith, Olivin, Rosenquarz, Sonnenstein, Turmalin.

Sekundärgesteine symbolisieren Umwelteinflüsse

In der zweiten oder sekundären Gesteinsbildungsart begreifen wir, daß nichts von Dauer ist. *Die einzige Konstante in unserem Leben ist der Wechsel.* Wenn die Primärgesteinsbildung durch Erstarrung oder Verfestigung eine Form gefunden hat, wird diese zweite Entstehungsart durch den Einfluß von Sonne, Wind, Kälte und Frost verändert. Das Oberflächenwasser löst Säuren und andere ätzende Substanzen und spült sie in andere Gemische ein. *Verwitterung und Erosion* beginnen. Es formen sich neue *Ablagerungen und Sedimente.* Die zunächst fest gewordenen Strukturen lösen sich durch *Umwelteinflüsse* auf und formen sich neu.

Die Sekundärsteine weisen den Menschen ebenfalls auf Umwelteinflüsse hin. Das Umfeld, in das wir uns hineingeboren haben, die Erziehung durch unsere Eltern und Bezugspersonen, die Einwirkungen durch Schulen – all das arbeitet mit der Zeit an unseren Ur-Anlagen. Sie fordern unsere Vielschichtigkeit, unsere Fähigkeiten, uns Gegebenheiten anzupassen, etwas herauszuarbeiten und zu stärken. Oft sind diese Steine, wie zum Beispiel der Chrysokoll, in dem sich Blau und Grün durchsetzen, solche Qualitäten, die unsere Toleranz, das gesunde Nebeneinander und Miteinander, schulen. Es sind Prüfsteine unserer Beständigkeit.

Sekundärsteine sind: Azurit, Bernstein, Calcit, Chrysokoll, Chrysopras, Fluorit, Heliotrop, Jaspis, Rhodochrosit, Malachit, Moosachat, Opal, Pyrit, Variszit.

Tertiärgesteine symbolisieren Metamorphose

Da aller guten Dinge drei sind, gibt es noch eine weitere Gesteinsbildung, die der Tertiärgesteine. In der ersten Art kamen unsere inneren Anlagen zum Vorschein, in der zweiten wurden diese auf ihre Beständigkeit geprüft, beziehungsweise durch unsere Umwelt von außen her gewandelt. In der dritten Art erfahren wir nun eine *Wandlung aus dem Inneren.*

Die Erdkruste ist keine gleichmäßig dicke Kruste, sondern besteht aus Schollen und Kontinentalplatten. Durch eine ständige leichte Verschiebung und Auseinandertriftung der Kontinente durch Strömungen kommt es dazu, daß Anteile der Kruste wieder nach unten in den heißeren Magmabrei gedrückt werden. Gewaltiger Druck und erneutes Ausgesetztsein von Hitze bedeutet wieder Umwandlung, Metamorphose. Diese Metamorphose ist eine Verwandlung und Umwandlung von innen heraus. Nur was Hitze und Druck aushält, bleibt unverändert. Es beginnt wieder eine neue Suche nach einem stabilen Zustand.

Tertiärgesteine deuten im Menschen auf *innere Metamorphosen* hin; auf das wirkliche Einverstanden-Sein mit Veränderungen. Es zeigt sich, wer seine Ur-Fähigkeiten in neuer Weise oder in Zeiten großer Veränderungen und Unbeständigkeiten einsetzen kann. Tertiärgesteine wirken auf die Lebensprozesse *nach* den Schulen, *nach* den ersten Berufsjahren, *nach* den ersten Partnerschaften. Es betrifft die sogenannten *Umschulungen.* Ein Mensch, der nach ernsthaften Krisen bereit für Um- oder Neuorientierung ist.

Tertiärgesteine sind: Charoit, Diamant, Fluorit, Granat, Jade, Lapislazuli, Rhodonit, Rubin, Saphir, Smaragd, Tigerauge, Zoisit.

Es gibt auch einige Gesteinsqualitäten, die in mehreren Bildungsarten erscheinen können. So kann der Amazonit, der Leichtigkeit und Lebensfreude symbolisiert, in der primären, sekundären und tertiären Entstehungsart gebildet sein. Auch der Aventurin, der Regeneration bedeutet, findet sich in allen drei Arten. Zeigt sich hier nicht auch eine Sinnhaftigkeit? Andere, wie die besonders edlen Rubine, Saphire und Smaragde, finden sich in der ersten und dritten Art, also den beiden Entstehungsweisen, die mit dem reinigenden und transformierenden Element Feuer bestimmt sind.

In dieser analytischen Betrachtungsweise kann man nun noch weitere Schritte in die Tiefe gehen, indem man die einzelnen Kristallformen anschaut, in die sich das erkaltende oder ablagernde Mineralgemisch anordnet. Es ist gerade der Begriff der *Ordnung*, der hier anzusprechen ist. Die kleinsten Elementarteilchen, die Atome und Moleküle der Edelsteinmasse, nehmen, je nach ihrem Charakter, ganz bestimmte geometrische Formen an. Jede Edelsteinart, wie der Fluorit, der Jaspis und so weiter, verfügt über ihre eigene perfekte Raumanordnung der Bestandteile. Die Natur will keine Raumverschwendung, sondern alles ist bis ins Detail ausgenutzt. Die starken elektromagnetischen Anziehungskräfte tragen dazu bei, ebenso der Druck der Umgebung. Da gibt es unter anderem das kubische Kristallsystem, das aus kleinsten Würfelchen besteht, das hexagonale bildet sich aus sechseckigen Strukturen und das rhombische aus rautenförmigen.

Dennoch gibt es eine Kristallform ohne wirkliche Struktur, man nennt sie dann *amorphe* Edelsteine. Dazu gehören zum Beispiel der Bernstein und der Obsidian, sie erkalteten so schnell, daß keine Zeit für die Herstellung der Ordnung blieb. Jedes dieser acht Kristallsysteme läßt wieder bilderbuchartige Rückschlüsse auf den

Menschen zu, der sich mit diesem Stein in Resonanz befindet. Die innere Ordnungsstruktur des gewählten Edelsteins steht in Beziehung mit unserem eigenen innewohnenden Bedürfnis nach Ordnung. Man mag in seinem Umgang mit Steinen nicht ausschließlich über das verstandesmäßige, analytische Wahrnehmen vorgehen, sondern dem gefühlsmäßigen, spontanen Impuls gleichwertigen Raum geben.

Vom Rohstein bis zum Juwel

Edelsteine und Kristalle wirken in einer fast unbeschreiblichen Vielschichtigkeit. Wie oben erklärt, teilen sie sich über ihre inneren Wachstumsformen mit, und gleichzeitig wirken sie über ihre äußere Form auf uns. Es ist ein Unterschied, ob ein Stein als Rohstein in unserer Hand liegt oder als ein bis zum Facettenschliff bearbeiteter Stein. Die Grundinformation ist die des Minerals selbst, in seiner Zusammensetzung und seiner inneren Wachstumsstruktur. Hinzu kommen als weitere Information *die Schleifprozesse.* Schleifprozesse zu überstehen, heißt, die Gefahr der Zerbrechens überstanden zu haben, eine äußere Veränderung ohne Aufgabe des Selbstes zu erlauben. Sie sind mit einem *Reifungsprozeß zu* vergleichen, wobei darin keinerlei Wertung liegt.

Es mag Lebensphasen geben, in denen uns gerade ein roher, ganz natürlich belassener Stein wohl tut – weil wir innerlich auch gerade an etwas gestoßen sind, was roh und noch ganz unverändert auftaucht. Vielleicht ist es etwas Neugeborenes, ein Ausdruck kosmischer Ur-Energie. Sich in einen neuen Prozeß einzufinden, mag uns an einen Rohstein führen.

Auch eine aus mehreren zusammenhängenden Spitzen oder Teilen gebildete Gruppe, Stufe oder Familie mag Assoziationen und innere Bilder wecken, die wir jetzt in unser bewußtes Sein aufnehmen können. Eine Geode oder Druse ist wie eine nach einer Seite hin geöffnete, halbrunde Höhle - ein Ort des Rückzugs, wo man in Stille allein sein, sich ausruhen und etwas überdenken kann. Manchmal habe ich einen solchen Erholungsort-Stein symbolisch ein »Sanatorium für Körper, Geist und Seele« genannt.

Wenn ein naturbelassener Stein oder Kristall eine Spitze aufweist, erkennt man seine natürliche Wachstumsrichtung. Er zeigt unsere innere Ausrichtung und Zielrichtung an. Dort, wo sich die Kristallspitze befindet, liegt das größte Energiepotential; denn es ist richtungsweisend. Liegt die Spitze in der Körperausrichtung zum Kopf hin, fließt auch dorthin der Hauptstrom der Energie, liegt er Richtung Füße, wird mehr die Erdung belebt, die Energie fließt mehr in diese Richtung.

Sogenannte Doppelender, mit einer Spitze zu beiden Seiten, zeigen uns die Verbundenheit nach oben und unten gleichermaßen; oder wie das Bild einer Brücke, die zwei Ufer miteinander verbindet.

Schleifprozesse des Edelsteins symbolisieren Schleifprozesse im Menschen. Sogenannte Trommelsteine oder Barocksteine sind wohl die im Edelsteinhandel häufigste Form. Sie sind mit den Kieselsteinen der Natur vergleichbar. Auch die Natur, die Wellen des Wassers, der Transport in einem Flußbett über Jahrhunderte, schleift eckige und kantige Steine in runde, schöne Handschmeichler. Solche individuellen, ganz eigenen Formen verweisen auch im Menschen auf solche ganz spezifische *Schleifprozesse des Lebens.*

Auch Erziehungsmaßnahmen, Schulen und Partnerschaften schleifen unsere Kanten ab und lassen uns rund und reif werden. Ob der Schleifprozeß immer schmerzhaft ist, will ich gar nicht sagen. Manche Reifungsphasen sind spannend und freudvoll, andere sind harte Lebensschulungen. Wir haben als Mensch in jedem Schleifprozeß die Wahl, ob wir zerbrechen oder ein Stück reifer hervorgehen. Manchmal behalten wir eine physische und psychische Narbe durch einen Prozeß. Wir sollten niemals vergessen, daß wir in allem, ja wirklich in allem mitgestalten und nicht in einem Schleifprozeß ausgeliefert sind. Vertrauen wir darauf, daß wir uns im Einklang mit unserer Seele dazu entschieden haben, werden wir die Kraft des Durchhaltens und der Geduld spüren.

Bis hin zum Juwel im Brillant-Schliff ist es ein mehr oder weniger langer Weg. Danach wird alles Licht, das in uns einfällt, durch uns wieder weitergegeben. Dieser letzte, vollendete Schliff bedeutet wahrhafte Durchlässigkeit, nichts mehr wird festgehalten, es herrscht wirkliches Frei-Sein von allen Arten von Anhaftungen. Es gilt, klar in der Bestimmung zu sein. Es drückt sich Lebensbejahung und Selbstvertrauen aus. Wenn wir uns facettierte Edelsteine wählen, laden wir zu Schleifprozessen in unserem alltäglichen Leben ein. Wir erlauben uns, jede einzelne Facette des Lebens zu begreifen und erfahren sie in uns selbst.

Zwischen Rohstein und Juwel gibt es vielerlei Zwischenstufen. Die sogenannten Flats und Cabochons sind oval oder rundgeschliffene Edelsteine, die wie eine Halbkugel eine glatte Fläche haben und eine rund erhabene aufweisen. Sie beleben Teilaspekte in uns. Wir erfahren uns als eine Hälfte des Ganzen.

Weist ein Stein die Tropfenform auf, kann uns das an Tränen erinnern oder aber an erfrischende, nährende Tautropfen. In diesem Symbol ist der runde, weibliche

Pol ebenso wertvoll wie der spitze männliche - ein heilsamer Tropfen, der die männlich-weibliche Seele berührt.

Die Eiform eines Edelsteins symbolisiert Fruchtbarkeit, Kreativität und Neuschöpfung. Im Ei reift etwas heran. Etwas noch Verborgenes befindet sich im Werden.

Die Kugelform berührt den Wunsch nach Ganz-Sein und nach Vollkommenheit. Keine Spitzen und Kanten verletzen mehr, alles ist rund und harmonisch. Alles in der Kugel ist integriert. Ehrfurcht und Respekt, Eins-Sein und Harmonie sind ihre symbolischen Informationen.

In der Pyramidenform begegnet uns der Aspekt der Selbstverwirklichung. Ein Quadrat (Symbol für die Erde) liegt der Pyramide als feste Basis zugrunde. Darauf stehen vier gleichseitige Dreiecke (Symbol für das Geistige), die bedeuten, nach oben, zum Geistigen hin ausgerichtet zu sein - bei festem Stand auf der Erde. Edelstein- und Kristallpyramiden sind sehr sinnvolle Unterstützungen in Meditationen und Bewußtwerdungsprozessen. Sie galten den Ägyptern als heilige Form und sind wie eine geistige Nahrung, ein Ort, an oder in dem sich unser Geist nähren kann.

Die Pyramide wurde in der römischen Zeit zum Obelisken weiterentwickelt, indem sich der Pyramidenspitze ein tragender Sockel anschließt. Die Selbstverwirklichung bekommt symbolisch eine enorme Standfestigkeit. Man muß sehr starkes Selbstvertrauen besitzen, um so hoch hinaus zu wollen. Auch der Obelisk ist ein kraftvoller Energiesammler.

Es gibt noch eine große Anzahl hier nicht beschriebener Formen von Donats oder Psi-Scheiben, von geschliffenen Stein-Herzen bis hin zu allen möglichen Fantasieformen. Es ist immer und immer wieder ein innerer Aufruf an die intuitive Wahrnehmung, was die verschiedenen äußeren Formen in unserem Bewußtsein auslösen.

Es ist wichtig, hier auf die Naturbelassenheit der Edelsteine hinzuweisen. Es geht dabei nicht um die überstandenen Schleifprozesse als mechanische Veränderung, denn sie geben der ursprünglichen Energie nur eine Information über die Form dazu. Vielmehr meine ich die Naturbelassenheit im Sinne von chemischen Farbbädern, Bestrahlungen oder sonstigen manipulierenden Behandlungen. Manche Edelsteinarten werden erst in Bruchstücke zertrümmert und dann wieder zusammengeklebt, damit sie sich besser schleifen lassen. Auch das stellt einen großen Eingriff dar.

Die Veränderungen durch Erhitzen, wie es bei Zitrinen und Türkisen oft gehandhabt wird, ist aus meiner Sicht noch tolerierbar, da das Erhitzen dem Umgang mit dem Feuerelement entspricht. Wobei ein gebrannter Zitrin eine veränderte Aussage hat als ein natürlich vorkommender Zitrin, der in der Erde gebrannt wurde. Ich rate immer wieder dazu, die Verkäufer und Händler zu fragen und sich im Zweifelsfall an sein Höheres Selbst zu wenden, ob man diesen eventuell behandelten Stein benötigt.

Die Farben der Edelsteine

Es gibt Edelsteine vom tiefsten Schwarz bis zum reinsten, klarsten Weiß, und dazwischen liegt das ganze Farbspektrum des Regenbogens. Ich habe im Kapitel über Aura-Soma-Essenzen die heilsamen Wirkungen der Farben angesprochen. Farbige Edelsteine und Kristalle sind Energieträger genau dieser Farbfrequenz. Jede Farbe ist vergleichbar mit einem Tor, durch das tiefe Weisheit eintreten oder einfach bewußt werden kann. Ein roter Jaspis oder ein orangeroter Karneol aktiviert einen anderen Teil im Bewußtsein als ein neutraler grüner Aventurin oder gar ein kühlender blauer Azurit.

Über die Farben der Edelsteine besitzen wir eine einfache Richtlinie der Zuordnung zu den Chakras, den feinstofflichen Energiezentren im Menschen (eine detaillierte Beschreibung dazu im Aura-Soma-Pomander-Abschnitt). Die Farben der Edelsteine korrespondieren mit den Farben der Chakras.

In das erste, kräftig-rote oder Wurzel-Chakra, das mit der Lebenskraft an sich, der Motivation und der Durchsetzung im dichten, irdischen Sein zusammenhängt, wirken besonders intensiv die roten Jaspis-Arten, der rotgrün-gesprenkelte Heliotrop, der Rubin, der Granat, die rote Koralle, der vielfarbige Achat und auch der nach außen hin silbrigglänzende Hämatit, denn er ist in seinem Inneren dunkelrot.

Das zweite, orangefarbene oder Sakral-Chakra, das die Vitalität und den Lebensfluß mitbestimmt, wird von Karneolen in den verschiedensten Schattierungen des Orange aktiviert, ebenso vom Feueropal, orange-farbenen Korallen und den Sonnensteinen.

Auf das dritte, goldgelbe oder Sonnengeflecht-Chakra, welches unsere innere Sonne, den Mut und das Selbstvertrauen beinhaltet, wirken die Citrine, gelben Edeltopase, Rutilquarze, Bernsteine, Rauchquarze, veränderlich gelb-braun schimmernde Tigeraugen, gelbe Fluorite und honigfarbene bis orange-gelbe Calcite.

Im vierten, grünen und rosa-farbenen Herz-Chakra, das mit unserer Liebesfähigkeit, dem ständigen Nehmen und Geben, zusammenhängt, fördern die grünen Edelsteine die Regeneration des physischen und psychischen Herzens und die rosa-farbenen das Entwickeln der Spiritualität und das wahre Geben-Lernen. Grüne Edelsteine sind Malachit, Chrysokoll, Jade, Aventurin, Moosachat, Olivin, Chrysopras, Turmalin, Fluorite, Variszit und Smaragd. Rosa Steine sind Rosenquarze, rosa Chalcedon, Rhodonit, Rhodochrosit und Kunzit.

Dem fünften, hellblauen oder Kehl-Chakra, das die Kommunikation und den Selbstausdruck bestimmt und eine geistige Brücke zwischen Verstand und Gefühl symbolisiert, sind der hellblaue Chalcedon, Türkis, Amazonit, Chrysopal, Aquamarin, hellblauer Edeltopas, Mondstein und Opale zugeordnet.

In das sechste, kräftig-blaue oder Stirn-Chakra, welches mit dem Dritten Auge, der Einsicht und Aussicht, dem übergeordneten Kontrollzentrum in Verbindung steht, wirken Lapislazuli, Sodalith, Azurit, Labradorit, Falkenauge und der Saphir.

Das siebte, violette oder Kronen-Chakra, das Sitz unser inneren geistigen Führung und Ort von Bewußtseinserweiterung ist, wird harmonisiert durch die klaren und violetten Steine, wie Kristall, Diamant, Amethyst, violetter Fluorit, Charoit und Sugilith.

Auf die Neben-Chakras, wie zum Beispiel in den Handinnenflächen oder an den Fußsohlen, wirken Turmalinquarze, Schneeflockenobsidiane und Kristalle.

Die Bergkristalle, Arkansas-Kristalle und Phantom-Kristalle nehmen bei der Chakra- oder Farbenzuordnung Sonderstellungen ein. Sie enthalten das gesamte Farbspektrum und können jedes Zentrum harmonisieren.

Auch zwei- oder mehrfarbige Edelsteine bedeuten, daß sie eben mehr als nur ein Energiezentrum mit Kraft versorgen. Diese oben genannte Auflistung ist als ein Einstieg oder eine erste Wahlmöglichkeit anzusehen. Es kann sehr wohltuend sein, wenn man auf ein rotes, zur Zeit überhitztes oder überfordertes Energiezentrum einen kühlenden blauen oder einen lila-farbenen Stein auflegt, der einen neuen Überblick verschafft.

Wie finde ich den richtigen Stein?

Ist dieser oder jener der richtige Stein für mich? Wie finde ich den richtigen? Das sind bekannte Fragen im Umgang mit Edelsteinen. Es stellt sich die Frage, ob es überhaupt einen *falschen* Stein geben kann? Wenn ich einen Edelstein zufällig finde, mir einer geschenkt wird oder ich ihn mir in einer Auswahl herausnehme, könnte er in mir etwas *Falsches* aktivieren? Nach meinem Lebensverständnis bin ich mit dem in Berührung, was mir gegenwärtig entspricht. Es mag vorkommen, daß ein Schattenanteil jetzt erst recht zum Vorschein kommt oder sich ein Konflikt noch mehr verdichtet. Ich vertraue darauf, daß mit dem Stein auch die notwendige Energie belebt wird, die ich benötige, um voranzuschreiten. Ich gehe davon aus, daß es *gut* und *böse, richtig* und *falsch* im üblichen Sinne nicht gibt.

Je mehr wir unserer eigenen Intuition vertrauen lernen, je weniger wir an der inneren Führung zweifeln, um so leichter und sicherer wird die Wahl eines Edelsteins werden. Für ganz wesentlich halte ich das Bewußt-Werden der Motivation. Wofür wähle ich jetzt einen Stein? Was ist mein Ziel? Wie erreiche ich jetzt am einfachsten und sinnvollsten dieses oder jenes? Je klarer ich auf die zugrunde liegende Frage ausgerichtet bin, um so klarer wird die Wahl sein.

Wenn ich in einem *fremden* Land bin und mich noch nicht so *heimisch* fühle, lasse ich mich zu einem der am Boden liegenden einheimischen Steine führen mit der

Bitte, mir in seiner Form und Beschaffenheit zu helfen, mich hier und jetzt einzufinden. Voraussetzung ist dabei natürlich, daß ich ankommen *will.* Dann nehme ich den *erstbesten* Stein, der mir ins Auge fällt, schaue ihn an, betaste ihn und trage ihn bei mir. Die Eigenartigkeit der neuen Umgebung zeigt sich in ihm. Wenn ich mich achtsam im Kleinen für die Aufnahme der neuen Situation öffne, sensibilisiere ich mein Bewußtsein und werde mich selbst aufgenommen fühlen.

Die Intuition ist wahrlich der beste Führer, den richtigen Heilstein zu finden. Um so klarer die Frage formuliert ist, was man erreichen will, desto klarer und treffender wird die Wahl sein. Die intuitive Wahl steht für mich immer an erster Stelle.

Eine andere Möglichkeit der Edelsteinwahl ist es, einen Stein nach den Zuordnungen der Farben zu den Chakras zu wählen. Hat man zum Beispiel Beschwerden mit dem Magen, harmonisiert ein gelber Stein. Bei Krankheiten des Herzens kann man durchaus einen grünen wählen, der gerade diesen Körperbereich versorgt. In meinem ersten Buch »Heilung durch Harmonie« ging ich ganz besonders auf die Organe und ihre psychischen Entsprechungen ein. Damit gekoppelt sind die Zuordnungen zu den Lebensprinzipien. Der gelbe Zitrin ist zum Beispiel die öffnendste Steinenergie, der Turmalinquarz ist eher erdend, während der Amethyst den geistigen Überblick schenkt.

Sehr verbreitet ist auch der Monatsstein, beziehungsweise die Horoskop-Edelsteinzuordnung. Ich habe aufgrund verschiedener Bücher schon sehr verschiedene Zuordnungen gefunden, was eher zu verwirren scheint. Der Sinn dahinter ist der, daß jedes der zwölf Tierkreiszeichen einen *Sonnen- oder Hauptaspekt* aufweist, der durch den Edelstein aktiviert wird. Ein Beispiel: Steht Ihre

Sonne (das astrologische Hauptthema des Lebens) im Sternbild der Waage, dann werden Turmalin und Smaragd intensivst auf die Lebensaufgabe wirken. In den Wandlungen des Lebens kommt man jedoch auch in Lebenssituationen, in denen nicht nur der Sonnenaspekt gefordert ist. So können immer wieder andere Edelsteinkräfte benötigt werden, vielleicht gerade um einen verborgenen oder verdrängten Aspekt im Wesen des Menschen zu beleben. Wenn der Sonnenaspekt problembeladen ist, wird das durch die Kräfte der Edelsteine verstärkt werden. Wenn in astrologischen Zuordnungen mehrere Edelsteine und Kristallarten genannt werden, kann man innerhalb dieses Spielraums mit Hilfe der Intuition den für diese Lebensphase jetzt geeigneten Stein wählen.

In der Kultur der Indianer war es Brauch, in Krisenzeiten für einen kranken Menschen ein *Medizinrad* aus verschiedenen Materialien zusammenzustellen. Man achtete die *Medizin von Mutter Erde.* Auch heute noch - oder gerade wieder - ist es eine Möglichkeit, bewußt in die Natur zu gehen und sich selbst ein Medizinrad zu legen, indem man von allen Elementen sich gefühlsmäßig zu einem Symbol führen läßt. Für das Element Erde kann dies ein Stein sein oder auch viele kleine Steinchen, nämlich Sand; für das Element Feuer etwas Asche oder auch ein Stück Holz, das ohne Sonnenkraft nicht gewachsen wäre; für das Element Wasser ein Blatt einer Blüte oder eines Baumes, denn ohne Wasser wächst nichts; für das Element Luft zum Beispiel eine Feder. Mit der bewußten inneren Einstellung ruft man alle Kräfte im Äußeren und Inneren an und sucht den bestmöglichen Weg für die Seele in der speziellen Situation.

Von Seelensteinen, Körpersteinen und Geistessteinen

Mittlerweile gibt es in der Edelsteintherapie solche Begriffe wie Seelenstein, Körperstein, Verstandesstein oder Geiststein. Der *Seelenstein* ist der mit dem Auge ausgewählte Stein - der einem ins Auge fiel, weil er gefallen hat. *Was das Herz sucht, das finden die Augen,* ist hierzu die passende Erklärung. Wenn wir im Kontakt mit unseren inneren Wünschen und Zielen stehen, dann sind auch unsere Sinnesorgane, etwa die Augen und Ohren, darauf ausgerichtet, einen entsprechenden Impuls an unser Gehirn zu melden. Hierauf bezieht sich auch der Gedanke, in einem Stein wie in einem lebendigen Buch lesen zu können. Wie innen, so außen. Die Wechselwirkungen sind beim Seelenstein, wie auch bei allen anderen, die gleichen. Es können positive Erinnerungen aktiviert werden, und es können ebenso negative wach werden, die nun reif zur Lösung sind. Der Stein kann ein Bild wecken, das ein inneres Ziel repräsentiert, oder etwas ähnliches.

Der *Körperstein* ist ein Edelstein, den man, ohne die Augen zu benutzen, nur mit dem Tastsinn, eben mit der Hand, findet. Es ist spannend, mit geschlossenen Augen Steine zu erfahren, sie zu betasten. Wir nehmen dann zuerst die Form auf, ob er rauh oder glatt ist, sich weich anfühlt, ob es uns angenehm oder unangenehm ist, ihn in der Hand zu halten. Es belebt in uns das Zugreifen und *Begreifen.* Indem wir unsere Aufmerksamkeit auf unsere Empfindsamkeit, unser Fühlen und Spüren verlagern, erfahren wir eine andere Qualität als jene, die über das Auge zu uns gelangt. Dies wirkt heilsam auf unsere Körperlichkeit. Dieser Prozeß hat etwas mit Nähe zu tun, denn der Tastsinn gehört zu den Nah-Sinnen

(Tasten, Schmecken, Riechen), während das Sehen ein Fern-Sinn (Sehen und Hören) ist.

Der *Verstandesstein* wird vom Wachbewußtsein gewählt, während der Seelenstein mit dem Unterbewußtsein zusammenhängt. Der Verstand kann Begriffe wie Kummer, Angst, Selbstvertrauen, Öffnung, Erdung und Geborgenheit in ein größeres Ganzes einordnen und weiß damit etwas anzufangen. Wer nun etwas über einen Stein hört oder liest und diesen haben will, ohne ihn gesehen oder gespürt zu haben, wählt über den Verstand. Es gibt allerdings auch Zustände, in denen unser Verstand völlig überfordert ist, weil er gar nichts mehr versteht, denn es ist nun einmal so, daß unser Verstand begrenzt ist, im Gegensatz zum Geist oder zur Seele. Unser Verstand kann uns leicht in Fesseln legen und damit unser ganzes System blockieren. Wenn der Kopf vorgibt, daß etwas nicht gehen kann, weil er keine Erklärung dafür hat, müssen sich Seele und Geist oft enorm anstrengen, um den Verstand wieder zu ermutigen, zu entblockieren und seine durch Programme und Muster geprägten Erfahrungen zu erweitern. Es ist ein ewiges Spiel. Ich bin mir sicher, daß wir alle schon einmal darauf angesprochen haben, von einem Stein ein Zauberwort hörten und selbstverständlich darauf vertrauten, daß uns der gewählte Stein diese Qualität schenkt. Das macht er auch, aber sind wir wirklich auf allen Ebenen für diese Energie offen?

Der *Geistesstein* ist zunächst keine direkte Wahl von uns selbst, sondern er ist ein Stein, der uns zum Beispiel geschenkt wird oder in irgendeiner anderen Art und Weise zugeteilt wird. Ein sogenannter *Zufall* oder eine *Fügung des Schicksals?* Eine alte Weisheit sagt, daß uns *das Wesentliche im Leben geschenkt wird.* Gehen wir jetzt einmal davon aus, daß wir nicht nur unser Körper *sind,* sondern unser individuelles Höheres Selbst oder unsere

Seele. Gehen wir weiter davon aus, daß wir nicht nur unsere Seele sind, sondern darüber hinaus *Geistwesen,* die sogar in dem *einen* Bewußtsein miteinander verbunden sind, miteinander kommunizieren, ja *eins sind.* Dann erkennen wir, daß dieser Geistesstein nicht wirklich zufällig und überraschend bei uns auftaucht, sondern daß wir selbst von einer höheren Instanz her an dieser Zuordnung des Steins mitwirkten. Geistessteine wirken ganz konkret auf etwas, was ab jetzt zu beachten ist, welche Energie ab jetzt die Situation mitgestaltet. Ein Hinweis und Impuls von einer anderen Ebene, die unserem Bewußtsein und indirekt auch unserem Unterbewußtsein dient. Wir tun gut daran, hellhörig zu werden und wachsam mit dem Edelstein umzugehen.

Es kann letztendlich *jeder Edelstein, jeder Kristall, gleich welcher Farbe, Größe oder Beschaffenheit,* einer der oben beschriebenen Steine sein. Ob Achat oder Zoisit, ob Karneol oder Smaragd, jeder kann zum Seelenstein oder Körperstein werden, je nachdem *wie* wir ihn wählen. Wie wir zur Harmonie finden oder ob wir Heilung erfahren - *ist unsere Wahl.*

Ich wünsche mir, mit diesen Zeilen dazu beizutragen, daß jeder nun weiß, wie er den richtigen Stein finden kann - oder neugierig geworden ist, welche Steine auf welche Weise zu ihm kommen. Wenn Du weißt, was Du wirklich willst, wenn Deine Motivation und innere Frage klar ist, findest Du mit Leichtigkeit und Freude den genau jetzt passenden Stein. Folge Deinem inneren Gefühl, ob Du über die Farbe, Form oder Beschaffenheit eine erste Tür nach innen öffnest, ob Du über die Zuordnung über Lebensprinzipien oder Chakras gehst, es geschieht letztendlich über viele verschiedene Wege nur eines, nämlich daß Du Dich nach innen wendest und mit Dir und Deinen Qualitäten in Einklang kommst.

Anwendung von Edelsteinen und Kristallen

Die Anwendung von Edelsteinen ist ebenso einfach wie die Auswahl. Es gibt sehr viele Möglichkeiten der Anwendung und wie man sich ihren Energien und Impulsen öffnen kann.

Manche Formen lassen gar nichts anderes zu, als sie dekorativ im Raum aufzustellen. Zum Beispiel eine größere Kristallgruppe ist weder für die Hosentasche geeignet noch dafür, daß sie unter dem Kopfkissen liegen sollte; auch nicht dazu, sie auf der Stirn aufzulegen. Plaziert man Edelsteine oder Kristalle (oder mehrere in einer bestimmten Anordnung) im Raum, zum Beispiel auf einem schönen Seidentuch an einem lichtvollen Platz, dann strahlen sie ihre Schwingungen in diesen Bereich aus - ob auf dem Schreibtisch, an der Sitzgruppe oder am Bett. Sind Steine in einer Schublade oder einer Schachtel *verpackt,* können sie sich nicht verschenken.

Trommelsteine und auch andere Formen kann man bei sich am Körper tragen. Sei es, daß man sie in Hosen- oder Rocktaschen bei sich trägt oder einen kleineren Stein direkt mit einem Pflaster aufklebt. Praktischerweise verwendet man ein kleines Stoff- oder Lederbeutelchen, wenn man Steine bei sich trägt, damit sie beim Ausziehen der Kleidung nicht versehentlich zu Boden fallen. Besonders kleine Steine fordern unsere Achtsamkeit und manchmal auch unsere Fantasie, wie wir sie mit uns tragen können.

Im Prinzip kann jeder Stein eine Heilreaktion oder Erstverschlimmerung auslösen, daher sollte besonders auf die Dauer der Anwendung geachtet werden. Ein Stein muß nicht vierundzwanzig Stunden auf uns *einwirken,* um etwas zu *bewirken.* Es mag individuell genügen, wenn die besonders heftig wirkenden Steine zu Anfang täglich nur eine halbe oder eine Stunde getragen werden. Dies kann dann auf Wunsch gesteigert werden. Jeder von uns bestimmt sein eigenes Reaktionsmodell, die »Schnelligkeit seines Heilwerdens«, selbst. Es kann auch ganz individuell entschieden werden, ob es ausreicht, sich den Stein mehrmals am Tag bewußt anzuschauen, sich mit ihm zu beschäftigen, ihn zu erspüren und zu betasten.

Edelsteine, die wir mit den Augen als Seelensteine gewählt haben, sollten wir auch weiterhin anschauen und immer wieder erforschen, was wir noch darin entdecken und lesen können. Körpersteine sind über das Erfühlen zu uns gekommen und sollten auch weiterhin mit unseren Händen in Kontakt bleiben; zum Beispiel kann man beim Spazierengehen oder Ausruhen mit ihm spielen, ihn berühren, ihn massieren. Mit vielen Formen von Edelsteinen, mit Kristallspitzen, Kugeln und Trommelsteinen, kann man auf wunderbare Weise direkt auf dem Körper und an Reflexzonen massieren.

Verstandessteine sind über das Wort zu uns gekommen. Schreibe den Begriff auf, lege den Stein dorthin, wo Du Dich immer wieder beim Sehen oder Fühlen an die Qualität erinnerst; oder meditiere über das Wort und dessen Beziehungen. Erlaube es, daß Dich die Energie Deines Verstandessteines motiviert und Dein Bewußtsein über das Wort wächst.

Auch der Geistesstein lädt zur Meditation und Kontemplation ein. Sich auf das geistige Wesen des Edelsteines einzulassen, eins mit ihm zu werden, bedeutet eins zu werden mit dem universellen großen Geist. Das wird jede Situation in Deinem realen Leben beeinflussen. *Wer an Wunder glaubt, ist ein Realist.* Verbinden wir uns mit der geistigen Kraft und können wir uns wirklich ganzheitlich auf sie einlassen, wird das Licht auch die letzte Dunkelheit und den letzten Widerstand erlösen.

In einer Meditation mit einem Edelstein kann man diesen, je nach Form und Größe, in die eigene Körperaura stellen oder ihn in der Hand in der Aura halten. Genauso kann man ihn auf eine bestimmte Körperstelle auflegen. Edelsteine und Kristalle sind wie eine geistige Nahrung während Meditationen zu verstehen. Sie nähren uns in einer wunderbaren Weise.

Als Schmuckstück wirkt ein gefaßter Edelstein über die feinstoffliche Aura. Schmucksteine in Ringen an den Fingern getragen, beeinflussen sehr das Handeln. Ohrringe haben Bezug zum Kehl-Chakra und somit zu den entsprechenden Lebensprinzipien der Kommunikation und auch des Hörens. Mit der Länge einer Halskette bestimmt man, von welcher Höhe aus sich die intensivste Wirkung entfaltet.

Auch die Fassung des Schmucksteins selbst verfügt über eine Aussagekraft. Etliche Steine werden durch die Fassung betont und ihre Ausstrahlung so hervorgehoben. Bei manchen Fassungen kommt es mir vor, als würde der Stein erdrückt oder verletzt. Die Wörter *Fassung* und *Verfassung* sind sinnverwandt. Ein Schmuckstück, das man gerne trägt, mit dem man sich identifiziert, hat mit der persönlichen Verfassung vieles gemeinsam.

Es macht auch einen Unterschied, welches Metall für die Fassung verwendet wurde. Dabei gibt es wieder kein gut oder schlecht; nur die Wirkung des verwendeten Metalls ist anders. Gold ist das Metall der Sonne, des männlichen, lebensspendenden Aspektes. Silber ist das Metall des Mondes, des weiblichen, widerspiegelnden Aspektes. Kupfer ist das Metall der Venus, mit dem Bezug zur Schönheits- und Liebesgöttin, die die Gegensätze mit dem Ziel der Ausgewogenheit versöhnen will. Wer dazu näheres wissen will, wird in der Metallkunde weiteres erfahren.

Auch bei Pflanzen und Tieren kann man Edelsteine zur Unterstützung von Wachstum und Wohlbefinden anwenden, indem man zum Beispiel einen dafür ausgewählten Trommelstein an die Pflanze oder an den Ruheplatz des Tieres legt.

Wenn ein Stein oder Kristall zerbricht, ist es eine Möglichkeit, ihn der Natur bewußt zurückzugeben. Erdverbundene Steine können an einer geeigneten, schönen Stelle vergraben werden, andere Steine können in einem Fluß oder gar ins Meer gegeben werden. Es sollte darauf geachtet werden, daß ihn kein anderer Mensch findet.

Einige Worte zur *Reinigung und Pflege* von Edelsteinen. Dazu gibt es auch allerhand verwirrende Informationen, sie reichen vom täglichen Reinigen bis hin zu so komplizierten Ritualen, wie Steine im Rauch zu reinigen. Um Steine und Kristalle von Staub und Händeabdrücken (gerade nach einer Massage) oder statischer Aufladung zu reinigen, kann man die meisten Edelsteine unter fließendem kalten Wasser abwaschen und anschließend mit einem Baumwolltuch abtrocknen. Manche Steine, wie zum Beispiel der Pyrit, sollten nicht dem Wasser ausgesetzt werden, sie sind sehr eisenhaltig und rosten sofort in den kleinen Rillen. Wogegen es der Opal, der selbst wasserhaltig ist, sogar braucht, ab und an in seinem Element zu sein.

Ich vertraue sehr der mentalen Reinigung, in der ich Steine vor einer Meditation oder vor dem Auflegen zu Heilzwecken in der geistigen Vorstellung reinige. Dabei visualisiere ich eine klare geistige Quelle oder einen kraftvollen Wasserfall, halte den Edelstein in das fließende Wasser und schaue mit meinem inneren, geistigen Auge, wie die Kraft des strömenden Wassers alles Graue und Verschleierte von ihm abwäscht. Danach kann er in der offenen Hand der geistigen Sonne entgegengehalten werden, zum Trocknen und Aufladen.

Ich vertraue darauf, daß die Edelsteine und Kristalle in ihrer Entstehung und Reifung mit solch kraftvollen Energien ausgestattet wurden, daß unsere menschlichen Reinigungsmethoden unbedeutend sind. Ein Stein wird energetisch nicht leer, wenn ich ihn Stunden oder Tage trage. Information verbraucht sich nicht. Wenn ich jemandem ein Buch zum Lesen leihe, habe ich auch keine Angst, daß danach keine Buchstaben mehr darin enthalten sein könnten.

Es gibt Edelsteine und Menschen, die einen so intuitiven Austausch haben, daß sich ein Stein in tiefen Prozessen verändert, stumpf werden, ja sogar zerbrechen kann. Solche Veränderungen halten wir mit keiner Reinigungsmethode auf, dazu ist niemand befähigt.

Eine Reinigung im kalten, fließenden Wasser ist eine einfache Methode, das Einlegen in Salz ist eine weitere, sehr intensive Möglichkeit, die wiederum für empfindliche Steine zu hart sein kann, weil dann chemische Prozesse beginnen können. Vergessen wir nicht, daß Steine lebendige Materie sind, die nur einem von uns unterschiedlichen Stoffwechsel unterliegen. Auch das Vergraben in Mutter Erde ist eine Methode, auch hier können die Salze und Säuren des Erdinneren das Edelsteinmaterial zum Weiterarbeiten auffordern.

Edelsteine erholen sich gerne in Amethyst-Drusen, man kann sie für Stunden oder länger im Energiefeld des heilsamen Kollegen ausruhen lassen; vielleicht ist das in menschlichem Denken mit einer Entspannungskur vergleichbar.

Die beste Pflege für Edelsteine ist eine gesunde Achtsamkeit und das Vertrauen in die innere Führung, wie oft, wie lange und auf welche Art ein persönlicher Stein gereinigt werden soll. Dann ergibt es sich von selbst, daß man zum Reinigen manchmal nur den Atem zum

Pusten oder auch einen feinen Pinsel zum Entstauben braucht und keinesfalls scharfe Haushaltsmittel verwendet. Wenn Du angeleitet wirst, eine Reinigungs- oder Aufladungszeremonie durchzuführen, dann werde eins mit dem Stein, und erlebe es in Deiner Visualisation mit.

Wie Edelsteine im einzelnen auf Lebensprinzipien wirken

Die folgenden Seiten bieten eine kurze Beschreibung der Edelsteine zu den entsprechenden Lebensprinzipien. Ich wählte hier die alphabetische Reihenfolge, als weitere Möglichkeit zu der vorherigen Zuordnung zu den verschiedenen Energiezentren in uns.

Der **Achat** zeigt vielsagende, zur Projektion einladende Muster und Strukturen in zarten Linien und verschiedenen Farben, vorwiegend in grau bis roten Tönungen. Sein Wirkprinzip ist Geborgenheit und die Selbstannahme. Sich umhüllt und geborgen zu fühlen, ob im Mutterleib in der Schwangerschaft, auf der Erde, in der Familie oder in sich selbst. Für Schwangere sind gerade die Achat-Scheiben wertvoll, da sie dem heranwachsenden Leben ebenso Geborgenheit schenken wie der werdenden Mutter. Der weiße Achat bestärkt darüber hinaus die Reinheit von Motivation und Lebenskraft. Er gehört zu den Steinen, die seit »Urzeiten« (schon im alten Indien, Nepal, Tibet) als Schutzstein und Glücksbringer angewandt wurden. Er ist ein Stein der Erde, der uns ins irdische Gleichgewicht bringen kann, sollten wir es einmal verloren haben. Er zeigt uns vorbildlich, wie wir in unserer Heimat (in uns selbst) geborgen sind und Zutrauen in der Kraft von Mutter Erde finden.

Im **Amazonit** vermischen sich blaue und grüne Farbtöne mit weißen Strukturen, daß heißt, seine hauptsächliche Wirkung zielt auf das Grün des Herzens und das Blau des Kopfes. Er wirkt erfrischend und ausgleichend zwischen diesen beiden starken Polen und belebt die Leichtigkeit und die Lebensfreude in allem Sein und Tun. Er lädt ein, immer wieder »weiße, durchgängige Wege«, auch in den eigenen Lebensprozessen, zu finden und regt damit an, sein Leben freudig selbst in die Hand zu nehmen.

Der **Amethyst** variiert in der Farbe vom zarten lavendel bis zum dunklen violett, er kann ganz dicht oder auch klar sein. Seine Qualität verbindet mit der geistigen Welt, erleichtert den Kontakt zur inneren Führung, zum Höheren Selbst. Er wirkt stärkend auf Intuition und Inspiration, verstärkt Güte und Weisheit. Er zählt zu den ganz großen Heilsteinen, indem er Prozesse transformiert. Auf der geistigen Ebene wirkt er sehr reinigend, klärend und bewußtseinserweiternd. Alle jenen Menschen, die auf der »Suche auf einer falschen Ebene« (= Suchtverhalten) sind, mag er eine große Hilfe sein. Er führt uns auf den verschiedenen Wegen zu Gott, der Urschöpferkraft.

Der **Ametrin** ist die Verbindung aus dem violetten Amethyst und dem naturgelben Citrin, die heilsame Gemeinschaft der mutigen Kraftzentrale des Solar-Plexus und der geistigen Führung durch das Höhere Selbst. Das Feuerelement der Erde hat einen Teil des Amethystanteils schon in Citrin transformiert, der andere ist noch in seiner Qualität Amethyst (siehe auch beim Citrin). Er lehrt uns die Weisheit, die in »Verbindungen« wurzelt. Sich selbst treu zu bleiben und dennoch mit einem anderen Anteil ein gemeinsames Neues zu bilden.

Im **Andenopal** vermischen sich erdige Brauntöne mit grünblaugrauen Anteilen (nicht zu verwechseln mit dem blauen oder weißen schillernden Edelopal). Wenn sein Farbspektrum nur im bläulichen Anteil liegt, nennt man ihn auch Chrysopal. Er fördert den Mut, sein geistiges Potential mit den dichten, erdigen Themen verschmelzen zu lassen, damit der Mensch seine individuellen geistigen und körperlichen Fähigkeiten freudig und ganz im »Hier und Jetzt« einsetzt. Er bringt so etwas ganz »Selbstverständliches und Ungezwungenes« mit. Seine oft sehr schön strukturierten Zeichnungen laden zum Staunen und zur Wertschätzung im Detail ein.

Der **Aquamarin** (Aqua: Wasser, mare: Meer) wirkt heilsam auf der geistigen Ebene. Das Meer ist symbolisch ein Bild der Seele und verbindet mit der Tiefe der Seele. Der Aquamarin läßt uns die Weite und Heilkraft des Meeres (der Seele) spüren, und er lädt ein, Vertrauen in das Versinken in die Tiefe zu entwickeln. Er ist ein Seelentröster, ein Balsam für geprüfte und suchende Seelen, denn er bringt Harmonie, Frieden und Stille mit sich. Das zarte Blau des Aquamarins belebt die Kehle als die »Brücke« zwischen Kopf und Herz. Er verbindet im Bild der Brücke einerseits die Uferseiten dieser Gegensätze und ebenso die Durchlässigkeit, beziehungsweise die Belastbarkeit (die seelische Belastbarkeit, das was unsere Schultern und die Wirbelsäule tragen können). Ein wundervoller Stein, der die menschliche Kommunikation (das »Sich-mitteilen«) mit der seelischen Kommunion (das »Sich vereinen«) verknüpft.

Der **Aventurin** ist ein hell bis dunkelgrüner dichter Edelstein, der im Licht schimmernde Blättchen zeigt. Er strahlt eine entspannende und regenerative Kraft für das physische Herz aus, das sich nach einem Geschehen (Krankheit, Kummer, Schwäche) wieder erholt. Durch ihn verteilt sich eine anregende, ermutigende und vor allem Erholung schenkende Energie.

Der **Azurit** weist meistens verschiedene Blautöne auf. Seine Qualitäten wirken bewußtseinserweiternd auf das geistige Denken und öffnen geistige Tore. So unterstützt er das Verständnis von göttlicher Führung, von höheren geistigen Welten. Er regt dazu an, Ideen und geistige Impulse aufzunehmen, sie klar und realistisch werden zu lassen. Er fördert höchste Erkenntnisse.

Der **Azurit-Malachit** ist die Verschmelzung zweier kraftvoller Edelsteine und verbindet das blaue Kopf-Chakra mit dem grünen Herz-Chakra. Seine Fähigkeit ist es, die Liebe und das Verständnis des Herzens in die hohe geistige Energie der Ideale, Ziele und Gedanken einfließen zu lassen. Er belebt das »Denken mit dem Herzen«. Wieder ein Stein der wahrhaften Verbindung, des Verständnisses füreinander und der ernstgemeinten Zusammenarbeit!

Der **Bergkristall** enthüllt im Wort Kristall seine ganze Wirkung: Christus im All. Er verbindet uns mit der Christus-Liebe, mit dem Christus-Bewußtsein in uns und führt uns zum Licht, zur göttlichen Einheit. So ist er *der* Lichtbringer, der in seiner Klarheit das ganze Farb- und Wirkspektrum enthält. Er verschenkt in seiner gebenden Qualität alle Regenbogenfarben des sichtbaren und unsichtbaren Spektrums und klärt, reinigt und kräftigt alle

Lebensprinzipien, die der reinen, wahrhaft erlösenden Liebe bedürfen. Als »neutrales« Licht wirkt er nicht nur spezifisch auf das siebte Chakra, sondern kann auch für *alle* anderen Chakras angewendet werden.

Der **Bernstein** gehört zu den amorphen »Steinen« und ist in Jahrmillionen getrocknetes und mineralisiertes Baumharz. Es war der »Lebenssaft der Bäume«, und so vermittelt er uns über den Symbolgehalt der Bäume in ehrlicher Weise die Weisheiten der Natur. Er faßt sich warm und leicht an und lockt durch seine Einschlüsse (Insekten, Bläschen, Spannungsrisse), genauer hinzuschauen. Seine goldene Farbe und seine warme Ausstrahlung verbinden mit der Kraft der Sonne und wecken Vertrauen. Der Bernstein stärkt unser Selbstwertgefühl und öffnet uns für die Erfolge im täglichen Leben. Er unterstützt das »sich durchbeißen« ganz real bei Zahnproblemen, aber auch im übertragenen Sinn, wenn es darum geht, sich durchzusetzen. Als der weicheste Stein von allen, wirkt er auf das »Härteste« in uns, auf das Dentin im Zahn, das härter ist als unsere Knochen. Der Bernstein fördert einerseits unser Weichsein und unsere Anpassung und andererseits unsere Härte und Zielstrebigkeit.

Der opake bis durchscheinende **Calcit** erscheint in verschiedenen Farben, von orange-gelb, honigfarben, grün bis weiß und rosa. Er besitzt die Fähigkeit, alte Verhaltensmuster bewußter zu machen. Er löst sie nicht auf, sondern lädt zur Überprüfung ein, ob wir diese oder jene Programme noch brauchen oder jetzt zur Veränderung bereit sind. Der Calcit lenkt unsere Aufmerksamkeit auf alte, abgelagerte Anteile in uns, wobei die gelbe Art mehr die Gefühlsebene mit bestimmten, tief eingeprägten Angstmustern berührt, die grüne und rosafarbene dagegen eher die Herzensebene und festgefahrene Kummer- und Leidstrukturen anspricht. Der grüne Calcit hat besonders im Körperlichen Bezug zu Gefäßen und Gelenkablagerungen.

Der hellblaue, manchmal weiß gebänderte **Chalcedon** befreit, weitet die Durchlässigkeit im Hals beziehungsweise der Kehle als die »engste Stelle des Körpers« und läßt uns durch sein lichtes, helles Blau die Erinnerung an Weite und Freiheit fühlen. Er erinnert an das leichte Blau des Himmels oder des Meeres. Außerdem schenkt er Ruhe, Gelassenheit und Ausgeglichenheit für angespannte Nerven, da sich im Kehl-Chakra auch die innere Belastbarkeit zeigt. Dieser Chalcedon gilt als der »Rednerstein«, weil er der Stimme Ausdruck und Kraft verleiht. Im stofflichen Bereich wirkt er auf die Schilddrüse im Sinne einer Regulation des Stoffwechseltempos.

Der rosafarbene Chalcedon, der manchmal weiße Einlagerungen oder auch schwarze Manganbäumchen zeigt, wirkt eine Station tiefer, ins Herz hinein. Dort korrespondiert er mit unserer Sanftheit, Herzlichkeit, Güte und Achtsamkeit, die er verstärkt, gleich, ob diese Qualitäten das Gemüt oder die Sprache berühren.

Der **Charoit** ist ein violetter Stein, den vorwiegend weiße, manchmal auch schwarze Strukturen durchziehen. Er ist wie ein aktivierender Wirbelwind, der uns zeigt, daß selbst im größten Chaos eine innere Ordnung besteht, auf die wir in Gelassenheit vertrauen können. Er fördert die Achtsamkeit und die Konzentration auch in schwierigen Prozessen.

Der **Chrysokoll** ist ein blaugrüner Stein, der manchmal mit schwarzen Strukturen durchzogen ist. Es lohnt sich, ihn sehr genau und lange anzuschauen; es ist, als könnte man immer tiefer in seine Welt hineinschauen, neue Kraft daraus schöpfen. Durch seine vielseitigen Muster erzählt er viel »über uns«. Er unterstützt uns darin, liebevoll zu unseren eigenen Bedürfnissen zu finden und dazu zu stehen. In der Verbindung zum Grün der Natur läßt er uns erkennen, wo und wie unsere individuelle Regeneration möglich ist. Das Grün des Herzens ist mit dem Blau des Verstandes verbunden und leitet uns an, mit dem Herzen zu denken.

Der milchige, lindgrüne **Chrysopras** führt uns liebevoll an den Sinn von »Werden und Vergehen«. Seine lichtgrüne Energie erinnert an die kraftvollen, sinnvollen Zyklen der Natur und lädt ein, dem Blühen, Wachsen, Reifen und Vergehen zu folgen, um irgendwann wieder neu zu erblühen, mit Leichtigkeit und genießender Freude zu leben. Seine große Unterstützung liegt darin, daß er seine unglaublich leichte und wohltuende Energie in schweren Zeiten verschenkt, die das Loslassen fördern und vertrauensvolle Ruhe in die Richtigkeit des Ablaufs fließen läßt.

Der **Citrin** – der »Stein der Öffnung«. Er kommt in den verschiedensten zarten Gelbtönungen vor, und wie die Sonne, die ihre wärmenden, erweiternden Strahlen ohne Wertung auf alles gleich aussendet, so wirkt auch der Citrin. Er ermöglicht ein »sich öffnen« im Sonnenzentrum, um weiter zu werden, um der einengenden Angst entgegenzuwirken. Er unterstützt die Aktivität in der Verdauung, im Stoffwechselgeschehen und ist ein wahrer Helfer bei Diabetes mellitus (Zuckerkrankheit), indem er das Annehmen von Energien und Zärtlichkeiten fördert. Er stärkt das Selbstwertgefühl, das Vertrauen und den

Mut in sich selbst, er schenkt der Individualität positive Ausstrahlung und ist hilfreich bei »Abnabelungsprozessen« auf allen Ebenen.

Der »naturgebrannte« Citrin ist eher zartgelb bis leicht bräunlich, die kräftig gelben Citrine sind von Menschenhand gebrannte Amethyste (siehe Ametrin). Beide üben ihre Wirkungen auf uns aus.

Der **Diamant** löst in seiner facettiert-geschliffenen Form in uns Menschen »Schleifprozesse« aus. So stellt er eine starke Herausforderung dar, an den Schleifprozessen des Lebens nicht zu zerbrechen, sondern ihnen standzuhalten und dadurch innerlich zu wachsen. Er ist als der härteste Stein ein Spiegel für unsere Härte im Denken, Fühlen und Handeln und führt uns über die Erkenntnis oder über das Erleben in die Demut und Bescheidenheit. Wird ein reiner Diamant beleuchtet, reflektiert er alles Licht - ist eine Seele erleuchtet, reflektiert sie das Schöpfungslicht.

Das **Falkenauge**, auch blaues Tigerauge genannt, besitzt eine Energie, die Erkenntnisprozesse, beziehungsweise das »Sehen und Verstehen« an sich, fördert. Es wirkt kräftigend auf das Stirn-Chakra und unterstützt die Sehkraft des Dritten Auges, das auch als geistiges Auge zu verstehen ist. Es könnte als »Brille für das Dritte Auge« gelten, wenn es darum geht, die Lebenssituation klar und scharf zu erkennen.

Der **Feueropal** ist ein kräftig leuchtender, orangefarbener Stein, eine Energie der Begeisterung, der regelrecht das Feuer in unserem Inneren entfacht, ein Stein von übersprudelnder Kraft und Lebensfreude. Es ist ein Stein, der dazu einlädt, die Vitalität bis an ihre Grenzen und einen

Schritt darüber hinaus kennenzulernen. Er ist geeignet für Menschen, die keine Hemmungen verspüren, an ihre Kraftquellen zu gehen, und für jene, die andere in ihrer Begeisterung und Euphorie für etwas anstecken und gar mitreißen können.

Der **Fluorit** - in gelb, violett und blau bis grün vorkommend - ist ein durchscheinender Edelstein, der ganz charakteristische Ebenen aufweist. Je nach seiner Farbe unterstützt er das entsprechende Zentrum. Seine helfende Schwingung hebt das Bewußtsein und die Aufmerksamkeit auf eine höhere Ebene. Sehen wir unsere eigene, womöglich verzwickte, schwierige Situation gleich einem Beobachter, von einer höheren Ebene, fällt es uns leichter, die Lösungen und die Auswege zu sehen. Ein Stein, der starke, lösende Energien ausstrahlt. Durch seine bewußtseinserweiternde Kraft *sieht* man seine Verhärtungen oder Blockaden und Engstellen und mit seinem kleinen, mutigen Schubs ist auch schon der erste Schritt getan. Alle große Wege beginnen mit einem Schritt.

Der dunkelrote **Granat** ist ein wahrer Kraftstein und Helfer für jede Form von Neubeginn und Aufbau. Er führt dahin, mit frischem Mut an unsere Aufgabe zu gehen, ob diese nun heißt: Ehe, neuer Beruf, ein neues Bewußtsein oder ein neues Verhaltensmuster. Er stärkt die Lebenskraft nach einer Veränderung, verleiht Mut und Tatkraft, die nach Erfüllung streben. Es gibt Granate auch in zarten gelb bis leicht orangefarbenen Tönungen.

Der äußerlich silbrig glänzende **Hämatit**, der im Inneren tiefrot ist, auch Blutstein genannt, bewirkt körperliche und geistige Regeneration und Revitalisation. Er stärkt nach überstandenen Krankheiten in der Erholungsphase und unterstützt die Homöostase, so daß der Körper sein inneres, ihm eigenes Gleichgewicht wiederfindet. Er wirkt äußerst ermutigend auf die Lebenskraftzentrale im ersten Energiezentrum, dem Wurzel-Chakra, verströmt aufbauende und stärkende Impulse auf unser Blut, unseren Lebenssaft.

Der Blutjaspis oder **Heliotrop** galt schon bei den Indianern als ein Heilungsstein, der die Kräfte von Mutter Erde weitergab und die Selbstheilungskräfte stimulierte. Seine Wirkung ist vorwiegend körperlicher Art (Blase, Prostata, Gebärmutter, Enddarm). Er wirkt aufheiternd und kräftigend. Wenn wir müde und erschöpft sind, dann führt er uns in seiner Art an die Kraftquellen der Erde. Manche Therapeuten nennen ihn das »Echinacin des mineralischen Reiches«; Echinacin ist eine abwehrsteigernde, kraftspendende Heilpflanze.

Die **Jade** kommt in den verschiedensten Grüntönen vor, kann aber auch weiß bis schwärzlich sein. Ein Stein, mit dem die Schwingung von Verehrung, Wertschätzung und Erneuerung ankommt. Er strahlt Frieden und Harmonie aus, entspannt und beruhigt psychisch belastende Situationen sowie akute und chronische Krankheitsprozesse. Eine seiner stärksten Qualitäten ist es wohl, die Kraft der Dankbarkeit bewußt werden zu lassen. Wenn Dankbarkeit und Frieden in uns Raum nehmen, verändert sich jede schmerzliche Sichtweise. Er fördert die innere Balance und heilt und heilt und heilt. Im Osten ist Jade schon immer als ein Glücksbringer bekannt, es gibt dort wohl unzählige Statuen aus Jade mit der Motivation der Verehrung und als Zeichen der vollkommenen Liebe.

Der **Jaspis** kommt in verschiedensten erdigen Farben vor. Ein Stein der Materie (dicht und fest), der mit der elementaren Kraft der Erde verbindet. Der **rote Jaspis** schenkt der Lebenskraft stärkende Energien, belebt den Lebenswillen und die Motivation. Er ist ein wahrer Geburtshelfer, der hilft, wenn sich etwas auf der Erde manifestieren, auf die Erde kommen will, zum Beispiel bei der Geburt eines Kindes. Das kann ebenso eine Tat sein, die als Intuition, als Gedanke im Körper gereift ist, mit dem der Mann oder die Frau »schwanger ging« wie mit einem »geistigen« Kind. Der **Leoparden-Jaspis** schenkt Mut, Kraft und Durchhaltevermögen, um für die eigene Existenz zu sorgen. Der **Schlangenhaut-Jaspis** zeigt bilderbuchhaft, wie man eine Haut nach der anderen abschuppen kann, um in neue Räume zu wachsen.

Der in verschiedenen orangefarbenen Tönungen gefundene **Karneol** bringt uns mit seiner Schwingung in den Lebensfluß, stärkt in uns das ursprüngliche Gefühl, mit dem Leben zu fließen. Seine Qualitäten sind freudige Vitalität und bewegende Kräfte, körperlich und geistig. Er wirkt anregend auf alle Organe, die an Ausscheidungsprozessen beteiligt sind, auf alles Wäßrige in uns, ebenso auf die Durchblutung. Er harmonisiert das Fließen des Blutes, ob es nun Bluthochdruck oder Blutniederdruck ist - beides sind extreme Erscheinungen eines Themas (Polarität). Alles, was im Körper, beziehungsweise auf der psychischen Ebene, staut, erfährt einen bewegenden Impuls. Er läßt Wärme und Vitalität in den Körper einfließen, aber auch in die Gedanken und Gefühle. Er lädt ein zu Veränderung, Wechsel und nicht zuletzt zur Reinigung und Erneuerung.

Die **Koralle** - aus dem Meer kommend - fordert zur inneren Reinigung auf. Sie lebt in der Meeresströmung, entnimmt für sie lebensnotwendige Bauteilchen, wächst in ihrer Stabilität und gibt ab, was sie belasten würde, was sie nicht mehr braucht. Sie bringt in Fluß, bringt die reinigende Kraft des Meeres mit sich, schwemmt vieles an die Oberfläche, wobei immer auch bisher Verborgenes oder alte, verdrängte Aspekte mit ankommen können. Sie lädt uns ein, das Aufnehmen und ebenso das Abgeben zu beachten, uns von dem zu befreien, was uns erdrückt, krankmacht und belastet. Die **rote Koralle** berührt das erste und zweite Chakra, das Loslassen in existentiellen und sexuellen Themen. Die **rosa** wie die **weiße Koralle** dagegen wirken mehr auf der Herzensebene und in höheren Chakras (Lösungsprozesse in Liebes- und Kummerangelegenheiten, beziehungsweise Reinigungsprozesse auf der Gedankenebene).

Im **Kunzit** ist neben dem rosafarbenen auch das violette Spektrum vorhanden, daß heißt, es besteht ein Bezug vom Herz- zum Kronen-Chakra. Eine hohe spirituelle Energie berührt uns und läßt uns die Verbundenheit mit geistigen Lichtwesen fühlen, die durch uns zu wirken bereit sind - wenn wir dazu bereit sind. Sie sind darauf angewiesen, daß wir Menschen uns als Kanal zur Verfügung stellen. Der Kunzit nährt uns auf wunderbare Weise auf dem manchmal steinigen Weg der Spiritualität. Durch das faserige Längenwachstum erinnert er uns an die Geradlinigkeit im Denken und Fühlen.

Der **Labradorit** ist ein zunächst unscheinbar grauer Edelstein, der erst beim näheren Hinschauen und bei Bewegungen im Licht herrlich blaue und violette, manchmal auch gelb-grün schimmernde Ebenen aufweist. Er zeigt seine Schönheit erst, wenn er Zeit und Beachtung erfährt - so wie manche Menschen und manche Fähigkeiten sich auch erst bei näherer Betrachtung und Hinwendung zeigen. Er fordert Aufmerksamkeit, Geduld sowie innere Ruhe und bringt uns Menschen mit diesen Qualitäten in Kontakt. Mit jenen Fähigkeiten im seelischen Reisegepäck sind wir auf dem Weg zur Wahrheit gut versorgt.

Der kräftig blaue **Lapislazuli**, mit seinen feinen Pyrit-Einschlüssen, erinnert an den nächtlichen Sternenhimmel und lädt dazu ein, in die Weite des Kosmos zu spüren. Er war ein wichtiger Edelstein in der Zeit der ägyptischen Kultur, in der die Pharaonen in telepathischer Verbindung zu höheren geistigen Welten standen. Der Lapislazuli ist ein heiliger, würdevoller und inspirierender Stein. Er schenkt geistige Nahrung in Meditationen und begleitet uns zur Wahrheit. Er verbindet uns mit dem, was wir anbeten, was uns heilig ist. Er berührt unser Vertrauen in die göttliche Führung und unsere Glaubenskraft. Seine Ehrlichkeit und Kraft ist ohnegleichen und daher für manche Menschen so stark, daß sie ihn nur stundenweise tragen oder sich nur ein paar Minuten mit ihm beschäftigen können. Es gibt in seinem energetischen Wirkungsraum kein Ausweichen mehr, er fordert auf, den inneren Schatz an Weisheit nicht in aller Stille liegen zu lassen, sondern ihn im Alltag zu leben.

Der hell und dunkelgrün gebänderte **Malachit** ist ein Stein des liebevollen Verständnisses und damit ein ganz starker Heilstein. Auf das Herz, das Zentrum der Gefühle, wirkend, läßt er uns unsere Licht- und Schattenseiten erkennen (die hellen und dunklen Linien *in uns*). Er fordert uns auf, gemäß folgendem Bibelspruch zu leben: »Liebe deinen Nächsten wie dich selbst.« So erweckt und vertieft er Mitgefühl, Nächstenliebe und die Gabe des Verzeihens. Er enthält Kupfer, welches der in wahrer Liebe vereinenden Göttin Venus geweiht ist. Der Malachit ist fähig, negative Energien des Trägers zu absorbieren, dadurch wird er als ein sehr erleichternder Heilstein für die Menschheit geschätzt. Dabei kann er selbst matt und stumpf werden.

Der leicht orangefarbene oder blau-grau schimmernde **Mondstein** bringt uns mit dem »Weiblichen« an sich in Kontakt, er wirkt auf die weiblichen Eigenschaften wie Intuition, Hingabe, das Weiche und Empfindsame, das Aufnehmende und Bergende. So unterstützt er Frauen im Ausleben ihrer Weiblichkeit gleichermaßen wie Männer in der Bewußtwerdung ihrer weiblichen Anteile. Bei Vollmond wirken seine Qualitäten noch stärker als sonst.

Der **Moosachat** ist von durchscheinender Substanz und von dunkelgrünen Strukturen (gleich Algen und Moos) durchzogen. Durch seine Schwingung erleichtert oder ermöglicht er den Kontakt zu hohen Wesen, die über das pflanzliche Reich wachen, zu den Devas der Pflanzen. Indem wir uns die Zyklen der Natur und der Pflanzen anschauen, schöpfen auch wir Kraft aus den natürlichen Zyklen. Unser liebevolles Verständnis für das Pflanzenreich wird intensiviert. Eine zweite Eigenschaft von ihm ist Hingabe und Aufnahmebereitschaft, etwas in sich selbst zu bergen - ein empfängnisfördernder Stein, nicht nur körperlich, sondern auch für »geistige« Schwangerschaften.

Der olivgrüne, meistens durchscheinende oder gar klare **Olivin** (Peridot) verströmt eine vertrauensvolle, wärmende Energie. Sein Farbspektrum enthält das Grün des hoffnungsvollen Herzens und das Gelb der inneren Sonne, somit verbindet er das Gefühl mit Vertrauen und Mut. Er bringt Leichtigkeit, Lebensfreude und Frohsinn mit sich, und die Aufforderung, in allem Ernst der Fröhlichkeit Raum zu lassen.

Der **Onyx**, ein sehr dunkler, dicht schwarzer Edelstein, belebt auch »das Dunkle« in uns. Er hilft uns, bewußter in den Anteilen zu werden, die wir noch integrieren, noch ins Licht bringen können. Er steht in Verbindung mit den noch karmisch zu lösenden Aufgaben.

Der **Opal** als herrlich schimmernder, weißer oder blaugrüner Edelopal verstärkt das, was an Schwingung existiert - Positives wie auch Negatives. Wenn Krankheit, Angst und viel Schweres oder Trauriges vorhanden sind, verstärkt er es, bringt es zum Vorschein. Dies mag in manchen Prozessen wichtig sein, damit man es in aller Deutlichkeit erkennt. Gibt es viele kraftvolle, von größter Hoffnung und tiefem Glauben verbundene Facetten des Lebens, werden diese verstärkt. Er hebt damit das Selbstbewußtsein und fördert die wahrhafte und dauerhafte Erlösung. Er bringt, ähnlich dem Feueropal, Lebendigkeit und Begeisterung mit sich, die *schillernden* Kräfte.

Die **Perle** (die unebene Süßwasserperle und die kostbare, edle Salzwasserperle) hat zwei wichtige Bedeutungen: Von der Muschel aus gesehen, in der sie wächst, ist sie ein Fremdkörper und wird mit all ihrem kalkhaltigen Material, das der Muschel zur Verfügung steht, umhüllt - ein Prozeß der inneren Reinigung, Anders betrachtet, bedeutet dies für die Perle ein Leben in Geborgenheit und Schutz. Getragen zu werden, mit den edelsten Farben eingehüllt, ist ein Zustand der Harmonie und des Friedens. Perlen werden auch als »Tränen des Glücks« bezeichnet. Nach dem Prozeß der inneren Reinigung, in dem Altes, Verdrängtes und das, was womöglich tränenreich war, aufgeschwemmt wurde, folgt der Zustand des Glücks, der Harmonie und des Friedens. Perlen unterstützen die innere Reinigung (in der Gefühls- und Gedankenwelt) und alle Ausscheidungsprozesse. Der Gewinnungsvorgang der Perle bedeutet den Tod der Auster. Auch dieser Schmerz, der in der Perle mitschwingt, kann in Resonanz mit selbst durchgemachtem Schmerz stehen. Ahnung von Tod und großen Veränderungen läßt uns am Leben in allen Facetten teilhaben - und darüber hinaus wachsen, um zu dienen und dienen, um zu wachsen.

Der silbrig-metallisch aussehende **Pyrit** ist eine Steinqualität, die als »Metall aus dem Kosmos« bezeichnet wird. Er bringt Wissen aus dem All mit sich. Seine äußerst kraftvolle Schwingung hilft beim Lösen von Problemen, besonders intensiv dann, wenn der Erkenntnisprozeß abgeschlossen ist und nun die Kraft zur Handlung, zum Umsetzen gebraucht wird. Er unterstützt die Konzentration und ist eine Hilfe, sich nicht in der Vielseitigkeit zu verlieren.

Der **Rauchquarz** ist ein rauchig verschleierter Kristall. Darin liegt auch sein Hinweis auf »die inneren Nebel und Schleier«, die einen Impuls zum Durchlichten, Aufheben bekommen. Er unterstützt in einer sehr Vertrauen stärkenden Art und Weise das Entschleiern, das Erhellen eines Geheimnisses, und ermutigt, Neues zu integrieren.

Der rosa und weiß gebänderte **Rhodochrosit**, ein außergewöhnlich schöner Stein, unterstützt die Verbindung zur geistigen Welt und hält die Verbindungskanäle nach oben offen, so daß Liebe und universelle Lebensenergie nachfließen kann, wann immer wir sie verschenken. Er stärkt das selbstlose Handeln. Seine Qualität liegt in der Bereitschaft, die wahre und reine Liebe zu *empfangen* und sie selbstlos weiterzugeben. Er ist ein äußerst wichtiger Stein, besonders für jene Menschen, die in sozialen Berufen öfters von energetischen Vampiren heimgesucht werden. Dieser Stein erinnert an das Weitergeben von Energien und macht bewußt, daß ein persönliches Energieloch dann entsteht, wenn wir mehr gegeben als aufgenommen haben.

Der pink und schwarz durchsetzte **Rhodonit** bringt, wie alle rosafarbenen Steine, etwas in Bewegung, ins Rollen. Der schwarze Anteil im Rhodonit symbolisiert das Irdische, die Erde, der rosa Anteil die selbstlose Liebe. Der Rhodonit vermittelt die Fähigkeit, seine selbstlosen Gedanken und Intuitionen in die Tat, ins Materielle umzusetzen und sie auf Erden ganz im Alltag zu leben. So hilft er Menschen, die mit der geistigen Welt sehr verbunden sind, mit zwei Füßen fest auf der Erde zu stehen.

Der opake bis klare, in allen rosafarbenen Tönungen vorkommende **Rosenquarz** strahlt Sanftheit aus, wobei uns deutlich wird, daß Zartheit und Sanftheit unendlich starke Mächte sind. Er wirkt auf die geistig-spirituelle Entwicklung, er initiiert sie sogar und begleitet sie im Reifen. Eine Rosenknospe weiß in ihrem Innern, daß sie eines Tages in all ihrer Schönheit erblühen wird - sie braucht nur noch etwas Zeit und eine Menge Vertrauen. Der Rosenquarz führt uns an das Urvertrauen und die Zuversicht; er treibt uns mit liebevoller Geduld sanft voran. Wenn ein Stein ein, aus welchem Grund auch immer, verschlossenes Herz öffnen kann, dann sicher der Rosenquarz. Er ist der Stein für jede Form von innerer Entwicklung und Entfaltung.

Der **Rubin** beinhaltet von seinem Farbspektrum her rot und blau. Er verbindet das Wurzel-Chakra mit den wesentlich höheren, blauen Energien des sechsten oder Stirn-Chakras. Er vereint auf harmonische Weise Leib und Seele oder, anders ausgedrückt, die körperliche Liebe mit der geistigen. Er lehrt uns wahre, reine Liebe. Unser Wesenskern ist Liebe, aber wie oft haben wir Ängste, ihr zu begegnen. Der Rubin heilt hemmende Einschränkungen, die wir der wirklichen Liebe entgegensetzen. Er erinnert und verbindet (oder besser: verbündet) unser Vertrauen in die Liebe mit der freudvollen Fülle, die uns erfaßt, wenn wir uns der Liebe öffnen. Damit öffnen wir uns dem Göttlichen.

Der **Rutilquarz** ist ein großer Heilungs- oder Harmoniestein. Er sieht wie ein Bergkristall aus, der Goldfäden integriert hat; diese Goldfäden, oder auch Engelshaar, sind in »Wirklichkeit« Titanoxidfäden. Er lehrt uns das Annehmen und Integrieren eines Zustandes oder Aspektes, was Vereinigung bedeutet. Er kann bei jedem akuten Krankheits- und Lebensprozeß angewendet werden. Haben wir Symptome wirklich in uns hineingenommen, begrüßen sie gar und können eine innere, dankbare Haltung einnehmen, verändern sich die äußeren Umstände. Wenn wir aus der Abwehrhaltung umkehren und zu den Kraftquellen in uns einkehren, hat uns der Rutilquarz den heilsamen Weg gezeigt. Er ist ein wunderbarer Lichtbringer.

Der hell- bis dunkelblaue edle **Saphir** schenkt Glauben und tiefes Vertrauen. Er unterstützt geistige Reinigung und Erneuerung. Mit angemessener Disziplin fordert er uns auf, geradlinig auf dem Weg ins Licht zu bleiben, nicht mehr davon abzukommen und sich der höheren Macht anzuvertrauen, die größer ist als unser Selbst. Dieser durch den Saphir belebte »Glaube kann Berge versetzen«, wie es in einem Sprichwort heißt.

Der **Schneeflockenobsidian** ist ein dichter schwarzer Stein, der mit weißen Flecken gesprenkelt ist. Er unterstützt die Stabilität und das Verwurzeltsein. Seine Festigkeit und Standhaftigkeit schenken uns Halt, wenn die »Stürme des Lebens« zu stark an unserem Lebensbaum rütteln. Er hilft, uns unserer Füße und damit unserer Verwurzelungen bewußter zu werden, und schenkt kalten Füßen Wärme.

Der edle grüne **Smaragd** verschenkt seine All-Liebe und seine All-Verbundenheit jedem, der sich ihm öffnet. Er berührt in uns selbst das geistige Wachstum, über das »Kleine« erhaben zu sein und zu verstehen, was im Leben wirklich wichtig ist. Er lehrt, den Sinn des Lebens zu verstehen. Daher ist er der Stein des wahren Friedens und der Harmonie. Liebevolles Verständnis für alles und zu allem zu empfinden - das ist die Schwingung des Smaragds, das erweckt, berührt und intensiviert er in uns. Wenn ich selbst etwas oder jemanden liebe, dann ist diese Liebe in mir; ich schenke nicht nur dem Gegenüber Wohlwollen, sondern da sie in mir und aus mir fließt, nährt sie auch mich selbst. Der Smaragd bedeutet: *Ich bin* Liebe.

Der kräftig blaue **Sodalith**, manchmal mit gelb-weißen Strukturen durchzogen, wirkt auf den Verstand und auf das Denken. Er stimuliert unser Selbstvertrauen, unseren

Glauben und fördert die Intuition. Er ist der Stein der Treue zu sich selbst, er ermuntert uns, unseren eigenen Lebensprinzipien treu zu sein, die Verwirklichung unserer eigenen Ideale und Ziele durchzusetzen. Er schenkt seine Energie dem Kontroll- und Austauschzentrum für Geist und Körper und sorgt für Orientierung und inneres Gleichgewicht. Der Sodalith hilft mit seiner blauen und damit kühlenden Schwingung auch bei einem »überhitzten« Prozeß, wieder in Harmonie zu kommen. Eine akute Entzündung zum Beispiel gehört ebenso zu diesen Prozessen und bedarf der Kühlung.

Der **Sonnenstein** (Aventurin-Feldspat) besteht aus orangefarbenen, glitzernden Gebilden, umgeben von grauweißem Muttergestein. Er wirkt mit viel Geduld auf das Gemüt, genauso wie die Sonnenstrahlen geduldig, aber sicher Erwärmung und Öffnung bringen. Der Sonnenstein weckt das tief im Verborgenen Liegende (wie im Muttergestein) und lockt es hervor. Er lockt damit oft unseren Frohsinn und überhaupt die Lebensfreude, die eine unerschöpfliche Kraftquelle ist. Mit Lachen und Humor geht alles leichter von der Hand.

Der kräftig violette **Sugilith**, manchmal von schwarzen Strukturen durchzogen, hat etwas mit der Qualität der Suggestion zu tun, mit der Kraft der Vorstellung, die Geistes- und Gemütshaltung zu beeinflussen. So macht er uns die Kraft und Macht von Gedanken und Worten bewußt. Er beinhaltet eine andere Art von Kraft als der Amethyst, beide wirken auf das Kronen-Chakra bewußtseinserweiternd. Der Sugilith treibt an, fordert auf, sich standhaft für Dinge einzusetzen, die inneren Kräfte des friedvollen Kriegers zu entfalten.

Das gelb-braun schimmernde **Tigerauge** ist das »wachsame Auge des Tigers«, der im Bereich des Solar-Plexus in uns wacht, uns beschützt und auch ein Symbol unserer Aggressivität sein kann. Er will sehen, er weckt unser Bedürfnis nach Erkenntnis und das wirkliche Hinschauen in Prozessen, die mit Gefühlen und Angst einhergehen. Das rote Tigerauge wirkt am stärksten im Bereich des Unterbauches, das gelbe Tigerauge im Oberbauch, das blaue Tigerauge (auch **Falkenauge** genannt) im Kopfbereich.

Der hellblaue **Topas**, der dem Aquamarin zum Verwechseln ähnlich ist, wirkt sehr stark auf der geistigen Ebene, denn er hilft uns, verfestigte Gefühls-, Verhaltens- und Denkmuster zu verändern. So bringt er Lösungsenergie und Erleichterung mit sich. Der gelbe Edeltopas, auch Goldtopas genannt, läßt goldenes, göttliches Licht aus der Urquelle in das Gefühlszentrum fließen und durchlichtet Schwermut oder gar Depressionen. Er ist ein besonders wertvoller Stein bei Angstzuständen verschiedenster Art. In seiner naturbelassenen, ungeschliffenen Form ist er wie ein Stück Sonnenstrahl, der das Gemüt erhellt und vertrauenerweckend wärmt.

Der hellblaue bis kräftig blaue **Türkis** ist seit alters her als Schutzstein bekannt. Er bewahrt vor negativen Energien oder vor Fluch. Wenn der Träger intensiv mit seinem Türkis verbunden ist, vermag der Stein die negativen Energien zu absorbieren, wobei er nicht selten seine Farbe verändert. Er unterstützt das Zusammengehörigkeitsgefühl und den Gemeinschaftssinn. Bei den Indianern, die einen ausgeprägten Gruppen- und Familiensinn hatten, war er ein bekannter Schmuckstein, aber nicht nur im Sinne des Schutzes durch die Sippe, sondern auch durch seine Qualität, zu anderen Welten Verbindung aufzunehmen. Seine Fähigkeit liegt in stärkenden Verbindungen. Es galt auch als der Stein der Weisen, denn jene wußten von der Allverbundenheit.

Der **Turmalin** hilft uns immer und immer wieder, Auswege zu finden. In seiner Anwesenheit ist es auf einmal wieder möglich, Konflikte und Lebenssituationen von allen Seiten her zu beleuchten, um mehr als eine Lösung zu entdecken. Wenn wir uns nicht verschließen, sondern offen bleiben für die helfenden Kräfte, die immer um uns sind, erlösen wir jede schwierige Lebenssituation. Dieses Vertrauen stärkt der Turmalin, er befreit uns aus der Verzweiflung und führt uns in das Licht und die Einheit.

Der grüne Turmalin zeigt uns Auswege aus Kummer, aus Lebenssituationen, die mit Liebesgefühlen verbunden sind. Rosafarbene Turmaline erweisen sich in Lebenssituationen als hilfreich, in denen es um Selbstlosigkeit, um das »Dienen« geht. Beim Wassermelonen-Turmalin umgibt ein Kranz von zartem Grün einen rosa Keim. Hier wird die selbstlose, sich verschenkende Liebe noch umhüllt, noch gestützt und reift noch bis zum wirklichen Ausbruch. Blaue Turmaline wirken auf hohe geistige Prinzipien. Schwarzer Turmalin (Schörl) bietet unterstützende Energien in Notsituationen.

Der **Turmalinquarz** ist ein Bergkristall, der schwarze Turmalinnadeln integriert hat. Bezüglich seiner Wirkung ist er dem Schneeflockenobsidian sehr ähnlich. Beide Edelsteine wirken trotz ihres gegensätzlichen Aussehens hinsichtlich der schwarzen und weißen Anteile auf das gleiche Lebensprinzip der Erdung und der gesunden Standhaftigkeit.

Der opake, sanft-grüne **Variscit** kann mit dem manchmal nur hellen Malachit verwechselt werden. Die leichte Energie des Variscit muntert das Gemüt und vor allem das Herz auf. Er fördert die Selbsterkenntnis, daß Schweres neben Leichtem gleichwertig stehen kann. Glück kann man nicht haben, glücklich können wir nur sein. Er belebt in uns die Weisheit, daß das Ende des Leidens in der Freude des Augenblicks liegt. Je mehr wir uns in die Tiefe des Schmerzes und der Sorgen begeben, um so weniger Raum lassen wir für die Lösung und Veränderung. Der Variscit erleichtert in solchen Lebenssituationen und schenkt uns als Erinnerung von diesem inneren Glücklichsein ein Stückchen.

Bach-Blüten – Werden, was wir im Inneren sind

Alles wahre Wissen kommt allein aus unserem Inneren, in der stillen Kommunikation mit der Seele.

EDWARD BACH

Was sind Bach-Blüten?

In der Bach-Blütentherapie zeigt sich eine uralte, auf Erfahrung und Inspiration beruhende Heiltradition. Sie kommt aus England und ist dort und in anderen englisch-sprachigen Ländern seit etwa 1933 bekannt. In Deutschland schlägt sie seit etwa zehn bis fünfzehn Jahren immer kräftigere Wurzeln. Es sind *feinstofflich potenzierte Essenzen aus Blüten, Sträuchern und Bäumen,* die direkt und ausschließlich auf die Psyche von Menschen, Tieren und Pflanzen wirken.

Sie gehört hundertprozentig in den Bereich der Resonanztherapien und ist im wahrsten Sinne des Wortes eine psychosomatische Heilmethode. Es sind *Blüten höherer Ordnung, die die Seele heilen.* Wenn mittels der Blüten-Essenzen die Psyche des Menschen, sein Geist- und Gemütszustand wieder zur Harmonie findet, wirkt diese Heilung durch *Reharmonisierung des Bewußtseins* auch auf die körperliche Ebene. Blüten wirken an den

Schaltstellen unserer Persönlichkeit, an denen Lebensenergien in falsche Bahnen laufen oder blockiert sind. Wenn an diesen Schaltstellen gesunder Kontakt und uneingeschränkter Energiefluß herrschen, befinden wir uns im Einklang von Körper und Geist, stehen im harmonischen Kontakt mit unserer Ganzheit und mit unserer wahren Energie-Quelle.

Ganz wesentlich war es dem Begründer der Therapie, Dr. Edward Bach, ein Heilmittel für jedermann zu finden, das keine Unverträglichkeiten, keine Überdosierungen oder Nebenwirkungen zeigt. Sein größter Wunsch war es, daß der komplette Essenz-Satz von achtunddreißig Blüten in jedem Haushalt angewendet wird und dem Menschen die Krankheitssymptome weniger bedeuten als seine Einstellung zur Krankheit.

Nach seiner Ansicht befinden wir Menschen uns auf einer einmaligen, in dieser Form unwiederholbaren Lebensreise. Unser Gesundheitszustand ist ein Indikator dafür, an welchem Punkt dieser Reise wir momentan stehen. Jedes Krankheitssymptom, sei es körperlich, seelisch oder geistig, übermittelt uns eine Botschaft, die es zu erkennen, zu akzeptieren und für unsere Lebensreise zu nutzen gilt. Jede Form von wirklichem Heilen ist eine Bejahung unserer Ganzheit und eine Bekräftigung unserer wahren inneren Kraftquelle. Die Bach-Blütenessenzen leisten unserem inneren Arzt Hilfe zur Selbsthilfe.

Zur Geschichte der Blütenessenzen

Die Geschichte der Blütenessenzen ist engstens verwoben mit dem Menschen Edward Bach. Er wurde 1886 in der Nähe von Birmingham (England) als Sohn eines

Eisengießereibesitzers geboren. Als Lehrling im väterlichen Betrieb kam er sehr früh mit den Sorgen und Krankheiten der Arbeiter in Kontakt.

Er war ein sehr mitfühlender und sensitiver Mensch, und sein Herzenswunsch war es, den Mitmenschen zu helfen. Er studierte Medizin und arbeitete als Arzt in der Unfallchirurgie, später als Internist in Krankenhäusern und in seiner eigenen Arztpraxis. Es widerstrebte ihm, medizinische Flickschusterei zu betreiben, und er glaubte, der goldene Schlüssel läge in der Bakteriologie und Immunologie, in die er sich forschend vertiefte. Autoritäten wie Louis Pasteur, Robert Koch und Emil Behring beeinflußten ihn stark, und er suchte in den Bakterien die Verursacher der Krankheiten. Er entwickelte Impfstoffe aus Darmbakterien von Patienten und versuchte, so individuell wie möglich, die wirklichen Ursachen der chronischen Krankheiten zu ergründen. Dennoch war er mit seinen Erfolgen, und derer gab es nicht wenige, unzufrieden.

Als ihm Schriften des Homöopathen Samuel Hahnemann in die Hände fielen, studierte er begeistert die Idee der Homöopathie und entwickelte aus seinen Impfstoffen, die abgetötete Darmbakterien enthielten, sogenannte Nosoden, in denen nur noch die energetisierte Information der Bakterien nachzuweisen war. Das bedeutete einen großen Schritt in Richtung auf die Feinstofflichkeit der Heilmittel.

Edward Bachs Einweihungskrankheit

In einer für ihn sehr angespannten Zeit, während des Ersten Weltkrieges, in der er für hunderte von Verwundeten verantwortlich war, starb seine Frau an Diphtherie.

Das war ein schwerer Schicksalsschlag für ihn. Kurze Zeit darauf brach er wegen eines blutenden, bösartigen Milztumors zusammen. Nach der Operation gaben ihm die Ärzte keine drei Monate Lebenszeit mehr. Genau in dieser Zeit aber gewann er neue Einsichten. Es war für ihn wie eine Einweihung in seine neue Arbeit, der er sich mit Leib und Seele verschrieb. Wenn er wirklich nur noch so wenig Zeit zum Leben hatte, wollte er sich beeilen und forschte in seinem Labor weiter, sobald er wieder sitzen konnte.

Der selbstlose Wunsch, für die Menschheit etwas Gutes tun zu wollen, trieb ihn voran und verlieh ihm erstaunliche Kräfte. Er verbrachte zunächst sehr viel Zeit im Labor und über Büchern, dann aber mehr und mehr Zeit in der für ihn sehr heilsamen Natur von Wales. Er spürte, daß er die Antwort, nach der er suchte, nicht im Labor finden würde. Tage und Nächte durchstreifte er, mit seinem kleinen schwarzen Hund als Begleiter, walisische Täler und Auen und lernte in der großartigen Natur. Die *Signaturenlehre* von Hahnemann, in der jedes Detail ein Signal oder Symbol für etwas ist, beeindruckte ihn sehr, und er schaute sich die Pflanzen an, wo und wie sie wuchsen, ob allein stehend, in Gruppen, alles andere verdrängend und so weiter. Er beobachtete alles, nahm jede Einzelheit wahr und fühlte sich mehr und mehr in jene Pflanzen ein. Im Jahre 1930 war es dann soweit, er fand die ersten beiden Blütenessenzen, *Mimulus* und *Impatiens,* und verzeichnete erste positive Reaktionen bei seinen Versuchspersonen. Er ließ seine forschende Laborzeit endgültig hinter sich, verbrannte seine Forschungsergebnisse und Vorträge und zerschlug seine Reagenzien. Er zog einen eindeutigen Schlußstrich und widmete sich vertrauensvoll und tiefen Glaubens seinen Pflanzenessenzen.

Pflanzen höherer Ordnung

Edward Bach erkannte in seinen stundenlangen Wanderungen, daß *die Natur selbst der Arzt ist* und jedes Heilmittel nur ihr Vermittler sein kann. Er hielt Ausschau nach *Pflanzen höherer Ordnung,* die das *Urbild* einer Pflanze vollendet in sich enthielten. Es durften keine Giftpflanzen sein, keine Nahrungspflanzen und keine Unkräuter. Von der Wurzel über Stiel und Blätter bis in die Blüte hinein, sollten sie die Kraft haben, Schwingungen anzuheben. Nur das ganze Pflanzenwesen kann den ganzen Menschen erfassen, nur die geistige Kraft einer gesunden Pflanze kann in der Disharmonie eines Menschen etwas bewirken.

Er wurde so feinfühlig für Pflanzen, daß er manchmal nur *ein Blatt* brauchte, um zu erfahren, was es in ihm und damit in anderen Menschen auslösen würde. Manchmal legte er ein Blatt auf die Zunge und registrierte, was in ihm vorging. Man nennt diese Art und Weise *Pflanzenmedialität,* sie wird auch bei Schamanen, indischen Sadhus (Heiligen) und anderen sehr sensitiven Menschen beschrieben. Wenn er sich auf eine Pflanzengattung festlegte, suchte er von dieser Art die schönste Pflanze mit der stärksten Ausstrahlung, um von ihr die Essenz herzustellen.

Die Sonnenpotenzierung

Edward Bach wurde nicht nur wegen seiner Pflanzenmedialität von seinen ärztlichen Kollegen als naiv belächelt, sondern auch wegen seiner neuen Art und Weise, eine Essenz aus einer Pflanze oder Blüte zu gewinnen.

Für die Pflanzen, die ab Mai und im weiteren Sommer in Blüte standen, verwendete er die sogenannte Sonnenmethode: Er legte eine besonders schöne und kraftvolle Blüte in eine Schale mit speziellem Tauwasser und ließ unter Einwirkung von Sonnenstrahlen die geistige Kraft und Information der Blüte auf das Wasser übergehen. Blütenessenzen, die nicht mit der Sonnenmethode gewonnen werden konnten, wurden ausgekocht, das Feuer ersetzte die Sonnenwärme.

Er fand damit ein Verfahren, in das alle vier Elemente einbezogen waren: »Die Erde ist der Boden, der die Pflanze trägt und sie erhält - die Luft ist es, die sie nährt - die Sonne oder das Feuer befähigt sie, ihre Kraft zu übertragen - und das Wasser nimmt ihre wohltätigen Heilkräfte auf und speichert sie.«[1] Die so mit den Geistkräften der Pflanze verbundene Flüssigkeit wurde mit Alkohol versetzt und als *Urtinktur* bezeichnet.

Edward Bach war sehr vertraut mit dem alten Wissen der Kelten. Er beachtete bei jeder Pflanze spezifische Eigenarten, pflückte zu bestimmten Tageszeiten und bei besonderen Mondverhältnissen.

Seelenpflanzen als geistige Nahrung für die innere Entwicklung

Edward Bachs erste Arbeiten als forschender Arzt wurzelten sehr tief im Darmgeschehen, das heißt in der *Verdauung* des Menschen. Seine Darmbakterienimpfstoffe und Nosoden entstammen dieser Zeit. Ihn beeindruckte der Satz: *Was der Mensch nicht verdaut, wird in ihm zum Gift.* Das gilt nicht nur für die materielle Nahrung, sondern auch für Nachrichten, Sachzwänge und Gemützustände. Wenn Emotionen nicht verdaut werden, können sie in unserem Körper und in der Psyche vieles veranlassen.

Edward Bach beschrieb den Verdauungsprozeß als ein stufenweises *Entwerden*, als eine allmähliche Entmaterialisierung, in der schrittweise die vier Elemente Erde (feste Nahrung), Wasser (Speisebrei), Luft (Gase im Verdauungsprozeß) und Feuer (Wärme) durchlaufen werden. In dem zweiten Teil seiner großartigen Arbeit übertrug er den Verdauungsprozeß in Transformationsvorgänge bis hin zur Metamorphose. Auch eine Blütenpflanze durchläuft einen durch geistige Bildekräfte durchwirkten Vorgang vom Samenkorn (oder Wurzel = Erde), dem Wachstum mit Hilfe von Wasser (= Wasserelement), der Atmung mit Hilfe der Atmosphäre (= Luft), bis hin zur Zuwendung an die Sonne (= Feuer), die in die Blüte und schließlich in den Samen mündet.

Das Blühen ist, wie die Verdauung, ein Entmaterialisierungsvorgang.

Edward Bach nannte seine Blütenessenzen *Nahrung für die hungrige und suchende Menschenseele.* Er wußte, daß er mit seinen *Happy Fellows* (freundlichen Gesellen), wie er sie manchmal nannte, den Menschen die Hilfe anbot, die der geplagten Seele, auf welcher Reisestation auch immer sie sich gerade befand, die heilsame Information brachte.

In jener Forschungsrichtung, die man Neuro-Immunopsychologie nennt, erkennt man immer mehr Einzelheiten von dem, was Edward Bach mit seinen einfachen und doch stimmigen Worten ausdrückte. Er sagte, Blütenessenzen wirkten heilsam und energiespendend auf die Schaltstellen der Persönlichkeit. Die Forschung stimmt zu, daß vom limbischen System im Gehirn, dem Grenzgebiet zwischen der Großhirnrinde und dem Hirnstamm, unser gesamtes emotionales Handeln (ob bewußt oder unbewußt) ausgeht - und genau darauf wirken die feinstofflichen Blütenessenzen.

Edward Bach lehrte, daß in Anwesenheit der richtigen Blütenessenz die Krankheit nicht mehr Macht habe als die Dunkelheit in einem Raum, dessen Fenster dem Sonnenlicht weit geöffnet würden. Die naturwissenschaftliche Forschung bestätigt, daß es die Zirbeldrüse ist, die kurz oberhalb des limbischen Systems liegt und eine übergeordnete Funktion über alle weiteren Organe ausübt und unseren Tag- und Nachtrhythmus regelt. Somit besitzt sie Einfluß auf die »Helligkeit und Dunkelheit« unseres Gemüts. Die Bach-Blüten sind, einfach ausgedrückt, *ein Licht auf unserem Lebensweg,* so daß wir ihn gut erkennen und unsere nächsten Schritte sinnvoll planen können.

Werden, was wir im Inneren sind

In des Menschen Seele sind alle Potentiale, Aufgaben und Lösungen gespeichert. Manche sprechen auch von der Blaupause unseres Seins. Bach-Blüten führen uns wieder auf den lichtvollen Weg, falls wir davon abgekommen sein sollten. Die geistigen Transformationskräfte der Pflanzenwesen und besonders der Blüten unterstützen uns bei inneren Korrekturarbeiten. Edward Bach nannte Krankheiten und Symptome weder Grausamkeiten noch Strafen, sondern einzig und allein ein *Korrektiv der Seele.* Krankheiten wollen uns helfen, die Absichten der Seele zu erkennen und befolgen zu lernen.

Dem Menschen Mut und Kraft zu schenken, daß er das in der äußeren Welt leben kann, was er in seinem tiefsten Inneren schon im Keim ist, das war es, was er wollte. Das war sein Lebenswerk. Danach ging er 1936 zufrieden aus dieser körperlichen Welt, im Vertrauen, mit den achtunddreißig Blütenessenzen und seinen Worten ein vollständiges, der Heilung dienendes Werk zu hinterlassen. Er gab damit Anleitungen an den inneren Arzt in jedem Menschen weiter. Reharmonisierung der Persönlichkeit durch Bewußtseinsvertiefung, Selbsterkenntnis, Selbstfindung und die Übernahme von Selbstverantwortung waren das Ziel seiner Therapie.

Heile Dich selbst

In der Zeit, in der er seine heilsamen Blüten fand, schrieb er eine Zusammenfassung über sein neu erfahrenes Verständnis vom Wesen der Krankheit und Gesundheit. Seine wahren und einfachen Worte gehen auf direktem Weg ins Herz, es sind Gedankengänge, die sich ihm auf seinen langen Spaziergängen in der Natur einprägten. Sie beweisen Edward Bachs Religiosität als tiefe Rückverbindung zur göttlichen Schöpfung.

Darin betont er das gesunde und harmonische Eins-Sein von Körper und Seele. Wenn dieser Kontakt eines jeden Menschen zu seiner inneren seelischen Führung gestört ist, entstehen Disharmonien und Krankheiten. Alles wahre Wissen kommt allein aus unserem Inneren, in der stillen Kommunikation mit unserer Seele.

Wir sind verantwortlich für unser Leben und die Art, wie wir es führen. Es liegt in unserer Entscheidung, einen der beiden großen Fehler zu begehen – die Gebote der Seele nicht zu beachten und ihnen nicht Folge zu leisten oder gegen die Einheit zu handeln. Durch das Hören auf die Stimme des Gewissens, durch Instinkt und Intuition lernen wir, den Weisungen unserer Seele, unseres Höheren Selbstes, Folge zu leisten.

Die wahren Grundkrankheiten des Menschen sind nach Edward Bachs Überzeugung solche Neigungen wie Stolz, Grausamkeit, Haß, Eigenliebe, Unwissenheit, Unsicherheit und Habgier. Wenn wir unsere eigenen negativen Seelenzustände, wie sie eben genannt wurden, beurteilen können, werden wir sie in positive verwandeln wollen und können. Solche Qualitäten wie Frieden, Hoffnung, Freude, Glauben, Gewißheit, Weisheit und Liebe sind die sieben Stufen der Heilung. Wenn erst einmal Liebe in des Menschen Herzen eingekehrt ist, nicht Selbstliebe, sondern die universelle Liebe, dann hat er den Ursachen der Krankheiten *den Rücken gekehrt.* Wieder ist die Umkehr und Einkehr in die Quelle der Liebe das wirkliche Ziel.

Es gibt mittlerweile sehr viel Literatur über Edward Bach und seine Blütenessenzen. Ich rate jedem, der sich mit dieser wundervollen Resonanzmethode anfreunden kann, Texte von ihm selbst zu lesen (in der Literaturliste im Anhang sind solche Bücher genannt).

Wie finde ich die richtige Essenz?

Wenn man die einzelnen Prinzipien der Bach-Blütenessenzen durchliest und mit dem Verstand aufnimmt, meint man von den achtunddreißig verschiedenen mindestens zwanzig zu benötigen. Wer erkennt nicht in sich diese Ansätze von negativen Seelenzuständen, wie oben genannt, zum Beispiel von Unsicherheit oder mangelndem Vertrauen in die eigene Intuition. Deshalb fällt es oft nicht leicht, sich für eine oder zwei Essenzen zu entscheiden.

Es wurden Fragebögen ausgearbeitet, die dabei helfen

sollen. Ich verwende keine Fragebögen in meiner Praxis und auch, im Sinne der intuitiven Auswahl, »möglichst wenig den Verstand« (was nicht heißen soll, daß ich »kopflos« arbeite). Edward Bachs Anweisung heißt für mich eindeutig, daß der betroffene Mensch sich darin üben soll, auf seine innere Stimme zu lauschen und ihr zu vertrauen. Wenn sich der Suchende auf sein Lebensthema einläßt oder seine Krankheit ins Bewußtsein des Herzens ruft, wirklichen Kontakt mit seinem inneren Kern aufnimmt, ist es vielleicht ungewohnt, aber durchaus möglich, sich von einem der Essenz-Fläschchen intuitiv anziehen zu lassen.

Mit Geduld und dem nötigen Willen dazu, ist es mehr und mehr möglich, daß der Betroffene sich seines Gemütszustandes bewußt wird und die wirklichen Ursachen seines Prozesses erkennt. Der Bach-Blütenberater ist gerade bei dem ersten Wählen eine wichtige Unterstützung, sollte aber dennoch ein neutraler Begleiter bleiben. Es wäre eine Fremdbestimmung für den suchenden Menschen, wenn der Berater das Vertrauen desjenigen nicht stärken und vorschnell eingreifen würde, im falschen Glauben, ihm damit zu helfen. Edward Bach betonte immer wieder die Wichtigkeit, die Individualität des Menschen nicht zu beeinflussen.

Dies hat überhaupt nichts mit »Nicht-Können« zu tun, sondern mit Unsicherheit in einer nicht vertrauten Situation. Wir sind es gewohnt, daß der Therapeut für uns das richtige Mittel bestimmt. Wir nehmen ihm, dem Patienten, das Glücksempfinden des Erfolges weg.

Die Selbstdiagnose des Gemütszustandes und die intuitive Wahl geht auch noch gut bei Jugendlichen und Kindern, bei Kleinkindern und Säuglingen braucht es den liebevollen und dennoch neutralen Beobachter.

Manchmal wirken die Blütenessenzen schnell, als würde ein Tor geöffnet und ein Stau löst sich auf - manchmal sind die Ergebnisse nicht so spürbar, wie wir das vielleicht erwarten. Bach-Blüten bewirken eine positive Umstimmung der gesamten seelischen Persönlichkeitshaltung, und diese Umstimmung geschieht nicht in einem Tag.

Ihre Anwendung

Die Anwendung der Blütenessenzen ist denkbar einfach. Aus der Urtinktur der Essenz, der sogenannten *Stockbottle,* die es mittlerweile in allen Apotheken einzeln oder als ganzen Satz zu kaufen gibt, stellt man eine Verdünnung her, die man einnimmt oder bei ganz kleinen Kindern auch einreiben kann.

Man nimmt eine zehn oder zwanzig Milliliter-Glasflasche (in Apotheken mit Pipetten- oder Tropfverschluß) und stellt sich darin eine Verdünnung von circa einem Drittel Alkohol und zwei Dritteln Wasser her. Normalerweise nimmt man zwei bis drei Tropfen der Urtinktur in die Mischung, bei Kindern kann die Verdünnung nur aus Wasser bestehen, bei Menschen, die überhaupt keinen Alkohol nehmen wollen, kann es auch eine Mischung aus Obstessig und Wasser sein. Nach kräftigem Verschütteln kann man mehrmals täglich drei Tropfen einnehmen.

Eine zweite Anwendungsmöglichkeit: Ein Tropfen der Urtinktur auf ein Glas Wasser, gut umrühren und öfter am Tag einen Schluck davon trinken. Letztere Methode empfehle ich eher bei ganz akuten Prozessen.

Ein Tropfen der Urtinktur kann auch auf das sechste Energiezentrum zwischen den Augenbrauen, das innere

Auge, eingerieben werden. Weitere Einreibestellen sind Schläfen oder Ellenbeugen - oder bei »kleinen Menschleins« auf Stirn, Herz oder Nabelregion.

In der Anwendung für Tiere kann man Tropfen ins Trinkwasser geben, für Pflanzen ins Gießwasser oder zum Besprühen in den Zerstäuber.

Rescue-Remedy oder die Erste-Hilfe-Tropfen

Von allen Bach-Blütenessenzen ist diese einzige Kombination von fünf Essenzen (Star of Bethlehem, Rock Rose, Impatiens, Clematis, Cherry Plum) die bekannteste und am weitesten verbreitete. Wohl unzähligen Menschen hat sie in Notfällen, oder bis zum Eintreffen des Arztes, das Leben gerettet. Die Rescue- oder auch Notfalltropfen ersetzen keine ärztliche Behandlung, aber sie helfen, einen energetischen Schock, in dessen Folgen sich schwere körperliche Schäden manifestieren würden, zu verhindern oder schneller aufzulösen. Als Schock oder Notfall wird hier alles zusammengefaßt, was unser energetisches System erschüttert und irritiert - vom plötzlichen Schreck, Wespenstich, über eine unangenehme Nachricht bis hin zum körperlichen Unfall mit Bewußtlosigkeit. In einem derartigen Zustand wird das energetische System stark beeinträchtigt, und der physische Körper allein hat dann keine Möglichkeit mehr, Maßnahmen zur Selbstheilung einzuleiten. Rescue-Remedy sorgt dafür, daß sich das energetische System schnell wieder erholt.

Die Anwendung der Rescue-Tropfen ist individuell und ganz nach Bedarf vorzunehmen. Bei einem Schock oder plötzlichem Ereignis ist es sinnvoll, einen Tropfen der Essenz pur auf die Zunge zu geben und dies nach fünf bis zehn Minuten zu wiederholen, so lange bis man merkt, daß eine Erleichterung oder Besserung eintritt. Es ist wirklich so, daß man auch die Notfall-Tropfen nicht überdosieren oder falsch einsetzen kann. Dies ist sehr beruhigend.

Je nach Art des Schock- oder Angst-Zustandes kann man auch zwei bis vier Tropfen in ein Glas Wasser geben und in kleinen Schlucken in Abständen von einigen Minuten trinken, bis der behandlungsbedürftige Zustand sich gebessert hat.

Mit Rescue-Tropfen kann man auch durch äußerliche Anwendungen akute Probleme lindern. Zum Beispiel gibt man bei einem Bienen- oder Wespenstich einige Tropfen in einen halben Liter Wasser und kann mit der Verdünnung Umschläge oder Kompressen auf die betroffene Stelle auflegen.

Die Rescue-Remedy-Creme wird, wie jede Salbe, dünn auf die betreffenden Stellen aufgetragen.

Die Blütenprinzipien im einzelnen

Es gibt seit 1933 viele Schriften über die Blütenessenzen und die Werke von Edward Bach selbst sowie im Laufe der Jahre sehr viele Bücher von Therapeuten, die ihre Erfahrungen mit ihnen weitergeben. Um so ursprünglich wie möglich zu bleiben, wähle ich die Original-Aussagen mit den gebräuchlichen englischen Namen und übernehme auch die Reihenfolge, wie er sie gefunden und in seine Arbeit eingebaut hat.

Er beschrieb zuerst *die zwölf Heilerblüten:* Mimulus, Impatiens, Clematis, Agrimony, Chicory, Vervain, Centaury, Cerato, Scleranthus, Water Violet, Gentian, Rock Rose - dann die *sieben Helfer:* Gorse, Oak, Heather, Olive, Rock Water, Vine, Wild Oat - anschließend die *vierzehn Baumkräfte:* Cherry Plum, Elm, Pine, Larch, Willow, Aspen, Hornbeam, Sweet Chestnut, Beech, Crab Apple, Walnut, Chestnud Bud, White Chestnut, Red Chestnut und zuletzt seine *fünf Krönungen:* Holly, Honeysuckle, Wild Rose, Star of Bethlehem und Mustard.

Die 12 Heiler im einzelnen

Mimulus (gelbe Gauklerblume) ist die *Tapferkeitsblüte* und aktiviert *Beherztheit.* Sie wirkt so erheiternd, daß man augenblicklich seine Sorgen und Lebensängste vergißt. Sie vermag negative Seelenstimmungen, wie spezifische Ängste, Scheu, Verzagtheit und Furchtsamkeit, in positive, wie Tapferkeit und Vertrauen, umzuwandeln. Sie stärkt Mut und Zuversicht, den Ängsten des täglichen Lebens zu begegnen. Sie erinnert an die tiefe Wahrheit, daß das Licht die stärkere Kraft der beiden polaren Kräfte Dunkelheit (oder Angst) und Licht (und Liebe) ist.

Impatiens (drüsiges Springkraut oder Himalayabalsam) ist die *Zeit-Blüte* und aktiviert *Geduld.* Sie vermag die negativen Eigenschaften, wie Ungeduld, nervöse Anspannung, Voreiligkeit und Gereiztheit, in positive umzuwandeln, so daß schnelles Handeln und Denken mit Geduld, Zartheit, Vergebung und Sanftmut einhergeht. Überaktivität und innere Unruhe wandeln sich in Gelassenheit und einen liebevollen Umgang mit sich selbst, anderen und in allem Tun. Umstände und Menschen entwickeln sich von selbst synchron mit einer inneren Uhr, und in jener Demut und mit rechtem Einfühlungsvermögen werden wir uns hüten, zum Beispiel den Sonnenaufgang beschleunigen zu wollen.

Clematis (weiße Waldrebe) ist die *Realitäts-Blüte* und aktiviert das *Gegenwartsbewußtsein* und damit das lebhafte Interesse am »Hier und Jetzt«. Sie hilft zerstreuten Tagträumern und Menschen, die gerne aus ihrer Realität flüchten, entschlossen und bereitwillig in der Gegenwart zu leben - weder in vergangenen glücklicheren Zeiten zu verweilen noch von fantasievollen Luftschlössern zu träumen. Die oft gefürchtete Ohnmacht für die Gegenwart schwindet mit der Aufmerksamkeit für das Jetzt und dem wachen Bewußtsein, wenn wir mit praktischem und schöpferischem Idealismus unseren realen Alltag mitgestalten.

Agrimony (Odermenning) ist die *Ehrlichkeits-Blüte* und aktiviert die *Bereitschaft zur sinnvollen Auseinandersetzung*. Wenn sich quälende innere Ruhelosigkeit ausdehnt und die Lebensfreude durch tiefen Kummer und Qual vergiftet ist, gibt es Menschen, die hinter einer Maske oder Fassade von aufgesetzter Fröhlichkeit und Sorglosigkeit dies verbergen wollen und damit die Unehrlichkeit gegenüber sich selbst nähren. Aufrichtigkeit heißt, sich dem polaren Leben mit Harmonie und Disharmonie zu stellen, Konflikte in sinnvoller Weise zu erkennen und zu lösen. Eine auf ein betroffenes Gesicht aufgepfropfte fröhliche Maske wird sonst zur unehrlich verzerrten Grimasse.

Chicory (zart himmelblaue Wegwarte) ist die *Mütterlichkeits-Blüte* und aktiviert die *echte Uneigennützigkeit*. Diese Blüte hilft Menschen, die einen unersättlichen Hunger nach seelischen Streicheleinheiten mit einer besitzergreifenden Persönlichkeitshaltung stillen wollen. Bewußt oder unbewußt mischt man sich überall ein und wundert sich, daß man das mühsam Erreichte so schnell wieder verliert. Es ist ein heilsamer Lernprozeß, das Helfersyndrom zu durchschauen und zu integrieren, daß jede Manipulation von Gefühlen anderer ein Verstoß gegen das Gesetz der Einheit ist. Mit Demut und Respekt erkennt man, daß Liebe überall und unerschöpflich vorhanden ist und es die selbstlose und reine Liebe ist, die jeden inneren Hunger stillt.

Vervain (blaßlilarosa Eisenkraut) ist die *Begeisterungs-Blüte* und aktiviert die *Toleranz.* Eine Heilpflanze für jene, die übereifrige, missionarische oder gar fanatische Persönlichkeiten sind und bewußt oder unbewußt Zwangsbeglückung forcieren. Sie mäßigt einen überspannten Mars-Charakter mit der milden Venus, so daß Fanatismus sich zu maßvollem Idealismus wandelt und starke Energien gezielt und liebevoll für eine lohnende Aufgabe eingesetzt werden. Gute Beobachtungsgabe und Selbstdisziplin sind gesunde Wegbegleiter für die Qualitäten von Toleranz und Begeisterung.

Centaury (zartrosa Tausendgüldenkraut) ist die *Blüte des Dienens* und aktiviert die *Willenskraft.* Diese Blütenessenz gibt dem Menschen die Kraft, nein zu sagen, wo ein Nein am Platz ist. Sie stärkt Menschen, deren Eigenwille zu schwach ausgeprägt ist und die von stärkeren Persönlichkeiten leicht ausgenutzt werden. Unterscheidungsfähigkeit und Willenskraft sind auf unserem Seelenweg notwendig, um zu erkennen, ob wir auf die Wünsche anderer Persönlichkeiten reagieren oder ob dies im Einklang mit unserer inneren Führung geschieht. Dem göttlichen Plan dient man nur, indem jeder seinen individuellen Lebensplan erfüllt. Dazu gehören solche Unterscheidungsprüfungen wie Ja oder Nein, Nachgiebigkeit oder Zielstrebigkeit.

Cerato (hellblaue Bleiwurz oder Hornkraut aus Tibet) ist die *Intuitions-Blüte* und aktiviert das *Vertrauen in die eigene Meinung.* Sie unterstützt Menschen im Selbstfindungsprozeß, die ihrer eigenen Intuition noch nicht trauen, an ihren Fähigkeiten zweifeln und oft andere um Rat fragen. Ratlosigkeit und Verunsicherungen verschwinden in dem Maße, wie Mut und Vertrauen zu sich selbst wachsen. Die Meinungen und Ansichten anderer werden immer unwichtiger, je mehr der Mensch vertraut, die richtigen Antworten für seine Entscheidungen in sich selbst zu finden. Die Intuition ist eins mit der inneren Führung, die sich als innere Stimme, als innerer Impuls oder in irgendeiner Form eines Bildes zeigt.

Scleranthus (einjähriger Knäuel) ist die *Balance-Blüte* und aktiviert die *Entscheidungsfähigkeit.* Wenn Meinungen und Stimmungen von einem Moment zum anderen wechseln, wenn Unschlüssigkeit, Sprunghaftigkeit und innere Unausgeglichenheit an den Kräften zehren, ist Scleranthus ein geeignetes Heilmittel, den Weg in die Unterscheidungsfähigkeit zu bahnen. Geduld und Willenskraft sind dabei gesunde Wegbegleiter. Ständig werden wir gefordert, zwischen ja und nein zu entscheiden, zwischen fördernd und hemmend. Je mehr wir das Eins-Sein mit unserer inneren Führung erlauben, um so leichter fällt es uns, trotz vieler auf uns einströmender Impulse unser inneres Gleichgewicht auszubalancieren, und so werden wir die richtigen Entscheidungen für unseren Lebensweg treffen – und ohne Zweifel zu ihnen stehen.

Water Violet (blaß-lila Sumpfwasserfeder) ist die *Kommunikations-Blüte* und aktiviert *das Gefühl des Miteinander-Seins.* Sie kommt jenen zugute, bei denen Empfindungen der Überlegenheit, des reservierten Stolzes und der Zurückhaltung die volle Entfaltung ihrer Persönlichkeit blockieren. Diese Art der Überlegenheit oder des Abgehoben-Seins wirkt isolierend und hält von den Empfindungen der gesunden Verbundenheit fern. Water Violet fördert die Bereitschaft, sich auf neue Erfahrungen des Miteinander-Seins und der Verbundenheit einzulassen. Die wirkliche Kommunikation mit allem ist heilsam, der spirituelle Weg führt mitten durch die polare Welt – da braucht es immer wieder Demut und Toleranz.

Gentian (purpur-violetter Herbstenzian) ist die *Glaubens-Blüte* und aktiviert das *Gottvertrauen.* Nach Edward Bach ist sie ein Heilmittel bei »seelischer Appetitlosigkeit«, wenn Enttäuschungen, Niedergeschlagenheit und bittere Schicksalsschläge zu verdauen sind, die sonst die Lebensfreude vergiften und die Seele mit schwarzer Galle (Melancholia) überfluten würden. Unser Lebensweg besteht aus vielen Höhen und Tiefen, wobei uns besonders die Tiefen und Rückschläge nicht entmutigen oder vernichten, sondern stärken können. Mißtrauen und Pessimismus schwächen die Lebenslust, Optimismus und wachsendes Gottvertrauen stärken die Freude am Leben und die Einsicht, daß jede Etappe als eine Herausforderung zu sehen ist, welcher der Mensch nicht zufällig begegnet, sondern der er gewachsen sein wird und die er meistern kann.

Rock Rose (gelbes Sonnenröschen) ist die *Eskalations-Blüte* und aktiviert die Hingabe an den *Heldenmut.* Es ist die Blüte des Sonnengottes Helios – Sonne bedeutet Mut,

Aufrichtigkeit und schöpferische Ordnung. Bei jedem Unfall, unüberschaubaren Lebenssituationen, Naturkatastrophen und ähnlichen Ausnahmezuständen, die den Menschen in plötzliche Panik und Schock versetzen, kann sich das Leib-Seele-Gefüge lockern, und die »Silberschnur« droht zu reißen. Rock Rose kann »außer sich«-geratene Menschen wieder zu sich bringen und die feinstoffliche Verbindung zwischen Leib und Seele stärken. Unüberschaubar und daher ängstigend wirken Situationen, die unsere Persönlichkeit nicht mehr einordnen kann, die Lösung liegt in dem Vertrauen und der Hingabe an die Instanz unseres Höheren Selbstes. Das erfordert unsere Geistesgegenwart und unseren ganzen Heldenmut.

Die 7 Helfer im einzelnen

Edward Bach fand für hartnäckige Fälle und resignierende Menschen sogenannte Helferkräfte, die in großen geschlossenen Ständen wachsen und eine ganze Landschaft prägen. Sie können verstockte menschliche Seelen aufrütteln und mitreißen.

Gorse (goldgelber Stechginster) ist die *Hoffnungs-Blüte* und aktiviert das *Vertrauen.* Sie zeigt eine Wende von der Dunkelheit zum Licht an und ist eine Oster- und Auferstehungspflanze – eben ein Leuchtzeichen dafür, daß widrigste Umstände überwunden werden können. Auch der wundervolle Regenbogen erscheint nach dem Regen, wenn die Sonne wieder mit ersten Strahlen durch die dichten Wolken scheint. Resignation und Energieleere weichen den hoffnungspendenden Kräften der inneren Führung, aus deren Sichtebene jede zunächst aussichtslose Situation einen Sinn hat.

Oak (Eiche) ist die *Ausdauer-Blüte* und aktiviert die *Einsicht.* Oak ist für jene erschöpften Kämpfer, die trotz aller Widrigkeiten tapfer weiterkämpfen und nie aufgeben. Es wäre falsch verstanden, wenn wir immer verbissener an etwas festhalten, was überholt ist und nicht mehr im Einklang mit der inneren Führung steht. Wir sollten aufmerksam sein und erkennen, wenn wir über unsere Energieresourcen hinausgehen und etwas Leeres weiter auspressen. Pflicht, mit Liebe vereint, schafft Freude. Unsere Bereitschaft, mit Ausdauer an etwas zu arbeiten, sollte mit der Einsicht gepaart sein, die wir über Impulse und Intuitionen des Höheren Selbstes bekommen. Auf der menschlich-materialistischen Ebene gibt es noch Grenzen und Grenzüberschreitungen.

Heather (rot-bläuliches Schottisches Heidekraut) ist die *Identitäts-Blüte* und aktiviert unser *Einfühlungsvermögen,* Teil eines Ganzen zu sein. Es steht jedem Menschen eine Zeit zu, in der er ein hilfsbedürftiges Kind ist. Bleibt er auch als Erwachsener in dieser Selbstbezogenheit und in der Beschäftigung mit den eigenen Bedürfnissen hängen, kann dieses Heilmittel der egozentrischen Persönlichkeit jene Wärme und Liebe bringen, in die eigene Identität hineinzuwachsen. Mit gesundem Einfühlungsvermögen des einzelnen in das Gesamte findet er seine Verbundenheit mit sich selbst, ohne gebunden an seine Bedürfnisse zu sein. Mit echter Hilfsbereitschaft wird er sich seinen Mitmenschen zuwenden.

Olive (Zweige des Ölbaums) ist die *Regenerations-Blüte* und aktiviert die *Lebenskraft.* Edward Bach entdeckte in Olive ein Mittel, das helfen kann, wenn Geist und Körper sich in einem völligen Erschöpfungszustand befinden, vom Ausgelaugtsein bis zum Stillstand und zur Stagnation. In Demut und mit Achtsamkeit lernen wir, mit unseren begrenzten menschlichen Vitalkräften hauszuhalten. Die unerschöpfliche kosmische Energie erreichen wir nur im Einklang mit unserer höheren Führung. Durch das alte Symbol des Ölzweigs, als Zeichen der Versöhnung des Menschen mit dem Göttlichen, hilft diese Essenz, den Tiefpunkt zu überwinden und neue Kraft und Vitalität zu finden, sich wieder an die innere Führung und die kosmischen Kraftquellen anzuschließen.

Rock Water (heilendes Quellwasser) ist die *Flexibilitäts-Blüte* und aktiviert die *Anpassungsfähigkeit.* Bei Naturvölkern ist das Quellwasser »die Milch der Erdenmutter«, mit dem sie alle Lebenskeime nährt und physische und psychische Fruchtbarkeit und Erneuerung bewirkt. Die Anpassungsfähigkeit des Wassers beschrieb Laotse sehr schön: »Nichts in der Welt ist weicher und schwächer als Wasser. Und doch gibt es nichts, das wie Wasser Starres und Hartes bezwingt. Unabänderlich strömt es nach seiner Art.«

Die Essenz von Rock Water unterstützt Menschen, deren extrem hohe Ideale und unerschütterliche Prinzipien in seelische Erstarrung führen. Diese energetischen Zwangsjacken verstärken persönliche Strenge und Starrheit in uns selbst und hindern uns am Ausleben von gesunder Spontaneität. Ideale sind im angemessenen Rahmen sehr wichtige Wegweiser, sie müssen aber nicht zu inneren Maßstäben werden. Rock Water führt vom verkrampften Lebenskampf in die flexible Wellenbewegung des Lebens*flusses.*

Vine (Weinrebe) ist die *Autoritäts-Blüte* und aktiviert *Respekt.* Sie ist ein sehr langlebiges Gewächs mit ungeheurer Wachstums- und Triebkraft, dessen Ranken geführt, angebunden und beschnitten werden, damit es Früchte trägt. Vine unterstützt im Heilwerden von überentwickeltem Egoismus. Es unterstützt jene starken Persönlichkeiten, die von Ehrgeiz, Machtansprüchen und eiserner Entschlossenheit geprägt sind und an den physischen und psychischen Folgen ihrer Einstellung leiden. Die Vine-Essenz kann der Seele den Anstoß geben, ihren Ehrgeiz und ihre starke Durchsetzungskraft ganz in den Dienst des Höheren Selbstes zu stellen und sinnvolle Führung zu erlernen.

Wild Oat (schlankes Rispengras) ist die *Berufungsblüte* und aktiviert das *Zielbewußtsein*. Die Güte der Gräser begleitet die Menschheit durch die gesamte Kulturentwicklung, sie sind die Grundlage der Zivilisation, denn ihre Verwandten sind zum Beispiel die Getreidearten. In den Gräsern steckt unversiegelte Lebenskraft. Unser Leben bietet unendlich viele Ausdrucksmöglichkeiten, und wir können nur im Dialog mit unserer individuellen inneren Führung unsere Lebensaufgabe und Berufung finden, um dann angemessen zielstrebig unsere Kräfte einzusetzen. Es gibt auch unzählige Möglichkeiten, sich im Lebensstrom zu verlieren, wenn wir uns nicht verbindlich, entsprechend unserer Fähigkeiten, festlegen. Es gibt Menschen, für die es eine wahre Freude ist, auf allen Hochzeiten zu tanzen; andere leiden darunter, sich nicht festlegen zu können. Wild Oat ist ein geeignetes Mittel für jene, die an Unsicherheiten in ihren Zielvorstellungen leiden und unzufrieden sind, weil sie trotz vielseitiger Talente nicht wissen, wozu sie berufen sind.

Baumkräfte

Alle Naturvölker, vor allem die Druiden und die Kelten, wußten um die Geheimnisse der Bäume. Einen Baum umgibt eine Atmosphäre von Od-Kräften. Bäume sind ein Symbol von tiefer Verwurzelung im Irdischen und ragen mit ihrer zum Himmel emporstrebenden Baumkrone ins Ätherisch-Geistige.

Cherry Plum (Kirschpflaume) ist die *Gelassenheits-Blüte* und aktiviert das innerliche *Loslassen*. Edward Bach erkannte in den präparierten Cherry Plum-Blüten ein Mittel, das den Menschen hilft, mit ihren eigenen Tiefen fertig zu werden, die innere wilde Gottheit zu beschwichtigen und den Impulsen aus dem Unbewußten mit Mut, Offenheit und Gelassenheit zu begegnen - ja diese sogar als Kraftreservoir zu erkennen. Wenn wir uns in einem Zustand befinden, in dem wir mehr und mehr Druck empfinden, wächst auch die Angst, innerlich loszulassen; Angst, die Kontrolle zu verlieren; Angst, daß der Verstand vor den eigenen unbewußten Kräften kapituliert. Cherry Plum nährt das Vertrauen und die Bereitwilligkeit, der übergroßen Spannung und dem angestauten Druck zu begegnen. Unbeherrschte Temperamentsausbrüche und die Furcht vor seelischen Kurzschlußhandlungen finden Ventile. In der Wiederaufnahme der Verbindung zur inneren Führung erkennt man die sinnvollen Handlungen, Taten oder was auch immer, um im Energiekreislauf von Mikrokosmos und Makrokosmos mitzuschwingen und sich nach dem individuellen Lebensplan zu entwickeln.

Elm (Ulme) ist die *Verantwortungs-Blüte* und aktiviert *Vertrauen und Respekt* vor sich selbst. Wenn wir von Herzen das Beste geben, können wir darauf vertrauen, daß sich das Notwendige fügt. Übermenschliche Maßstäbe und der Druck zu Überforderungen entstehen in unseren menschlichen Gehirnen, nicht in Gottes Lebensplänen. Edward Bach erkannte die Ulmenblüte als Heilmittel, als er selber vorübergehend an dem Gefühl litt, seiner Aufgabe nicht gewachsen zu sein. Auch den stärksten Naturen wachsen manchmal die Lasten der Verantwortung schier über den Kopf, so daß sie meinen, nicht damit fertig zu werden. Mit Hilfe des Götterboten Merkur, für den die Ulme symbolisch steht, erfährt man die Hilfe, sich wieder mit dem Höheren Selbst zu verbinden. Dem vorübergehend strauchelnden Verantwortungsträger hilft die Elm-Essenz, seelisch wieder Tritt zu fassen. Das Verantwortungsbewußtsein für sich selbst und seine Kräfte wachsen miteinander.

Pine (schottische Kiefer) ist die *Blüte der Selbstakzeptanz* und aktiviert die *Selbstvergebung*. Ein Heilmittel für jene, die sich mit Selbstvorwürfen und schlechtem Gewissen quälen und hartnäckig an unberechtigten Schuldgefühlen festhalten. Sie initiiert die in jedem von uns vorhandene Selbstvergebung und stärkt das Unterscheidungsvermögen, wann wir für etwas verantwortlich sind und wann nicht. Es gibt für uns Menschen keine Sünde, außer der bewußten Nichterfüllung des eigenen Lebensplanes und dem bewußten Verstoß gegen das Gesetz der Einheit. Wir sind nur für uns selbst und nicht für das Verhalten jedes anderen Menschen und schon gar nicht für jede Misere auf der Welt verantwortlich. Unsere innere Führung weiß zwischen Beurteilen und Verurteilen zu unterscheiden.

Larch (Lärche) ist die *Selbstvertrauens-Blüte* und aktiviert *Entwicklungsbereitschaft*. Mit ihr fand Edward Bach ein

Heilmittel für jene feinstrukturierten Menschen, denen es an Selbstvertrauen mangelt, die sich ständig unterlegen fühlen und an Minderwertigkeitsgefühlen leiden. Zwischen den dunklen, mächtigen Tannen steht sie wie das häßliche Entlein, das nicht weiß, daß es ein Schwan ist.

Mit ihrer Lichtaura vermag die Lärche den Menschen, der an Minderwertigkeitsgefühlen leidet, wieder mit dem Licht des Höheren Selbst zu verbinden. Die Larch-Blütenessenz gibt den Impuls, mangelndes Selbstwertgefühl in tief verwurzeltes Selbstvertrauen zu verwandeln. Die Lebensenergie, die man in Erwartung von Fehlschlägen verbraucht, ist sinnvoller in Mut und angemessenen Leistungswillen umzusetzen.

Willow (gelbe Weide) ist die *Schicksals-Blüte* und aktiviert *Selbstannahme* und *tiefe Einsicht.* Weiden werden symbolisch mit Trauer, Tod, Trennung und Schwermut in Verbindung gebracht. Edward Bach spürte in Willow ein Mittel für jene einsamen und verbitterten Persönlichkeiten, die sich selbst als Opfer des Schicksals ansehen. Die Essenz gibt der Seele den Anstoß, sich aus der Rolle des Opfers zu befreien und sich als Meister des eigenen Schicksals zu begreifen. Wenn wütende innere Ohnmacht, Groll und Verbitterung die Lebensenergien schwächen, weckt Willow die Kreativität, die Bereitwilligkeit zum Mitgestalten und die Einsicht in die Zusammenhänge, daß wir selbst schon auf der Gedanken- und Bewußtseinsebene unseres Glückes Schmied sind.

Aspen (Espe, Zitterpappel) ist die *Ahnungs-Blüte* und aktiviert die *bewußte Sensibilität.* Sie ist ein Heilmittel für dünnhäutige Persönlichkeiten, die an vagen, unerklärlichen Gefühlen der Angst und an unbegründeten Vorahnungen leiden. Wenn wir unsere Sinne als Wahrnehmungsinstrumente ganz bewußt schulen und entwickeln, werden wir reale Impulse aus der Außenwelt von inneren, eingebildeten Angstfantasien unterscheiden lernen. In Verbindung mit unserem Höheren Selbst werden wir diese inneren Schatten mehr und mehr erkennen, uns in der Unterscheidung üben, ob wir Opfer-spielender-Schauspieler oder Regisseur sein wollen, mit Mut und Entschlußkraft wählen und die Verantwortung dafür übernehmen. Wenn uns der Verstand in Fesseln legt, ist er es auch, der uns wieder befreit.

Hornbeam (Weißbuche, Hainbuche) ist die *Spannkraft-Blüte* und aktiviert *Antriebskräfte.* Wie andere Heckengewächse ist die Hainbuche ein Vermittler zwischen verschiedenen Bereichen, ihre Äste sind Leiter für unsichtbare Energieströme, wie zum Beispiel Ruten. Genau jene Energieströme von Hornbeam stärken den Menschen im »Montagmorgen-Gefühl«. Motivationslosigkeit, geistige Müdigkeit und Trägheit schwächen so sehr, daß man glaubt, seine täglichen Pflichten nicht mehr erfüllen zu können. Langeweile und Routinegefühle können nur auftreten, wenn man sich gedanklich selbst begrenzt und den Anregungen und Impulsen seiner Gefühls-Innenwelt keinen Raum gibt. Hornbeam weckt gesunde Neugierde und die aktive Hingabe in unser Alltagsgeschehen. Wir müßten keine äußerlichen Aufputschmittel wie Kaffee und andere Reizmittel zu uns nehmen, wenn wir mit mehr Achtsamkeit unseren inneren Reiz- und Kraftquellen sprudelnden Raum gäben. Stellen wir uns bereitwillig unserem Lebensplan, gehen uns alle Aufgaben leicht von der Hand.

Sweet Chestnut (Eßkastanie, Edelkastanie) ist die *Erlösungs-Blüte* und aktiviert *persönliches Los-lassen.* Es betrifft die »dunkle Nacht der Seele« oder auch den Seelenwinter, sozusagen Tiefpunkte, wo alles Asche ist und sämtliche Hoffnungen verflogen sind. Verzweiflung und Angst, den Belastungen nicht mehr standzuhalten, schwächen die Lebenskraft; Hingabe und Vertrauen in die innere Führung stärken sie. Jede Entwicklung im Leben verläuft in bestimmten Rhythmen nach dem Prinzip des Werdens und Vergehens. In diesen Phasen ist es wichtig, den richtigen Zeitpunkt zu erkennen, wann eine höhere Instanz die Steuerung übernimmt. Unser Ego muß loslassen, das Höhere Selbst wird uns führen und wir üben uns in der Akzeptanz, daß es Geschehnisse gibt, die außerhalb des bisher erfahrenen Verständnisses liegen. Ein Same, der das Keimen beginnt, überschreitet seine Grenzen des bisher Gewußten. Angetrieben aus den Tiefen des Bewußtseins vertraut er und entwickelt sich in neue Dimensionen. Durch den nahrhaften Kern der Edelkastanie erfährt man Stärkung. Im menschlichen Gemütsbereich bedeutet das Stärkung in »der Krise vor der Wende«, was Erlösung zur Folge hat.

Beech (Rotbuche) ist die *Toleranz-Blüte* und aktiviert *Einfühlungsvermögen* und *Mitgefühl.* Jede Art von abwertender Kritik ist ein Eingriff in die Persönlichkeit des anderen und verursacht gleichzeitig eine Verhärtung oder Blockade im übergeordneten kosmischen Energiefeld; das wiederum wirkt dem Gesetz der Einheit entgegen. Edward Bach sagte, daß jedes Schlechte etwas Gutes zur falschen Zeit am falschen Ort sei. Mit Offenheit und Einfühlungsvermögen üben wir auf dem Weg vom Besser-Wissen zum Besser-Verstehen, daß jedes einzelne Wesen seinen eigenen individuellen Lebensplan besitzt. Überzogene Kritik, Arroganz und Intoleranz schaffen Distanz untereinander, Verständnis und Mitgefühl bringen einander näher.

Crab Apple (Holzapfel) ist die *Reinigungs-Blüte* und aktiviert das *Verständnis von Ordnung.* Reinigung und Ordnung sind vielschichtige Themen. Reinigungen sind immer wieder zu vollziehende Vorgänge, immer wieder sind wir dabei, uns innerlich und äußerlich von Schmutz und Unpassendem zu säubern. Sich unrein und infiziert zu fühlen, irritiert oder plagt uns und fordert zu Abwehr- und Säuberungsaktionen auf. Ordnungsprinzipien gibt es von der persönlichen bis zur kosmischen Ebene in vielerlei Unterschieden. Wir werden zum Pedant und zur Krämerseele, wenn wir nicht immer wieder den harmonischen Prozeß selbst im Chaos erkennen wollen. Selbst die göttliche Ordnung und Vollkommenheit ist kein statischer, sondern ein sich ewig bewegender, veränderlicher Prozeß. Mit Crab Apple initiiere ich mit Mut, Vertrauen und Großzügigkeit das Bewußtsein, daß es übergeordnete, flexible Ordnungsmuster gibt, an denen ich mich orientieren kann und in ein vernünftiges und nicht-neurotisches Verhältnis zum Prinzip von Reinheit und Ordnung hineinwachse.

Walnut (Walnuß) ist die *Geburtshelferin-Blüte* und aktiviert *Selbstbehauptung.* Äpfel und Nüsse begleiten alle Festlichkeiten, die durch die dunkle Jahreszeit führen, und gehören zu Übergangsriten. Sie stehen symbolisch für Lebenserneuerung und Todesüberwindung. Der Walnußbaum, der einerseits so stark mit Toten, mit dem Vergangenen verbunden ist, ist zugleich Symbol des Aufbruchs, Zeichen jener Kraft, die den Bann des Alten bricht. Die Walnuß spielt eine symbolische Rolle bei fast allen Wandlungsprozessen. Übrigens sind Walnußhälften ein Abbild unseres Gehirns. Innere Verunsicherungen und Befangenheit schwächen entscheidende Lebensphasen wie Geburt, Pubertät, Eheschließung, lebensgefährliche Krankheit oder Tod. Crab Apple stärkt innere Zuversicht und den Mut zur Selbstbehauptung für unseren Durchbruch oder Neubeginn. Angemessene innere Festigkeit im Hinblick auf das Ziel erfordert ein gesundes Maß an Konsequenz.

Chestnut Bud (Knospe der Roßkastanie) ist die *Lern-Blüte* und aktiviert innere *Konsequenz*. Jedes Ereignis in unserem Leben hat eine Bedeutung, und jede Erfahrung und Entscheidung bedeutet auch eine Konsequenz. Wenn unsere Lernfähigkeit nachläßt und wir immer wieder den gleichen Fehlern begegnen, weil wir die gemachte Erfahrung nicht in der Tiefe verarbeitet haben oder uns der sich daraus ergebenden Konsequenz entziehen wollen, betreiben wir »kosmische Energieverschwendung«. Eine wirkliche Lernerfahrung benötigt eine Bereitwilligkeit zur geistigen Auseinandersetzung und auch zur Integration. Die Chestnut Bud Essenz unterstützt im Erkennen dieser automatischen Reaktionsmuster, die das wahre und tiefe Lernen blockieren oder verhindern. Charakteristisch für Chestnut Bud-Menschen sind Persönlichkeiten, die die eigenen Vorstellungen und äußere Realitäten nur schwer miteinander verbinden können und daher immer wieder zu dem gleichen Fehlverhalten neigen. Sie gleichen einem Pferd, das nicht den Weisungen des Reiters folgt. Die Roßkastanienessenz hilft dem Pferd (natürliche Intelligenz), die Impulse des Reiters (das Höhere Selbst) besser wahrzunehmen und schult so die Lernfähigkeit.

White Chestnut (Roßkastanie, weiße Kastanie) ist die *Gedanken-Blüte* und aktiviert *Stille* vor immer wiederkehrenden Gedanken. Sie ist ein Heilmittel für jene, die ständig von unerwünschten, unangenehmen Gedanken geplagt werden, deren Gedanken sich ständig im Kreis drehen und nicht abstellen lassen. Wenn ein überreiztes und gequältes Gefühl im Kopf oder ein sogenannter »Ohrwurm« die Wahrnehmungen auf allen Ebenen erschweren, wenn innere Selbstgespräche und Dialoge ewig gleich ablaufen, bedarf es der Ruhe, Stille und Gelassenheit dieses mächtigen Baumes. Bereitwilligkeit und Mut durchbrechen den Teufelskreis vom Festhalten alter und überholter Gedankenmuster. Wohltuende und heilsame Stille kehren ein, damit die wahre Kommunikation zwischen der inneren Führung, dem Verstand und dem Gefühl wieder Raum und Zeit gewinnt. Es ist auf Dauer unmöglich, Gefühlsimpulse zu unterdrücken. Dadurch kommt es zu einer übermächtigen Zentrierung auf den Verstand, der ohne innere Führung über das Gefühl in einen Wirbel oder eine Überflutung von Gedanken gerät. White Chestnut unterstützt den klaren, ruhig und gelassenen Kopf, bis die Lösung aus dem Inneren auftaucht.

Red Chestnut (rote Kastanie) ist die *Abnabelungs-Blüte* und aktiviert den *Persönlichkeitsschutz*. Wenn wir uns übertriebene Sorgen um andere Menschen machen und unsere Verantwortlichkeit zu sehr auf andere ausdehnen, wenn das Wohlergehen um andere angemessene Grenzen überschreitet, bedeuten solche Übergriffe »Eingriffe« in die persönliche Entfaltung des anderen. Das wiederum ist ein Verstoß gegen das Gesetz der Einheit und wird vom Lebensgeschehen reguliert. In der Weisheit von Red Chestnut erfahren wir das notwendige Unterscheidungsvermögen, was mich selbst und was den anderen angeht und ebenso den Respekt der Persönlichkeitsgrenzen. Die Kraft der Essenz vertreibt diese Überbesorgtheit, die auf Mitmenschen wie ein dunkler Schatten lasten kann. Es gibt die Ebenen, wo alle Wesen eins sind und wo Mitgefühl eine einander tragende Kraft ist. Es gibt auch die Ebenen hier auf unserer polaren Welt, wo wir unterscheiden müssen: »Ich bin ich und du bist du.«

Die Krönungsblüten

Die Krönung erfuhr Bach, als er ohne kritischen Intellekt den Durchsagen der Pflanzen-Devas vertraute und einfach das vermittelte, was die Pflanzen seelisch ausstrahlten, ohne es mit seinen eigenen Gedanken zu verfälschen. Er beschrieb fünf Krönungsblüten: Die Stechpalme (Holly) und das Geißblatt (Honeysuckle) spielen im druidischen Kult eine ganz wesentliche Rolle, die Rose (Wild Rose) und die Lilie (Star of Bethlehem) stehen für Rot und Weiß, Milch und Blut, Mond und Sonne, himmlische Unschuld und irdisches Leid, Yin und Yang des Morgenlandes, den irdischen und kosmischen Aspekt des Höheren Selbst. Zu allerletzt konzentrierte er sich auf den wilden Senf (Mustard), der schwefelige Blüten enthält. Der Schwefel galt den Alchimisten als Zeichen der befreiten Seele und wurde oft mit dem Gold der Sonne gleichgestellt.

Holly (Stechpalme) ist die *Herzöffnungs-Blüte* und aktiviert das *Verständnis der All-Liebe.* Die lebenskräftige und wintergrüne Pflanze war die allerheiligste Pflanze der Druiden und ein Requisit im Wintersonnenwendfest, in dem der Höhepunkt der Sonnen-Laufbahn und der Beginn des Abstiegs gefeiert wurde. Holly steht für eine Verkörperung des Höheren Selbst und als Symbol der All-Liebe. Edward Bach entdeckte in ihr die Pflanze, die alle Seelengifte, wie Haß, Neid, Rachegefühle, Eifersucht oder Mißtrauen, aus dem Herzen vertreibt. Es ist eine

Heilblüte für alle dadurch zutiefst verletzten Menschenseelen. Er schrieb: »Holly öffnet das Herz und verbindet uns mit der göttlichen Liebe.« Diese göttliche Liebe ist immer in unserem Inneren zu finden. Wer sie und die Einheit von allem in der Außenwelt sucht, wird zwangsläufig enttäuscht und eines Besseren belehrt werden. Öffnen wir uns unserem Höheren Selbst gegenüber, welches uns grundsätzlich nach den Prinzipien der göttlichen Liebe führt, erfahren wir sie in uns selbst und in unseren Herzen. Nur so kann das Verständnis für die wirkenden Gesetze wachsen, wenn wir uns selbst annehmen, lieben und immer mehr mit dem Herzen denken, andere immer weniger bewerten und verurteilen, sondern ihre Gefühle und Handlungen immer besser verstehen. Holly weckt unsere Liebe auf allen Ebenen, unsere Toleranz und innere Großzügigkeit.

Honeysuckle (Geißblatt) ist die *Vergangenheits-Blüte* und aktiviert das *Vergessen-können*. Es ist eine Heilblüte für jene, die mit Wehmut und Bedauern, mit Heimweh und in sentimentalen Sehnsüchten in der Vergangenheit verweilen oder einer glücklicheren Zeit nachtrauern. Sie wird zur unermeßlichen Unterstützung im Loslassen und wirklichen Vergessen. Wenn wir Wunschträumen nachhängen, die sich nicht erfüllt haben, nutzen wir nicht die Kräfte des Hier und Jetzt. Alles fließt, es gibt nichts Beständigeres als den Wandel. Wenn wir uns dem Lebensstrom anschließen und mit einer gewissen Risikofreude und Flexibilität unseren von innen geführten Weg gehen, wird uns das Leben zeigen, wo wir alte Denkmuster korrigieren können, und so werden wir die Vergangenheit nicht glorifizieren oder darin hängenbleiben. Unser Höheres Selbst gibt uns die Antworten und die Kraft für das Hier und Jetzt.

Wild Rose (Heckenrose) ist die *Blüte der Lebenslust* und aktiviert *wahre, innere Freude.* Die Rose steht für unendlich viele Symbole der Liebe und lädt selbst den teilnahmslosesten oder apathischsten Menschen zum Anschauen und Verweilen ein. Sie ist »die Königin der Blumen« und heilt geschwächte Lebenskraft oder gar innere Kapitulation. Wenn wir etwas bewundern oder schön finden, öffnet sich ein Tor in uns. Es mag nur eine sehr kleine Tür sein, dennoch fließt durch Staunen und Bewunderung etwas von der Schöpferkraft dorthin, wo es gebraucht wird. Ganz von allein, ohne willentliches Zutun, einfach als ein göttliches Geschenk. In der Rosenblüte offenbart sich reine Schönheit, und in den dornigen Stengeln zeigt sich das Bedürfnis, mit angefaßt zu werden. Analog dazu schenkt Wild Rose dem Menschen wieder Lebensfreude, der wegen tiefer Verletzungen teilnahms- oder gar willenlos vom Leben getrieben wurde. Die Schönheit und Widerstandskräfte der weisen Rose stecken geradezu an, wieder aktiv und freudig am Leben teilhaben zu wollen.

Star of Bethlehem (doldiger Milchstern) ist die *Trost-Blüte* und aktiviert *Ur-Vertrauen.* Wenn wir seelische oder körperliche Erschütterungen und Erlebnisse nicht verkraftet haben und »außer uns geraten sind«, wirkt diese Lilien-Essenz wie ein Schmerzensbesänftiger und Seelentröster. Sie ist ein Mittel für jene geworden, die unter der Nachwirkung eines körperlichen, seelischen oder geistigen Schocks leiden, angefangen vom Geburts-Prozeß, der zum Trauma werden kann, bis zu Trennungen, Unfällen und anderen schweren Geschehnissen. Star of Bethlehem weckt die inneren Lebenskräfte und das Ur-Vertrauen, daß alles, was wir erleben, zu unserem Entwicklungsplan gehört, auch das Verkraften, Verzeihen und

Überwinden von schwierigen und schmerzlichen Prozessen. Man bekommt von seiner inneren Führung nie mehr »aufgetragen«, als man »ertragen« könnte. Star of Bethlehem ist wie eine stärkende, wohltuende Umarmung, wenn die Stürme des Lebens an unseren Wurzeln rütteln, und eine Ermunterung, daran zu wachsen.

Mustard (wilder Senf) ist die *Licht-Blüte* und aktiviert *das innere Leuchten.* Sein Schwefelanteil symbolisiert das licht- und feuertragende Prinzip, das bedeutet, daß Mustard das Erkennen geistiger Gesetzmäßigkeiten fördert, das Interesse für geistige Gesetze weckt und so den Kontakt zu tiefsten Weisheiten unterstützt. Wenn uns Wellen tiefer Traurigkeit und Schwermut aus dem Unbewußten überfluten, wenn uns der kollektive Weltschmerz eine seelische Bleiweste anzieht, bedarf es zur Erlösung des inneren Lichtes jedes einzelnen, um zu »verstehen«. Einerseits lernen wir dadurch zu unterscheiden, was kollektiv und individuell geschieht, und andererseits werden nur die Menschen, die das Dunkel fühlten, sich nach dem Licht umsehen – es finden und es gemeinsam stärken. Mustard symbolisiert das vielgestaltige, vitale innere Licht, das Trübsal vertreibt und die Lebensfreude wieder leuchten läßt. Edward Bachs Aussagen treffen sich mit dem Satz von Jesus: »Das Himmelreich ist gleich einem Senfkorn.«

Aura-Soma – Farben sind die Apotheke des Lichts

❦

Wie die Sonne die Linse ist, durch die die Energie Gottes fließt,
um der ganzen Schöpfung physisches Leben zu geben,
so ist die Seele des Menschen die Linse,
durch die die Energie Gottes fließt,
um sein spirituelles Wachstum und seine Entfaltung zu speisen.
Dementsprechend bringt der Mensch alles, was er ist,
in der Farbausstrahlung seiner Aura zum Ausdruck.

aus »Das Herzstück des Farbenwissens«
von Miriam B. Willis

Was ist Aura-Soma?

In dem Namen Aura-Soma verbirgt sich eine ganze Menge. Er wurde Vicky Wall, der Begründerin und Wiederentdeckerin dieser wundervollen Resonanztherapie, intuitiv eingegeben. Er verbindet die Feinstofflichkeit der Aura als »Nicht-Materialität« mit der Stofflichkeit und Materialität des Körpers. Das Wort Aura kommt aus dem Lateinischen und verweist auf Aurora, die römische Göttin der Morgenröte. Das Wort Soma bezeichnet im Griechischen den »Körper« und im Sanskrit eine »lebendige Energie«. Vicky Wall übersetzte Aura-Soma als *das Licht, manifestiert in lebendigen Energien.* Geist und Materie in einem, oder anders gesagt – stofflich gewordener Geist und spiritualisierte Materie in einem.

Aura-Soma arbeitet mit verschiedenen Essenzen, die ebenso auf den feinstofflichen Körper wie auf den grobstofflichen wirken. Verändert sich das Zellbewußtsein, so wirkt sich das umgehend in der Aura aus und umgekehrt.

Die Aura-Soma-Therapie ist so verblüffend einfach, daß manche es nicht wahrhaben wollen und immer wieder neue Erklärungsmodelle suchen. Ich erwähnte schon, daß selbst in einer so alten Schrift wie dem Tibetischen Totenbuch geschrieben steht, daß sich der innerste Wesenskern des Menschen in Farbe ausdrückt. Menschen, die im Kontakt mit ihrer Intuition sind, wählen sich die passenden oder ergänzenden Farben in den Balance-Ölen oder Pomandern. In ihrer Hellsichtigkeit sah Vicky Wall, wie die Aura-Farben des Menschen mit den von ihm ausgewählten Essenz-Farben übereinstimmten.

Die Farben und Informationen der Essenzen korrespondieren mit den Farben der menschlichen Aura, und es gibt Heilreaktionen nach dem Resonanzprinzip auf körperlicher, geistig-seelischer und spiritueller Ebene. Dieses Ineinander-wirken verschiedener Anteile innerhalb des Resonanzfeldes, ein Widerhall, eine Verstärkung oder eine Auflösung, geschieht ohne willentliches Zutun des betreffenden Menschen, ohne den kontrollierenden, einengenden Verstand. Das bedeutet allerdings nicht, daß solche Reaktionen im Unbewußten ablaufen. Oft ist es so, daß es gerade dem Bewußtsein sehr wohl tut, sich dafür zu öffnen und hellwach wahrzunehmen, aber eben ohne menschliches Wünschen und Wollen.

Ihr war es wichtig mitzuteilen, daß die Farbwirkungen

über die Wechselwirkungen mit dem elektromagnetischen Feld hinausgehen und Entwicklungen auf anderen Seins-Ebenen veranlassen - falls der Mensch bereit dazu ist. Denn die Bereitschaft und gar die innere Erlaubnis zur Heilung liegt allem zugrunde.

Aura-Soma-Essenzen sind *eine heilsame Mischung aus Farb-, Aroma und Edelsteinenergien.* Sie nähren in ihrer Schönheit von lichtvollen Farben und ins Herz gehenden Duftkompositionen unsere Seelen und stillen diesen geistigen Hunger nach Eins-Sein.

Die Geschichte von Aura-Somas Geburt

Aura-Soma wurde 1984 von der Engländerin Vicky Wall in Tetford geboren. Tetford ist ein keltisches Ringdorf und strahlt eine ganz besondere Atmosphäre aus. Zudem liegt es in der Nähe von Lincolnshire, dem Gebiet Robin Hoods.

Vicky Wall wurde 1918 in einer orthodox-jüdischen Familie geboren. Sie war das siebte Kind eines sehr spirituellen Vaters, der sie von Kindheit an unterstützte, ihre Intuition zu entwickeln und ihren Erfahrungen zu vertrauen. Ihr Vater war ein Meister der Kabbala. Das Wort Kabbala kommt aus dem Hebräischen und bezeichnet die Überlieferungstradition der jüdischen Mystik. Vicky Wall war von Beginn ihrer Inkarnation an hellsichtig und suchte sich durch ihren Vater die Umgebung und Unterstützung, die sie zur Ausführung ihrer Seelenaufgaben benötigte.

Ihr Leben stellte sie ganz in den Dienst der Menschheit und arbeitete bei einem Pharmazeuten in einer Apotheke und später als Fußpflegerin in eigener Praxis, wo sie die Menschen mit ihren heilenden Händen und ihren eigens hergestellten Mixturen behandeln konnte.

Mit zunehmendem Alter wurde ihr mehr und mehr das äußere Augenlicht entzogen, sie wurde blind. Ihre Hellsichtigkeit blieb, beziehungsweise sie intensivierte ihre feinfühligen Wahrnehmungen immer mehr. Sie erzählte einmal in einem ihrer Kurse, daß sie zunächst mit Gott gehadert hätte. So oft hätte sie der Menschheit gedient und so vielem entsagt, warum sie denn nun mit Blindheit gestraft werden würde. Je mehr sie aber mit ihrer Hellsichtigkeit gearbeitet und ihr vollends vertraut hätte, um so mehr habe sie das Geschenk und den Auftrag ihrer Hellsichtigkeit wertgeschätzt. In einem Herzen, das wirklich versteht, gibt es so etwas wie Strafe nicht.

1984 fühlte sich Vicky Wall erstmals meditativ geführt, bestimmte Essenzen in Glasflaschen zu mischen. Sie stellte schon immer gerne Mixturen her, aber dieses Mal wurde es etwas ganz Besonderes. Sie verstand zum Zeitpunkt des Entstehens noch nicht die wirkliche Bedeutung, diese erschloß sich ihr erst im weiteren Verlauf. Der Inhalt der Flaschen bestand zur einen Hälfte aus einer öligen und zur anderen Hälfte aus einer alkoholischen Flüssigkeit. Beide wiesen verschiedene Farben auf. Durch Schütteln ergab sich kurzzeitig eine gemischt-farbige Emulsion, die sich dann wieder in ihre Bestandteile und ihre Farben trennte, so daß zwei Farben übereinander stehen konnten.

In der alten ägyptischen Kultur wurden ähnliche Mischungen als Schönheitstinkturen hergestellt, weil die Haut diese Mischung besonders leicht aufnimmt. Vicky Wall dachte zunächst, es könnten solche Schönheitsmischungen sein, die zusätzlich noch mit den Kräften der Farben verbunden waren. Sie erkannte jedoch nach und nach, daß sie *der Schönheit und dem Heilwerden der Seele dienen sollten* und entwickelte immer neue Farbkompositionen, wie Blau über Gelb, Rot über Grün und so weiter. Inzwischen gibt es siebenundneunzig verschiedene Balance-Farbkombinationen, wobei das Sortiment noch nicht abgeschlossen ist.

Vicky Wall war aufgrund ihrer Seelenqualitäten, ihrer Sensitivität und ihrer Erfahrungen dazu auserwählt, geistige Kräfte als Informationen mit der dichten irdischen Ebene in Form von mineralischen und pflanzlichen Essenzen zu verbinden.

Licht als Information und Liebe als Schöpfungsenergie

Vicky Wall vermochte es, in ihrer Liebe zur Menschheit, geistige Qualitäten zu materialisieren. Sie verwirklichte das hohe Ziel der Liebe, Polaritäten zu vereinen, und verknüpfte zwei Dimensionen, indem sie Informationen der geistigen Dimension in natürlich vorkommende Flüssigkeiten einfließen ließ.

In dieser Zeit der Geburt von Aura-Soma lebte und arbeitete Vicky Wall mit der Osteopathin Margaret Cockbain zusammen. Beide stellten damals auf Messen und Ausstellungen erstmals die Balance-Kombinationen vor.

Es war eine Fügung des Schicksals, daß sich Vicky Walls und Mike Booths Lebenswege ebenfalls 1984 kreuzten. Er ist, wie Vicky Wall es auch war, ein tiefer Mensch, der *weiß* und der mit seinen Augen hinter die Fassade schaut und das Wesentliche erkennt. Bis zu jenem Zeitpunkt studierte er Kunst und Erziehungswissenschaften und arbeitete viele Jahre als Künstler und

Managementtrainer. Er besitzt Kenntnisse in der Homöopathie und im Buddhismus.

Nach der Begegnung mit Vicky Wall arbeiteten sie fortan zusammen und ergänzten sich in ihrer Arbeit. Sie sagte einmal über ihn, daß er ihr seine Augen leihe. Er unterstützte sie in ihrer geistigen Arbeit und auch körperlich, denn sie war durch Diabetes mellitus (Zuckerkrankheit) und eine durch einen Herzinfarkt entstandene Herzschwäche zunehmend auf Hilfe angewiesen. Als sie in ihrem tiefsten Inneren wußte und darauf vertrauen konnte, daß die Arbeit, die sie in die irdische Welt hineingeboren hatte, weitergetragen würde, konnte sie im Januar 1991 diese Welt verlassen.

Noch während der gemeinsamen Zeit von Vicky Wall und Mike Booth wurden neben immer neuen Farbkombinationen von Balance-Ölen auch die Pomander und die Meisterquintessenzen geboren, auf die ich im Rahmen dieses Buches eingehe.

Inzwischen vergrößert sich aufgrund des Interesses und der Nachfrage nach diesen Wundermitteln die Mitarbeiter-Gemeinschaft in Dev-Aura, der alten Villa in Tetford mit dem wunderschönen alten Park, in dem noch heute einige der Kräuter und Blüten wachsen. Mike Booth, seine Frau Claudia und Margaret Cockbain arbeiteten neue Helfer ein und stellten sich den hohen Anforderungen und auch den marktwirtschaftlichen Versuchen anderer, Aura-Soma-Essenzen zu kopieren. Ich habe persönlich das Vertrauen, daß das Wahre Bestand haben wird und das Unwahre abbröckelt. Ich bin zutiefst dankbar dafür, daß ich Vicky Wall persönlich kennenlernen durfte und somit »mit der Wurzel von Aura-Soma« im Kontakt bin. Ich verstehe Menschen, die von der Vielzahl der Farbessenz-Angebote überflutet werden. Möge sie die große Einfachheit in den wahren Lehren zum Richtigen führen.

Balance-Flaschen und Pomander – Farben als die Apotheke des Lichts

Licht und Liebe, dies sind die Quellen der Heilung. Beide Qualitäten zeigen sich in den verschiedensten Facetten, damit wir sie zunächst als Teil, dann aber doch als Ganzes wahrnehmen und erfassen können. Das Licht teilt sich auf in den Regenbogen, genauer in die Spektralfarben. Die Facetten des Regenbogens könnte man als »Buchstaben eines kosmischen Alphabets« betrachten.

Viele Wissenschaftler und Forscher untersuchten die Beschaffenheit des Lichtes und kamen zu der Überzeugung, daß Licht ebenso auf der Wellentheorie wie auf der Korpuskulartheorie basiert. Die Wellentheorie besagt, Licht ist reine Schwingung, pure Energie. Die Korpuskulartheorie bestätigt kleinste Lichtträger, die sogenannten Korpuskel, sieht also Licht als Materie an. Im Licht zeigt sich wieder einmal die Einheit von Geist und Materie. Durch die Aufgliederung in die einzelnen Spektralfarben können wir uns die einzelnen Qualitäten und Facetten dieses unvorstellbaren Lichtes deutlich machen. Johann Wolfgang Goethe, der Ur-Vater der anthroposophischen Farbenlehre, sagte: »Das Entstehen der Farbe und sich entscheiden sind eins.« Ziel ist es, das Ganze zu erfahren.

Farben sind etwas sehr Verbindendes, sie verknüpfen augenblicklich Verstand und Gefühl. Wir können nicht nur *über eine Farbe nachdenken,* sondern sie wirkt zur gleichen Zeit auf unser Gefühl. Sie sind Symbole archaischer Kräfte, die auf Ewigkeit Gültigkeit besitzen. Das Rot des Regenbogenspektrums, mit der langwelligsten Frequenz, symbolisiert Aktivität und zentriert auf sich selbst, während Gelb Wärme und Feuer ausdrückt und nach außen ausstrahlt. Blau, mit einer wesentlich kurzwelligeren Frequenz, bedeutet Tiefe, Stille und zentriert nach innen.

Mit Farben zu heilen, ist eine alte, tief verwurzelte Heilmethode im Sinne der Resonanz. Farben sind für uns wie *Botschaften,* die tiefe Weisheiten aus allen Seins-Bereichen enthalten. Vicky Wall sagte einmal, daß die *Farben wie Tore sind, durch die entsprechende Weisheit in uns eintreten kann.* Die Wellenlänge einer Farbe sei wie ein *Schlüssel,* der den Körper an der richtigen Stelle und zur richtigen Zeit aufschließen könne.

Das Aufnehmen der Farbbotschaften geschieht zunächst über das Auge, während dann bei der Anwendung der Balance-Öle und Pomander über die Nase auch die Düfte ihre Wirkungen entfalten. Die Aromatherapie ist eine ebenso tief verankerte Heilmethode. Vom Duft heilbringender Kräuter bis hin zur alten Kunst, mit Düften auszuräuchern, gibt es eine Menge Literatur über Aromen. Die Duftpartikel werden über die Nase, durch deren Riechfäden, an das Gehirn weitergeleitet und lösen dort vielfältige Reaktionen wie Anregung, Beruhigung und auch Erinnerungen aus. Auch bei Duftstoffen ist die Resonanz von Denken, Wahrnehmung und Gefühlen kombiniert.

Die Aroma-Extrakte für die Aura-Soma-Essenzen entnahm Vicky Wall ihren geliebten Pflanzen und Blumen, diese waren für sie lebendige Energien. Sie sprach mit ihren Pflanzen und hatte von ihrem Vater gelernt, keine Blume unachtsam zu pflücken, sondern nur dann, wenn durch die Blume ein Bedarf gedeckt werden konnte. Ihr Vater lehrte sie, das Leben zu achten und nicht zu verschwenden. Sie behandelte gepflückte Blüten als Wesenheiten, die sich in Selbstlosigkeit verschenken, gar opfern. In Vicky Walls Essenzen würden sie weiterleben. Sie sprach von reinkarnierten Energien der Blumen in

Tinkturen, denn ihr Wesen und ihre Qualitäten lebten durch die Aura-Soma-Schöpfungen weiter.

So wie die Heilkräuter und Blüten »Botschafter des Pflanzenreichs« sind, so sind Edelsteine und Kristalle »Botschafter des Mineralreichs« und die Farben »Botschafter des Lichtes«. Edelsteine und Kristalle sind von Gott geschaffene Materie und im Werden und Reifen mit allumfassender Liebe und Weisheit durchdrungen. Die Edelsteintherapie ist ähnlich tief verwurzelt im Baum der Heilung wie die Farb- und die Aromatherapie, und alle zusammen dienen den symbiotischen Beziehungen des Universums.

Das Einbringen der Edelsteinenergien geschieht auf energetischem Weg - und zwar durch kabbalistische Invokation, ein kraftvolles Ritual der Anrufung mit Worten, bei der die Energien des Kristalls oder des farbigen Edelsteins übertragen werden. Dies geschieht nicht allein mit dem menschlichen Willen, sondern erfordert von dem, der diesen Vorgang ausführt, daß er sich auf spezielle Faktoren einstimmt.

Es mag bei Zweiflern Skepsis wecken, wenn man mit dieser Art und Weise noch keine Erfahrungen gesammelt hat. Dieser energetische Prozeß besteht zum Teil darin, daß sich Vicky Wall, beziehungsweise jetzt die Menschen in Dev Aura, die die Tinkturen und Trägerstoffe bearbeiten, als Kanal oder Vermittler zur Verfügung stellen, so daß höhere Lichtwesen durch ihre Körper arbeiten können. Ein Mensch ohne diese spirituelle Verbindung zu höheren Dimensionen wäre nicht fähig, solche Werke zu vollbringen. Es bedarf dazu der Bereitschaft, sein individuelles Ego zurückzustellen und dem Höheren Selbst den aktiven Raum zu überlassen.

Vicky Wall erfreute sich sehr an ihren Balance-Flaschen und nannte sie gar ihre *Juwelen*. Die rechteckigen

Glasflaschen mit den zwei übereinander stehenden Farben, die sich wegen ihres spezifischen Gewichtes (Öl und alkoholische Lösung) nicht vermischen, sind wirklich schön anzuschauen. Die beseelten Farben der beiden Hälften kommunizieren mit dem innersten Wesenskern desjenigen, der sich die Flaschen ansieht. Das Hinschauen und die Anziehung sind die ersten Türen. Weitere öffnen sich dann im weiteren Anwendungsverlauf. Die ausbalancierenden Kräfte wirken auf die Gesundheit, die auch als Ordnung gesehen werden kann, und auf Krankheiten oder Konflikte, die entsprechend wie ein Zustand der Unordnung oder gar des Chaos sind.

Um mit Balance-Flaschen zu arbeiten, ist es sinnvoll, zu einem Aura-Soma-Berater oder eine Beraterin zu gehen, die speziell für die Betreuung während des Auswählens der Flaschen und die anschließende Deutung ausgebildet sind. Außerdem ist es wichtig, das ganze Angebot der jetzt verfügbaren siebenundneunzig Flaschen vor Augen zu haben, bevor man die Balance-Flaschen auswählt.

Man geht dabei folgendermaßen vor: Man nimmt sich einen Moment Zeit, um still zu werden, das heißt, man stellt mit seinem inneren Wesenskern Kontakt her und läßt sich intuitiv von vier Flaschen anziehen. Man wählt zuerst die, die einen am meisten anspricht, und fährt so fort, bis man vier in einer Reihe stehen hat. Der oder die Aura-Soma-BeraterIn erklären dann das Wesentliche der auserwählten Flaschen.

Die erste Flasche zeigt die Lebensaufgabe, man nennt sie auch *Seelenflasche.* Mit ihr wird, wenn überhaupt, erst später gearbeitet, das heißt, sie bleibt verschlossen und sie korrespondiert über ihre Farben, wird aber nicht eingerieben, wie zum Beispiel die zweite Flasche. Diese nämlich ist die *therapeutische,* weil sie Aufschluß über die gerade bestehenden Schwierigkeiten und Probleme gibt und deshalb auch zum sogenannten *Geschenkpäckchen* wird. Denn wenn wir unsere Blockaden im Sinne von Verhärtungen und Schwierigkeiten erlöst haben, ist es für uns, wie für das gesamte Universum, ein Geschenk. Sie wird in der Regel zuerst vom Betreffenden selbst geschüttelt und in der Emulsion auf entsprechende Körperstellen, zum Beispiel Stirn, Nacken oder Herzbereich, direkt in die Haut eingerieben.

Die dritte Flasche enthält Informationen über den bisher zurückgelegten Weg, also wie ein *Spiegel der Vergangenheit.* So ist sie besonders hilfreich, um das zu erkennen, was an negativen Persönlichkeitsmustern noch im Weg steht. Ihre Interpretation enthält die meisten Stolpersteine. Die vierte Flasche informiert über mögliche *Zukunftsperspektiven,* sie kann wie ein guter Geist den Verlauf einer Balance-Anwendung günstig beeinflussen, und auch sie wird in der Regel erst viel später als Emulsion aufgetragen. Sie kann wie eine Zielvorgabe die Richtung weisen.

Es ist wirklich äußerst ratsam, eine solche Therapie nicht ohne fachkundige Begleitung zu beginnen und weiterführende Literatur von Vicky Wall oder Mike Booth durchzuarbeiten. Dieser Zweig der Aura-Soma-Therapie balanciert die tiefsten Tiefen und die höchsten Höhen, deshalb sollten Unerfahrene eine sichere Hand neben sich spüren können, wenn sie die Strudel zu sehr verwirren.

In der praktischen Anwendung der Pomander geht es ähnlich tief und heilsam zu, wenn auch etwas leichter, denn es gibt nur vierzehn Essenzen, zu deren Bedeutung es keines Dolmetschers bedarf, sondern es reicht eine gesunde Wahrnehmung und der Mut, der Intuition zu vertrauen. Die Pomander werden in kleinen Kunststofffläschchen gehandelt und bestehen aus einer alkoholischen Verdünnung als Trägerstoff. Sie beinhalten eine Mixtur aus Aromen von Pflanzen und geistige Information von Edelsteinen und der entsprechenden Farbe.

Die farbigen Pomander dienen in erster Linie unserem *Schutz*, dem geistigen wie dem körperlichen. Wirklicher Schutz zeigt sich im rechten Handeln zur rechten Zeit. Es geht nicht darum, eine Schutzmauer um uns aufzubauen, die von nichts mehr durchdrungen werden kann, es geht um ein gesundes Gefühl des Geborgenseins, ein Erfülltsein, und um den Zugang zu all dem, was wir zur Bearbeitung unserer Lebensthemen benötigen. Mit ihren kraftvollen Energiefeldern wirken sie ganz besonders intensiv auf die Chakras in unseren feinstofflichen Körpern. Ihre Aufgabe ist es, uns von außen nach innen - von der Aura her bis in die kleinste Körperzelle hinein - den geistigen Hunger bewußt werden zu lassen und wie wir ihn in der sinnvollsten Weise durch unser Denken, Fühlen und Handeln stillen können, damit Frieden und die reine Liebe in uns angemessenen Raum finden. Im Kontakt mit den Qualitäten von Schutz und Geborgenheit wird es zunehmend leichter, die manchmal unendlich großen Aufgaben zu lösen.

Ich bin zutiefst dankbar für die Pomander und freue mich jedesmal, wenn ich sie anwende. Das Wort *Anwendung* enthält den Begriff des Wendens und somit den der Umkehr - der Umkehr in die Heilung in sanfter Weise. Mit jeder der Pomander-Farben hält man wirklich eine wundervolle Medizin aus der Apotheke Gottes in Händen, aus der Apotheke des Lichtes.

Wie findet man nun den richtigen Pomander? Der einfachste und sicherste Weg, den richtigen zu finden, ist der Weg über die Intuition. Es ist schön, wenn Du die Möglichkeit hast, alle Farben als Auswahl vor Dir stehen zu haben. Du kannst für eine Zeit die Augen schließen und Dich mit Deinem Thema, Deiner schmerzenden Körperstelle oder Deiner inneren Frage in Kontakt bringen. Bitte Dein Höheres Selbst, Dir jetzt ganz nah zu sein und Dich zu führen, und sei bereit, Dich führen zu lassen. Konzentriere Dich auf die Frage, welcher Pomander Dir gerade jetzt bei der Lösung oder Integration von ... hilft. Öffne dann die Augen und ergreife, ohne den Verstand einzuschalten, den, der Dich zuerst anzieht, anspricht oder Deine Aufmerksamkeit auf sich zieht.

Eine weitere Möglichkeit ist es, über die Orientierungshilfe, wie sie im weiteren Verlauf dieses Buches beschrieben wird, einen entsprechenden Pomander auszuwählen - allerdings wird dann der Intellekt mitreden. Auch die Chakra-Zuordnung stellt eine Wahlmöglichkeit dar, allerdings steht die intuitive Wahl ganz oben.

Die Anwendung ist denkbar einfach. Man gibt etwa drei Tröpfchen der Essenz in eine der Handflächen, verreibt sie dort und fächelt sie in einigen Zentimetern Abstand in die Aura. Dann hält man die Handflächen an die Nase und atmet den Duft und die Information auch über die Lungen tief ein. Die Informationen verteilen sich im fein- wie im grobstofflichen Bereich, füllen auf, wo Leere herrscht, sie bilden ein Ventil, wo Fülle ist. Es bedeutet für mich wirklich ein tiefes, geistiges, bewußtes Durchatmen.

Die Wirkungen der Pomander im einzelnen

Die Aura-Soma-Pomander wirken durch ihre Farben, ihren Duft und ihre Edelsteinenergien ganz besonders intensiv auf unsere Chakras, die energetischen Zentren in unserem feinstofflichen Ätherleib. Ein Chakra kann man sich als dreidimensionales, pulsierendes Rad vorstellen, das rhythmisch vom Zentrum her nach außen hin kreist. Dabei versprüht es ständig Energie, wie das Bild einer Quelle, die überläuft und die entsprechende Schicht der feinstofflichen Körper versorgt.

Die Chakras sind *Kraftzentren oder Brennpunkte,* sie nehmen Energie aus dem Kosmos und von der Erde auf und verändern oder transformieren sie in für den Körper und Geist brauchbare Energie. Es sind energetische Umschlagplätze, wichtige Brennpunkte zwischen Körper und Geist.

Die sieben Haupt-Chakras liegen entlang der Wirbelsäule und werden vom Wurzel-Chakra bis hin zum Scheitel-Chakra im Rahmen der Pomander-Beschreibungen erwähnt.

Die energetische Verbindung, die unsere einzelnen Chakras untereinander versorgt, ist der *Lebensstrom.* Er fließt in allem Lebendigen und schwingt in Resonanz mit der individuellen Seelenqualität. Es kann vorkommen, daß durch körperliche Symptome oder starke Gefühle, wie Angst und Zorn, der Lebensstrom eingeengt oder gar im Fluß abgelenkt wird und staut.

Viele von uns wollen in ihrem Alltag funktionieren und geben sich erst gar keinen Raum für spirituelles Wachstum. Mit Hilfe der Pomander lernen wir, beziehungsweise bekommen wir die Unterstützung, unsere täglichen Anforderungen als geistige Herausforderungen anzusehen und leben Spiritualität ganz konkret in unserer Realität.

Rubinroter Pomander: Der tiefrote Pomander duftet holzig, erdig und würzig. Seine ätherischen Öle sind Zeder und Lorbeer, seine Edelsteinenergien entstammen dem

Granat, Rubin, Hämatit und Karneol. Die Hauptwirkung bezieht sich auf das erste, das Wurzel-Chakra und ist damit der Wirkung des roten Pomanders ähnlich (siehe nächste Beschreibung), wenngleich er weitaus stärker als der rote wirkt. Seine sinnvolle Anwendung liegt in *persönlichen Extremsituationen und im Schutzaufbau und der Reinigung von Räumen.*

Roter Pomander: Der kräftig rote Pomander duftet fruchtig, würzig bis erdig. Seine ätherischen Öle entstammen dem Sandelholz, Wacholder und Nelken, seine Edelsteinenergien erhält er aus Granat und Rubin. Er wirkt besonders auf das Wurzel-Chakra im Beckenbodenbereich, das dem Element Erde verbunden ist. Er *erdet am stärksten und verleiht den wirkungsvollsten Schutz.* Seine Energie ist von allen Pomandern *am vitalisierendsten.* Seine Themen sind »Verwurzelt-Sein« und Standhaftigkeit, starke Motivation und ausgerichteter Lebenswillen. Er stärkt ganz allgemein die Lebenskraft, nährt die Fruchtbarkeit und die Kreativität. Er erhöht die Schwingungsfrequenz der Körperzellen und nährt ekstatische Erlebnisse (zum Beispiel im Orgasmus). Er weckt das Bewußtsein für Herrschsucht, Dominanz und Suchtverhalten.

Orange Pomander: Der kräftig orange farbene Pomander duftet würzig bis frisch. Seine ätherischen Öle sind der Mandarine und dem Zimt entnommen, seine Edelsteinenergien entstammen dem Topas, orangem Calcit, Sonnenstein, Tigerauge und Jaspis. Er wirkt auf das zweite, das Sakral-Chakra, dessen Element das Wasser ist. Seine Hauptwirkung richtet sich ganz allgemein auf *den Lebensfluß und* auf die *vitale Lebendigkeit.* Er begünstigt das *Loslassen in all seinen Variationen, Veränderungen und*

Wechseln. Er unterstützt die Aussöhnung mit alten Verletzungen körperlicher und seelisch-geistiger Art (Aura-Wunden und Löcher). Über die Wirkung des zweiten Chakras harmonisiert er das Hormonsystem (Nebennieren) und ist hilfreich bei Veränderungen wie Pubertät und Klimakterium. Er begünstigt gesunde Anpassungen (Wasserelement) in allen Krisen, lehrt Grenzen zu beachten, zu setzen und zu überschreiten. Sogenannte »Nabelschnur-Themen« und jede Form von Abnabelung werden im gesunden Fluß gehalten. Er weckt und stärkt das Bewußtsein für direkte und indirekte Abhängigkeiten.

Goldener Pomander: Der gold-gelbe Pomander duftet fruchtig und blumig. Seine ätherischen Öle entstammen der Melisse. Seine Edelsteinenergien dem Bernstein, Zitrin und dem Metall Gold. Seine Hauptwirkung bezieht sich auf den Raum zwischen dem zweiten und dritten Chakra, also zwischen Wasser und Feuer. Der goldene Pomander verleiht das nötige Fingerspitzengefühl für die Handhabung von schwierigen Lebenssituationen. Er schenkt *goldenen Lichtschutz.* Er stärkt die individuelle Intuition und das Selbstvertrauen. Seine Stärke liegt in der *Balance zwischen Feuer und Wasser,* zwischen verbrennen und weggeschwemmt werden. Das Heilkraut Melisse stärkt dafür die Nerven. Er vermittelt uns ausgewogenes und rechtes Handeln in unserer Lebensgestaltung. Das Gold ist das Metall der Sonne und symbolisiert den aktiven männlichen Aspekt, hier geht es um das wahrhafte Tun und Verwirklichen.

Gelber Pomander: Der kräftig gelbe Pomander duftet fruchtig, zitronig und leicht nach Wald. Seine ätherischen Öle sind der Zitronella, dem Sandelholz und dem Zitronengras entnommen. Seine Edelsteinenergien sind die des Bernsteins, des gelben Fluorits, des gelben Quarzes, des Topas und des Zitrins. Seine Hauptwirkung ist auf das dritte Chakra, den *Solarplexus*, gerichtet, unsere innere Sonne und das Element Feuer. Hier finden die Stoffwechselprozesse, die Verbrennung und die Verdauung statt, auf der körperlichen wie auf der seelischen Ebene. Der Solarplexus ist der *Sitz der Selbstheilungskräfte*. Der gelbe Pomander schenkt das notwendige Licht für Schwermütigkeiten und Depressionen. Schattenanteile sind die Anteile von uns, die sich dem Licht noch entgegenstellen. Er wirkt bei Ängsten wunderbar mutmachend und hilft, Selbsttäuschungen zu erkennen. Er wirkt der Ignoranz, der Faulheit und der Feigheit als Angst vor Veränderung entgegen. Der gelbe Pomander sorgt für *Entfaltung auf allen Ebenen*, stärkt den aufrichtigen Mut (wobei Hochmut ein Stolperstein auf dem spirituellen Weg ist, Demut dagegen ein Sprungbrett). Gelb fördert die gesunde Mut- und Wut-Thematik. Ähnlich dem goldenen Pomander unterstützt er heilsame Abnabelungsprozesse.

Olivgrüner Pomander: Der olivgrüne Pomander duftet frisch nach Wald. Seine ätherischen Ole sind der Himalaya-Kiefer und dem Lavendel entnommen. Seine Edelsteinenergien entstammen dem Epidot, der Jade und dem Olivin. Seine Hauptwirkung bezieht sich auf den Raum zwischen dem dritten und vierten Chakra, also zwischen Solarplexus und Herz, zwischen Feuer und Luft. Das innere Feuer gibt uns die Kraft, auf unser Gefühlszentrum zu schauen. Der olivgrüne Pomander nährt auf heilsame Art und Weise alle Erlebnisse mit Gefühlen, er hilft, weich und formbar zu werden im Sinne der Bereitschaft zur Veränderung. *Gelb öffnet und grün schafft Raum*. Er unterstützt auch Gefühle, die noch nicht in Worte gefaßt und noch nicht in Taten manifestiert sind. Oliv stärkt bei jedem Menschen *weibliche und intuitive Qualitäten* und fördert die Kreativität an sich. Er ermutigt uns, mit neuen, mit noch nicht vertrauten Gefühlen in Kontakt zu kommen.

Smaragdgrüner Pomander: Der kräftig grüne Pomander duftet warm nach Wald. Seine ätherischen Öle stammen aus Rosmarin und Kiefer. Seine Edelsteinenergien sind die von Jade, Malachit, Moldavit und Smaragd. Seine Hauptwirkung richtet sich auf das Herz-Chakra (viertes Chakra), das Luft-Element. Hier lautet das Thema Atmung - *Hereinlassen und Abgeben* als immerwährender Austausch. Wir benötigen Luft (Raum) zum Atmen. Der smaragdgrüne Pomander wirkt Engegefühlen entgegen, denn grün schafft Raum. Wenn sich Geschehnisse verdichten, verhilft er zu Erleichterungen und Befreiung. Grün beruhigt und bringt wieder ins Gleichgewicht. Durch den Bezug zur Natur und den Naturzyklen symbolisiert er Regeneration. Der grüne Pomander nährt die Bereitschaft zum Verzeihen und verbindet mit der inneren Weisheit. Es tut wohl, die wahren Werte zu erkennen und wertzuschätzen. Grün *schult wirkliche Liebesfähigkeit.* Sanftheit und Zärtlichkeit sind lebenswichtige Vitamine für das Herz. Er weckt die Lebensfreude und die Glückseligkeit, macht bewußt für inneren Reichtum und die heilsame *Dankbarkeit.* Er unterstützt die Erkenntnis und das Bewußtsein für Eifersucht, Gier nach Macht und die Dominanz.

Türkiser Pomander: Der zart grün-blaue Pomander duftet süß bis würzig-frisch. Sein ätherisches Öl ist der Zeder entnommen, seine Edelsteinenergie dem Aquamarin. Seine Hauptwirkung bezieht sich auf den Zwischenbereich des vierten und fünften Chakras. Hier heißt es: *Die Kraft des Herzens verbindet sich mit der kommunikativen Qualität der Kehle.* Der türkise Pomander bringt Erleichterung bei Druck und Spannungen im oberen Brustbereich. Vicky Wall beschrieb ein neues Chakra - das *Ananda-Khanda-Chakra* im rechten Brustraum als das Chakra für Massenkommunikation (ähnlich der Telepathie). Hier betrifft es allerdings mehr das Herz als das Gehirn. Türkis fördert die Mitteilungen von Herz zu Herz. Er lehrt uns, uns in das globale Netz von Verständnis, Mitgefühl und Liebe einzuschwingen. Auch die Computerentwicklung und die kommunikative Vernetzung ist möglicherweise ein Abbild davon und nicht zuletzt ein Zeichen des Wassermann-Zeitalters. Der türkise Pomander lehrt uns, im Kontakt mit den Gefühlen einer Angelegenheit Ausdruck zu verleihen. Er wirkt auf eine *gefühlvolle Stimme,* beziehungsweise die daraus resultierende *Stimmung,* die nicht nur auf uns selbst, sondern in die Umgebung, ins Universum wirkt. Türkis nährt auch die Schutzthematik des Kehl-Chakras.

Saphirblauer Pomander: Der hellblaue Pomander duftet nach Wald, seine ätherischen Öle sind die der Zeder, der Myrrhe und des Maiglöckchens. Seine Edelsteinenergien entstammen dem Aquamarin und dem Saphir. Seine Hauptwirkung richtet sich auf das fünfte Chakra, das Kehl-Chakra, das dem Element Äther angehört. Hier befindet sich die *Brücke zur geistigen Welt.* Dieser heilsame Pomander steht für alle Arten von *Kommunikation,* ist wohltuend erleichternd und übt eine starke Schutzfunktion aus. Er verschafft erste sanfte Ausblicke in die Tiefe (zum Beispiel der Seele). Er stärkt das Verantwortungsbewußtsein und die Toleranz. Sein Spielraum erstreckt sich im Bereich des *Hörens* von »Gehorsam« bis

»zuhören«. Der saphirblaue Pomander hilft bei Schluckproblemen körperlicher und seelischer Art. Er entlastet schmerzende Schultern bei Täuschen (Tausch-Geschäften) und bei Enttäuschungen und wirkt auf unsere Schulter und Nackenpartie im Sinne des gesunden *Ertragens.*

Königsblauer Pomander: Der tief dunkelblaue Pomander duftet süß nach Wald, seine ätherischen Öle sind die des Maiglöckchens und der blauen Kamille. Seine Edelsteinenergien entstammen dem Fluorit und dem Lapislazuli. Seine Hauptwirkung richtet sich auf das sechste Chakra, das Stirn-Chakra oder das Dritte Auge, das nach innen sieht. Er wirkt auf das *übergeordnete Kontrollzentrum,* in dem die Auswertung aller Wahrnehmungen aus der Innen- und Außenwelt stattfindet. Er hilft bei innerer und äußerer Orientierung und einem gesunden Ausbalanciert-Sein. Unser Kopf ist eine Austauschzentrale für Geist und Körper. Hier geschieht die sogenannte Homöostase, indem das regulierende Hormon- und Nervensystem die innere Balance hält. Der königsblaue Pomander wirkt kühlend, distanzierend, und verschafft so einen Überblick. Unser Denken ist ein Probehandeln, doch damit wir es nicht im Übermaß praktizieren, schenkt er Klärung unserer Gedanken, innere Ruhe und Gelassenheit. Er intensiviert Wahrnehmungen. Er bringt uns bewußtseinserweiternd mit unseren Identifikationen und Entidentifikationen in Kontakt, mit unserer spirituellen Verbundenheit, unserem *All-ein-Sein.* Der königsblaue Pomander nährt den inneren Frieden, selbst *in* oder gerade *durch* die Zielrichtung unserer Kräfte.

Violetter Pomander: Der zart violette Pomander duftet nach Veilchen, seine ätherischen Öle entstammen dem Veilchen, der Rose, der Rosengeranie und dem Lavendel.

Seine Edelsteinenergien sind die des Amethysts, des Diamants und des Bergkristalls. Seine Hauptwirkung richtet sich auf das siebte Chakra, das Kronen-Chakra. Wie ein Lichtkelch ist es zum Geistigen hin geöffnet. Dem violetten Pomander kommt daher auch eine Schutzfunktion bei zuviel Öffnung zu. Er nährt unsere wahre Religiosität - unsere *Rückverbindung zu Gott*, zum *geistigen Ursprung*, und fördert den *Wiederanschluß an das Verlassene*. Violett unterstützt die *Sinnfindung des Lebens*. Beginne lieber mit dem Finden, als ständig zu suchen. Eine alte Weisheit besagt: Wenn du es eilig hast, dann gehe einen Umweg - violett schenkt heilsame Gelassenheit und innere Sicherheit. Es läßt uns bewußter in der geistigen Selbst-Entwicklung werden und erkennen, wann wir uns wieder einmal auf einem Ego-Trip befinden. Es unterhält unser Heil-Werden und Gesund-Sein. Der violette Pomander stellt immer wieder die Verbindung zu unserem Höheren Selbst her, zu unserer inneren Stimme oder unserem inneren Meister. Im violetten Lichtstrahl überwinden wir in rechter Selbsteinschätzung selbst gesetzte Grenzen. Er schenkt *Einblicke und Ausblicke*. Violett vermittelt tiefe Ruhe und wahren inneren Frieden. Er ist der beruhigendste von allen, wie ein Tropfen Wasser, der ins Meer nach Hause kommt. Sein Wirkungsspektrum reicht von tiefer Geborgenheit bis hin zur zielgerichteten Disziplin.

Magenta Pomander: Der sehr dunkle, aus tiefem rot und blau gebildete Pomander duftet fruchtig und erfrischend. Seine ätherischen Öle entstammen dem Lavendel und dem Olibanum. Seine Edelsteinenergien sind die des Amethysts, des Granats, des Rubins und des Sugiliths. Tiefes Rot und kräftiges Blau begegnen sich, ja verbinden sich - dichte Materie und spirituelles Wissen. Der magenta Pomander wirkt auf den Raum jenseits der Worte. Er symbolisiert *liebevolle Verbindung von Geist und Materie.* Alles ist in allem und eins. Er bringt uns das Symbol des Lebensbaumes in unser Bewußtsein - die festen Wurzeln gleichermaßen zu schätzen wie die luftige Baumkrone. Er nährt uns auf allen Ebenen, damit wir das Ganze erfassen und unsere irdische Realität ebenso lieben wie die spirituelle Entwicklung.

Pink Pomander: Der zart rosa Pomander duftet blumig und süß, sein ätherisches Öl stammt aus der Rosengeranie. Seine Edelsteinenergien sind die des Rosenquarzes, des rosa Turmalins und des Morganits. Seine Hauptwirkung richtet sich auf *die Liebe in ihren schönsten und intensivsten Formen* und somit ganz klar auf das Herz-Chakra. Es geht über dessen körperliche Grenze weit hinaus und betrifft die gebende und loslassende Qualität auf allen geistigen Ebenen. Der pink Pomander unterstützt die Befreiung von Projektionen. Er schützt unsere Aura, wenn wir uns der Liebe öffnen, ihrer Weichheit und Sanftheit. Er schützt auch vor gestauten Emotionen und Aggressionen anderer, nämlich dann, wenn wir *Projektionsfläche* sind. (Mit dem pink Pomander kann uns immer klarer und konkret lebbarer werden, daß wir uns im Leben gegenseitig *Spiegel* sind.) Er lehrt die nötige Achtsamkeit und wie wir konstruktive und aufbauende Kritik lernen können. Er schenkt Entspannung in aufgeladenen Situationen, zum Beispiel in Zweiergesprächen und Gruppenprozessen. Der pink Pomander ist *eine Brücke zur universellen Liebe, zur wahren, selbstlosen Liebe.* Er verleitet geradezu zum Schenken oder man lernt es mit ihm. Er öffnet uns für neue Dimensionen und nährt in uns, daß wir überhaupt *die Fülle der Liebe erlauben.*

Weißer Pomander: Der klar aussehende Pomander in der weißen Flasche duftet etwas »medizinisch« und stimulierend, seine ätherischen Öle sind die von Kajeput und Lorbeer. Seine Edelsteinenergien entstammen dem Morganit, dem Bergkristall und dem Selenit. Der weiße Pomander enthält alle sichtbaren und unsichtbaren Farben, das *ganze Regenbogenspektrum.* Er umfaßt *die Fülle des Möglichen,* somit das ganze Potential aller Möglichkeiten. Er *öffnet* das ganze Spektrum des Lebens und ist *der intensivst Schützende.* Er schenkt heilsame Wirkung bei allen Arten von Verletzungsfolgen, nach Überflutung von Reizen oder auch Insektenstichen. Er ist eine Quelle von Ruhe und Entspannung und verhilft zum inneren Ausgleich.

Meisteressenzen – Begleiter auf dem spirituellen Weg

Wenn die Aura-Soma-Pomander ein wunderbares Geschenk für unseren Lebensalltag sind, dann sind die Meisteressenzen oder Quintessenzen die *Gnade des Sonntags,* sie sind etwas ganz Besonderes. Vicky Wall erhielt den Auftrag, den Grundlagen der Pomander über Invokation eine weitere Energie hinzuzufügen, und zwar die über die Meister der Hierarchie. Auch die Namen der Meister erhielt sie auf mentalem Weg.

Jeder von uns ist an irgendeiner Station auf *dem Weg seiner persönlichen Meisterschaft.* Ich nenne dabei unser Höheres Selbst den *inneren Meister,* als Verbindung zwischen der Seele, die den Lebensauftrag kennt, sowie dem Körper und der Persönlichkeit, die ihn ausführt. Dieser innere Meister ist stets in bezug zum eigenen Lebensweg zu sehen. Er führt uns, wenn wir unseren Ängsten begegnen, er begleitet uns, wenn wir das Loslassen der Angst als die Grundlage zur Heilung begreifen.

Ich erlebe meinen inneren Meister wie einen lichtvollen Begleiter, der mich auf neuen oder dunklen Wegen begleitet. Licht ist Information, und wo Licht ist, weicht die Dunkelheit und damit die Unwissenheit.

Die Verbindung zwischen dem inneren Meister und mir ist die Liebe. Es ist die geistige Ebene der reinen Liebe (Philia-Ebene der Liebe, nähere Beschreibungen dazu in meinem Buch »Die Antwort des Herzens«), die von gegenseitiger Achtung und Wertschätzung genährt wird. Mein innerer Meister zwingt mich zu nichts, er fordert nichts von mir, sondern ist immer da, wenn ich als Schüler für ihn bereit bin.

Er freut sich mit mir, wenn ich wieder einen Schritt in meinem spirituellen Aufstieg gemacht habe, wobei der spirituelle Aufstieg gleichbedeutend mit einem Abstieg in unsere Tiefen ist und vor allem ein Einstieg in unsere Herzen.

Ich kenne ein schönes Märchen, in dem sich die Götter überlegt haben, wo sie die größte Kraft des Universums aufbewahren sollen, bis der Mensch reif für ihren Gebrauch ist. Nachdem sie vermuteten, daß der Mensch den höchsten Berg erklettern und die tiefste Meerestiefe ausloten würde, bevor er die nötige Reife besäße, entschlossen sie sich, diese Kraft im Innersten des Menschen selbst zu verstecken. Er würde nicht dort suchen, bevor er nicht zu dieser *Umkehr* und Einkehr reif wäre.

Wie es in meinem Bewußtsein den inneren Meister gibt, so gibt es auch *äußere Meister,* die uns ganz real in der Außenwelt begegnen. Innere und äußere Meister stehen *in Resonanz* miteinander, sie korrespondieren in ihren verschiedenen Energiequalitäten. Seine Heiligkeit der Dalai Lama ist ein solcher äußerer Meister und lehrt uns in seiner Verkörperung die absolute Gewaltlosigkeit, liebevolle Disziplin und viele weitere Dualitäten. Wesentlich bei äußeren Meistern und Lebenslehrern ist, daß wahre Meister *aus Abhängigkeiten heraus* und nicht hinein führen.

Die Meister in den Aura-Soma-Essenzen sind aus meinem Verständnis heraus ebenfalls äußere Meister. Es sollte sich niemand vorstellen, daß man nun die Aura-Soma-Meisteressenzen öffnet und der Meister erscheint wie in der Geschichte Aladins mit der Wunderlampe. Wenn ich eine Meisteressenz-Flasche öffne und mich in Kontakt mit der Energie bringe, dann *öffne ich mich* für die Botschaften und die Lehren des entsprechenden Meisters. Alles ist in allem enthalten. Das geistige Gesetz der Resonanz durchdringt alles. Die Energien und Weisheiten vom Dalai Lama, von Sathya Sai Baba, von Mutter Meera, von Christus und El Morya und all den anderen auf dem Planeten Erde verankerten Meistern sind *in uns* und *um uns*. Sie sind multidimensional, zur gleichen Zeit an allen Orten. Im Prinzip sind diese Essenzen *Er-innerungen* an die verwirklichten und erlösten Kräfte in uns selbst, auf die wir manchmal nicht vertrauen, ja sie sogar leugnen. Wie oft schon hat jeder von uns das Göttliche in sich nicht wahrhaben wollen.

Die äußeren Meister stehen *nicht zwischen* dem Menschen und Gott, sondern Gott zeigt sich uns über diese Meister in verschiedenen Facetten, diese sind zusammen gesehen die Einheit von Vater-Mutter-Gott selbst. Wir müssen nicht erst alle Meisterstufen erreicht haben, bevor wir Gott erreichen. Wir erreichen Gott auf direktem Weg und nur durch unser Herz. *Die wahren äußeren Meister sind nicht als Vorbilder da, damit wir werden wie sie, sondern sie sind ein Vorbild dafür, wie sie in Hingabe und Herzensliebe »ihre« Quelle in sich gefunden haben und sie leben. Die höchste Wahrheit lautet, daß nichts außerhalb von uns liegt, es befindet sich alles in uns!*

Ein schönes Beispiel hierfür ist das des Samenkorns. In der Natur ist es im Gegensatz zu den Menschen kein Thema, daß ein Samenkorn etwas anderes werden möchte, als das, wozu es die passende Kraft und das innere Wissen besitzt. Wir Menschen haben oft Vorbilder und wünschen uns vielleicht so manches Mal, jemand anderer zu sein, spielen Rollen und verlieren unsere wirkliche Identität. Die Aura-Soma-Meisteressenzen unterstützen uns, *das zu werden, was wir im Inneren sind.* Sie vermitteln auf unserem Weg und nähren uns in feiner, geistiger Weise, damit wir unseren *Seelensamen keimen* lassen und keine andere Rolle spielen, als unsere individuelle, innerste Kraft anzunehmen und sie zu zeigen, sie im Inneren und Äußeren wahrhaft und wirklich zu leben.

Auf dem Weg der persönlichen Meisterschaft erfahren wir uns in Höchstleistungen ebenso wie in tiefen Niederlagen, in Prüfungen oder gar Einweihungen. Die wesentlichen Einweihungen bedeuten auch heute noch - einen Schritt in das bisher nicht Bekannte zu tun.

Der große Sufi-Meister und Weisheitslehrer Hazrat Inayat Khan beschreibt Einweihungen - als mit Mut und Hoffnung einen ersten Schritt nach vorne zu tun, in einen bisher nicht betretenen Raum. Einweihungen sind, einfach ausgedrückt, der Erfahrung eines Menschen ähnlich, der nie schwimmen gelernt hat und sich zum ersten Mal in einen Fluß oder in das Meer begibt, ohne zu wissen, ob er in der Lage sein wird zu schwimmen oder ob er fortgeschwemmt wird und ertrinkt. Die Einweihung enthält die Schwimmregeln und lehrt die Gesetze des Wassers.

Unser innerer Meister sowie die äußeren Meister in den Aura-Soma-Meisteressenzen unterstützen uns und festigen unsere Schritte, wenn wir Neuland betreten. Sie bieten uns den Schlüssel an, damit wir ein neues, erweitertes Haus des Bewußtseins aufschließen können. Wobei auch dieses Bild vom Haus des Bewußtseins mit eventuell verschlossenen Türen nur ein Hilfsbild im Verständnis ist. Diese verschlossenen Türen, unbetretene oder ungenutzte Räume sind nichts anderes als unsere gedanklichen Widerstände oder gefühlsmäßigen Prägungen, die durch die freiwerdende Liebe unseres Herzens aufgelöst werden können. Je mehr ich diese Liebe zum Beispiel für Lady Nada oder Meister El Morya empfinde, um so mehr Liebe wird in mir frei, die heilt.

Wir erfahren mit den Meisteressenzen eine Kurskorrektur oder eine Ausrichtung unserer Seele. Ihre Lichtstrahlen können für uns zu *Leitstrahlen werden, an denen wir uns zu orientieren vermögen.* Es gleicht einer *Feineinstellung unserer inneren Wahrnehmungsorgane* auf einen bestimmten Sender auf höherer Ebene im Universum.

Die Botschaften, die uns durch die Meister vermittelt werden, sind nicht wie schöne Worte, die man in der Tiefe seines Gedächtnisses stapeln sollte. Sie sind dazu da, daß wir sie in uns und in unserer Umgebung leben.

Die Auswirkungen der Meisteressenzen

Ich benenne im folgenden die Kernqualität der Meisteressenz. In meinem Buch »Die Aura-Soma-Meisteressenzen« finden sich Vertiefungen zu allen genannten.

El Morya und **Lady Miriam von Chaldäa:** Wir begegnen ihnen auf dem hellblauen Leitstrahl und im frischen blumigen Duft (Balance: Blaßblau über Blaßblau). Ihre Botschaft erinnert an das Einverständnis des Menschen gegenüber der Schöpferkraft, *daß Gottes Wille durch den Menschen wirke - denn sein Wille ist Liebe.* Sie beleben tiefstes Vertrauen und echte Hingabe. Wo das Gesetz des Lichtes herrscht, löst sich die Dunkelheit auf. Wir erkennen Klarheit zwischen unserem persönlichen und dem göttlichen Willen. Mit ihm oder ihnen wird es leicht, im Einklang mit der Seele zu sein und vom übergeordneten Wirken zu wissen, ohne uns manipuliert zu fühlen. Wir lernen die Unterscheidung von Höherem Selbst und Ego-Willen. El Morya konfrontiert uns in heilsamer Weise mit Autoritäten (wie Eltern und Lehrer). Wir erkennen mit seiner Unterstützung überbewertetes Ich-Bewußtsein. Ihre Motivation heißt: Nicht mein Wille geschehe, sondern Dein Wille geschehe durch mich.

Kuthumi: Wir begegnen ihm im blaßgoldenen Leitstrahl und im blumigen Duft (Balance: Blaßgelb über Blaßgelb). Seine Botschaft erinnert an die tiefe Weisheit, daß *alles Geschaffene, ob Mineral, Pflanze, Tier, Mensch oder Geistwesen, EIN Bewußtsein hat.* Die verschiedenen Ebenen des Bewußtseins kommunizieren miteinander. Meister Kuthumi dient der Erkenntnis der Verbundenheit in Liebe zwischen den verschiedenen Reichen. Er lehrt uns Gemeinsamkeiten, verantwortliches Zusammengehörigkeitsgefühl, echte Verbundenheit und wahres Eins-Sein. Seine Kraft liegt im Mitgefühl mit allem! Durch seine Anwesenheit mildern wir Ängste vor etwas *Fremdem,* denn es gibt letztendlich nichts außerhalb von uns selbst. Weitere Qualitäten sind seine Leichtigkeit und sein herzlicher Humor. Er steht in Verbindung zu dem Heiligen Franz von Assisi und zu Lord Maitreya. Seine Motivation heißt: Sei dankbar allem Lebendigen gegenüber.

Lady Nada: Wir begegnen ihr im rosa Leitstrahl und im Duft nach Rosen (Balance: Blaßpink über Blaßpink). Sie ist die Meisterin des Herzens, ihre Botschaft erinnert uns an die *bedingungslose Liebe.* Die reine Liebe ist das Wissen, das im Herzen zur Weisheit wird. In ihrer Anwesenheit ergeben sich Harmonie und Ausgeglichenheit für innere und äußere Beziehungen sowie der Ausgleich von männlichen und weiblichen Anteilen. Sie tröstet, heilt, lehrt gesunde Fürsorge und erlöst uns im Bewußtsein vom Helfersyndrom. In ihrer unermeßlichen Liebe lösen sich starke Emotionen auf. Ihre Qualitäten sind Mitgefühl, Angenommen-Sein, Geborgenheit und heilender Schutz. Lady Nada ist verbunden mit der Göttlichen Mutter, mit Mutter Maria. Ihre Motivation heißt: Ich liebe und werde geliebt.

Hilarion: Wir begegnen Hilarion im hellgrünen Leitstrahl und im Duft der Natur (Balance: Blaßgrün über Blaßgrün). Seine Botschaft erinnert an den Bibelsatz: *Der Weg, die Wahrheit, das Leben.* Seine Lehre übermittelt er in aller Stille, Ruhe und Frieden. In seiner Anwesenheit erfahren wir Befreiung von äußerem und innerem Betrug (Wahrheit durchströmt alles Sein). Er schafft Raum für die Freiheit, in dem die Wahrheit atmen kann. Meister Hilarion fördert die Selbsterkenntnis in uns, jederzeit mit Körper und Seele eins zu sein und Entscheidungen im inneren Frieden mit sich selbst zu treffen. Lüge und Betrug schaffen Distanz, Wahrheit schafft Nähe und hält die Verbindung. Sein Weg ist der Pfad der wahrhaften Selbst-Verwirklichung. Er lehrt uns, daß das Herz aller Religionen die Religion des Herzens ist. Seine Motivation heißt: Möge die Erde deine Schmiede sein, das Wasser dein Spiegel, möge das Feuer deine Zuversicht sein und die Luft deine Nahrung.

Serapis Bey: Wir begegnen Serapis Bey im klaren, weißen Leitstrahl und im stark würzigen Duft (Balance: Klar über Klar). Seine Botschaft erinnert an die *Reinigung auf allen Ebenen,* damit wir unbelastet von Altem neue Schritte auf unserem Lebensweg gehen können. In seiner Anwesenheit werden wir zum Loslassen von Überholtem ermuntert, und wir fassen Mut zu jeder Form von Neuanfang. Wenn wir mit uns selbst ins *reine kommen,* erfahren wir wesentliche Erleichterungen, auch in den Absichten, denn die Kraft des Wirkens beginnt in der Motivation. Er schenkt uns Be-sonnen-heit und klare Zielrichtung. Serapis Bey begleitet alle *Rainbow-Warrior,* die friedvollen Kämpfer im Licht und für das Licht. Er hat Bezug zum Phantomkristall, einem Kristall, in dem immer wieder neue Wachstumsstufen erkennbar sind. Serapis Bey steht in Verbindung zu den Seraphim, der höchsten Stufe der Engel-Hierarchie (*saraph* bedeutet brennen, reinigen). Mit ihm erleben wir den Aufstieg zum Höchsten durch die Reinigung der feinen Körper, das bedeutet karmische Absolution. Meister Serapis Bey schenkt die Tiefe des Verstehens von Konflikt, Schmerz und Leid. Seine Motivation heißt: Leben lernen heißt, loslassen zu lernen.

Christus: Wir begegnen der Christus-Energie im tief roten Leitstrahl und im würzigen Duft (Balance: Klar über Rot). Seine Botschaft erinnert an die *erlösende Liebe.* In der wahrhaften Vereinigung geschieht die Loslösung aus der Dualität. In seiner Anwesenheit erfahren wir selbstlose Liebe in reinster Form. Meister Christus lehrt uns die Gleichstellung von männlichen und weiblichen Potentialen und zeigt uns die wahre Form des Dienens und der Hingabe. Durch die Quintessenz wird das Christus-Bewußtsein in den Menschen geweckt und gestärkt.

In dieser Nächstenliebe ist er *der stärkste karmische Heiler.* Seine Motivation, mit uns zu sein, bedeutet die Verwirklichung des Ich-bin-Prinzips. Er ist *der* Lichtbringer.

Saint-Germain: Wir begegnen ihm im violetten Leitstrahl und im intensiven Veilchenduft (Balance: Blaßviolett über Blaßviolett). Saint-Germain ist der Meisterheiler und Direktor der Heiler, die im Licht und für das Licht arbeiten. Seine Botschaft erinnert an die *Verwirklichung und Erhöhung des Ich-bin-Prinzips.* Es liegt im Verständnis um die Zusammenhänge von Leid, Schmerz und Überwindung. Er ist ein vorbildlicher Meister des Denkens und der Kreativität. Er steht am *Tor des Himmels,* von wo aus Vergangenheit, Gegenwart und Zukunft zu einem Ganzen verschmelzen. In seiner Anwesenheit erfahren wir den spirituellsten Aspekt des Seins. Menschen können Leid erleben, aber sie *sind* nicht Leid, und wir müssen nicht im Leid hängenbleiben. Meister Saint-Germain lädt uns ein, überall zu Hause zu sein. Er ist der Beruhigendste von allen. Tiefer Frieden und Glückseligkeit gehen von ihm aus.

Lady Portia: Wir begegnen Meisterin Lady Portia im goldfarbenen Leitstrahl und im intensiv blumigen Duft (Balance: Blaßgelb über Blaßpink). Ihre Botschaft erinnert an die *Aufgabe von Beurteilen und Verurteilen* der eigenen Person und anderen gegenüber. In ihrer Anwesenheit erfahren wir heilsames Unterscheidungsvermögen und daraus resultierende Gerechtigkeit. Sie lehrt uns, *wertfrei zu* beobachten und zuzuhören, sie löst Schuldgefühle und Gewissensbisse. Ihre Qualitäten sind Gnade, Mitgefühl und Klarheit von Beurteilungen. Wann immer wir außer Balance kommen, sie hilft uns wieder, unser inneres Gleichgewicht zu finden. Sie begleitet uns in wesentlichen Übergängen, zum Beispiel von der Kindheit ins Erwachsen-Sein. Meisterin Lady Portia hilft uns in der Bewußtwerdung des *UR-Teils.* Sie lehrt Verständnis des karmischen Gesetzes von Ursache und Wirkung (Saat-Ernte). Ihre Motivation heißt: Richte nicht, auf das du nicht gerichtet wirst.

Sanat Kumara – Lady Venus Kumara: Wir begegnen ihnen in dem blaßtopasen Leitstrahl und im erfrischenden, würzigen Duft (Balance: Blaßpink über Blaßgelb). Sie beide leiten die zwölf Leitstrahlen der Heilung. Ihre Botschaft erinnert an das kosmische Prinzip: *Wie oben so unten.* Die *höchste Liebe, die die Erde berührt.* Er überwacht das harmonische Zusammenspiel aller Facetten der einzelnen Meister bis hin zum Juwel des Lebens. Beide sind sie ein unermeßlich heilender Balsam für Menschen, die durch die Schleifprozesse des Lebens nicht zerbrochen sind, sondern gereift. In ihrer Anwesenheit erfahren wir, das Leben und die Herausforderungen als Wachstumsprozeß zu erkennen. Sie sind mit uns, wenn wir uns auf veränderte Situationen einstellen müssen. Ihre Qualitäten sind reine, selbstlose Liebe und Vertiefung von Heilung, unendliche Geborgenheit und Wohlwollen.

Maha Chohan: Wir begegnen Meister Maha Chohan im blaßtürkisen Leitstrahl und im würzig frischen Duft (Balance: Blaßtürkis über Blaßtürkis). Seine Botschaft erinnert an die Verbindung zwischen Intellekt und Spiritualität. Er lehrt *die Entschlüsselung alter Botschaften* zum Heil des Menschen. Die Kraft seines Wirkens liegt in der Umsetzung der Weisheit in unser reales Denken und Handeln. Da der Weg in die Spiritualität nur im Einklang mit unseren Gefühlen gehen kann, hilft er den

Menschen, Gefühlsbeziehungen zu sich selbst und allem Geschaffenen aufzubauen. Er begleitet die *Wende zum Wassermann-Zeitalter.* Er führt uns zum Herzen des Seins. Altes und neues Denken läßt er verschmelzen. Seine Motivation heißt: Einklang von Vernunft und Gefühl.

Djwal Khul: Wir begegnen Meister Djwal Khul im grünen Leitstrahl und im frisch würzigen Waldduft (Balance: Grün über Klar). Die Botschaft des jüngsten Meisters erinnert daran, daß die einzige Konstante im Leben *die Veränderung* ist. Er unterstützt die Suchenden, zum Beispiel nach dem Lebenssinn, nach den zugrunde liegenden Lebensgesetzen. In seiner Anwesenheit erfahren wir die Offenheit für die wirkliche *Wahrheitssuche* und behalten dabei unser inneres Gleichgewicht. Wir erkennen, daß das, was wir wollen, uns genau so aus der Balance bringen kann wie das, was wir nicht wollen (Symbol der weißen und schwarzen Vögel). Seine Qualität ist wahrhafte Orientierung! Er lehrt uns die Natur als große Lehrmeisterin der Erde und wie wir die Kraft der Gemeinschaft nutzen können. Er lädt uns ein, uns neue, erweiterte Räume (psychisch) zu erlauben und stellt die Verbindung von Sternengeborenen mit der irdischen Realität her und ist vertraut mit der geistigen Heimat. Er ist ein Meister der *höheren Aspekte der Astrologie* und ist einer der »Brüder des Goldenen Gewands«.

Orion und Angelika: Wir begegnen ihnen im hellrosa Leitstrahl und im blumig zitronigen Duft (Balance: Blaßblau über Blaßpink). Ihre Botschaften erinnern uns an den *geistigen Schutz während Reisen* in die inneren und äußeren Welten und in allen Wandlungsphasen. In ihrer Anwesenheit erfahren wir tiefes Vertrauen, *zur richtigen*

Zeit am richtigen Ort zu sein und sich jederzeit ganz und vollständig zu fühlen. Schutz bedeutet auch, zur rechten Zeit das Richtige zu tun. Sie sind mit uns als Schutz bei Seelenwanderungen und ganz wichtige Begleitung in der Arbeit mit dem inneren Kind. Ihre Qualitäten liegen in der Bewußtwerdung in uns, im Klären von Schutz, unserem Sicherheitsbedürfnis und unserem damit paradox verbundenen Wunsch nach Freiheit. Sie helfen uns im Gleichgewicht zwischen Geborgenheit und Risiko. Sie helfen, jede Unvollkommenheit aus der Erinnerung und Gefühlswelt zu lösen. Sie verkünden die neue Morgenröte und gewähren Schutz auf allen Reisen.

Pallas Athene und Aeolus: Wir begegnen ihnen im pfirsichrosa farbenen Leitstrahl und im frischen, blumig süßen Duft (Balance: Blaßpink über Blaßblau). Ihre Botschaften erinnern an das Aufgeben der vergangenen Muster und an die Öffnung für das Schöne und Edle in allen Dingen. In ihrer Anwesenheit erfahren wir die Verbindung von Himmel und Erde, von *Spiritualität und Alltag.* Beide verleihen sie uns Weisheit in bezug auf Wohlstand und rechte Lebensführung. Das Materielle ist eine Form, durch die sich das Göttliche ausdrückt. Mit ihrer Begleitung intensivieren sich unsere Tiefen in allem. Sie sind mit uns in unserer Deutung der Symbolik von Träumen. Wir werden bewußter und aufmerksamer, die Schönheit und das Edle im alltäglichen Geschehen zu erkennen, die die Seele nähren. Sie laden uns ein, die Fülle zu erlauben. Die Motivation von Pallas Athene, der Göttin der Weisheit, lautet: Ich stamme aus mir selbst.

Lao-Tse und Kwan-Yin: Wir begegnen ihnen im blaßorange farbenen Leitstrahl und im würzigen Duft (Balance: Blau über Klar). Ihre Botschaften erinnern an die

Verbindung mit tiefer Weisheit, beständigem inneren Frieden und liebevollem Mitgefühl für alles Erschaffene. Sie bringen uns Informationen aus vergangenen Zeiten, deren Gültigkeit immer besteht - das immerwährende, nie verlöschende Licht. Lao-Tse steht in Verbindung mit der chinesischen Weisheit (Tao-te-King); Kwan-Yin galt als die Große Mutter (weibliches Yin-Prinzip). Sie lehrt uns Milde und Barmherzigkeit und ist die weibliche Form des Bodhisattvas Avalokiteshvara (Erlösergestalt des Höheren Reichs). Ihre Anwesenheit verleiht uns Einsichten in die Ursachen von Krankheit sowie Einstellungen und Fehlhaltungen, die dahinter liegen. Sie begleiten tiefe Lösungs-Prozesse und stärken unsere Echtheit und Authentizität.

Grundgedanken zur Homöopathie

Gott gab jedem seiner Kinder, bevor er sie auf die Erde schickte,
ein sehr sorgfältig ausgesuchtes Päckchen an Problemen.
Dies, so sprach er lächelnd, sind Deine Probleme ganz allein.
Niemand wird den Segen haben,
den diese Probleme Dir bringen werden.
Und Du allein hast die besondere Begabung und die Fähigkeiten,
die benötigt werden, diese Probleme Dir untertan zu machen.
Nun gehe hin, werde geboren - und vergiß!
Wisse aber, daß ich Dich über alle Maßen liebe.
Die Probleme, die ich Dir gegeben habe,
sind ein Zeichen meiner Liebe zu Dir.
Das Monument,
das Du in Deinem Leben setzt mit Hilfe dieser Probleme,
wird ein Zeichen sein, Deiner Liebe zu mir.

DEIN VATER[2]

Was ist Homöopathie?

Mit diesem kleinen Kapitel über Homöopathie möchte ich zum Verständnis dieser wunderbaren alten Heilweise beitragen. Es ist in diesem Rahmen nur möglich, einen Einblick und hoffentlich einen »Wunsch nach mehr« zu vermitteln. Der Begriff Homöopathie ist wohl vielen von uns geläufig, ohne daß der wirkliche Sinn allen bewußt ist. Allzu oft wird nicht wertgeschätzt, was sie bewirken kann, und allzu oft wird etwas von ihr erwartet, was sie nicht geben kann. So kann zum Beispiel ein homöopathisches Mittel keine Charakterzüge oder Wesensmerkmale wegzaubern, wohl aber kranke Ausrutscher jener kurieren und ein gesundes inneres Gleichgewicht stabilisieren.

Die Homöopathie geht davon aus, daß nicht die Symptome die zu bekämpfende Krankheit sind, sondern daß diese *nur* Zeichen der Auseinandersetzung, also Störungsanzeichen sind. Die Reaktionen auf die Störungsursachen deuten auf aktive, selbständige Regulierungsvorgänge im Organismus hin, so ist zum Beispiel Fieber eine Maßnahme des körpereigenen Immunsystems, Viren durch die erhöhte Körpertemperatur zu verbrennen. Zu schnell fiebersenkende Mittel einzusetzen, bedeutet oft Sabotage an der eigenen Körperabwehr. Homöopathie hat nichts mit Unterdrückung einzelner Symptome zu tun, nichts mit Verdrängung oder Betäubung, nichts mit künstlicher Normalisierung und Gegensteuerung durch meist nur vorübergehend wirkende starke Medikamente, sondern sie sucht den Grund der Erkrankung *im Gesamtkomplex Mensch,* in dessen körperlicher und seelischer Ganzheit.

Der Begründer der Homöopathie und Wiederentdecker der Ähnlichkeitsregel war der außerordentlich vielseitige und erfolgreiche sächsische Arzt und Chemiker Samuel Hahnemann, der von 1755 bis 1843 lebte. Er entwickelte sie zu einer grundlegenden Methode für die tägliche Praxis. Ich nenne hier vor allem die Ähnlichkeitsregel, die in der Homöopathie die tragende Rolle spielt. Nicht erst Samuel Hahnemann hat vor etwa zweihundert Jahren diese Regel beschrieben, sondern schon die alten Griechen haben im Prinzip die Homöopathie angewendet, wenn sie ihre Heilkunde von damals auch anders nannten. Hahnemann war der erste, der sie näher beschrieb und diesem Zweig der Naturheilkunde den Namen gab.

Die Homöopathie ist keine passive Therapie, sondern eine aktive Hilfe zur Selbsthilfe - ein therapeutisches Verfahren nach dem *Resonanzprinzip*. Sie ist eine *Reiz-Regulations-Therapie,* was nichts mit Suggestion oder »einem Glauben daran« zu tun hat.

Die Ähnlichkeitsregel

Ohne das Verständnis der *Ähnlichkeitsregel* können wir die Homöopathie nicht verstehen, sie lautet: similia similibus curentur. (Ähnliches [Krankheit] werde durch Ähnliches [Heilmittel] geheilt.) Das bedeutet, daß Ähnlichkeit zwischen dem Erscheinungsbild aller Symptome des Kranken mit dem Symptomenbild eines Arzneimittels, das aus der Arzneimittelprüfung am gesunden Menschen bekannt ist, bestehen muß, beziehungsweise so »ähnlich wie möglich« sein soll.

Der grundlegende Satz für die homöopathische Arzneiwahl ist für manche medizinische Denker eine Herausforderung, vertritt sie doch gerade die entgegengesetzte Auffassung von namhaften Wissenschaftlern wie Louis Pasteur, Robert Koch oder Rudolf Virchow. Es lohnt sich, sich mit diesem Gedankengut vertraut zu machen, daß in einer körperlichen oder gemütsmäßigen Erkrankung diejenige Arznei heilsam angezeigt ist, die bei einem gesunden Menschen ähnliche Störungen hervorrufen kann. Wer also zum Beispiel an Schlaflosigkeit mit Herzklopfen leidet, als ob er Kaffee getrunken hätte, wird durch *Coffea* schlafen können; oder wer einen Schnupfen mit milder Tränensekretion und reichlichem, wundmachendem Nasensekret hat, dabei einen rauhen Hals verspürt, dem könnte die Zwiebel *(Allium cepa)* helfen, weil sie beim Gesunden genau die Symptome wie beim Zwiebelschneiden hervorruft.

Die Wirkung des richtigen homöopathischen Arzneimittels setzt *indirekt* ein. Der über die Substanz gegebene Impuls ist wie eine *Information für das Gehirn*, welches daraufhin die Selbstheilungskräfte des Organismus mobilisiert. Eine homöopathische Medizin ist also nicht stark oder schwach, auch nicht gut oder schlecht, sondern es kommt allein auf *die richtige Wellenlänge* für die Resonanz im Körper an. Nur die passende Arznei wirkt. Welche Arznei auf welche Weise wirkt, wird nur durch Sammlung der Symptome bei Gesunden und Kranken in Erfahrung gebracht. Es ist eine Erfahrungsheilkunde, sie kann nie über Tierversuche oder in einem Labor getestet werden.

Der Geist bewegt die Materie

Ein weiteres Grundprinzip von Hahnemanns Lehren betrifft die Einsicht, daß eine Krankheit auf *eine Verstimmung der geistigen, feinstofflichen Lebenskraft* zurückzuführen ist. Ich erinnere an das Kapitel im Thema der Sprache, in dem es um das rechte »Eingestimmt-Sein« ging, um Gesundheit als *Einklang* von Körper, Geist und Seele. Die »Dynamis«, so nannte Samuel Hahnemann die Lebenskraft, ist eine nichtmaterielle Kraft, die in alle Lebensvorgänge des Körpers einwirkt. *Der Geist bewegt die Materie.* Wenn diese geistige Kraft verstimmt ist, braucht es wiederum eine geistige Kraft, in der Homöopathie die potenzierten Mittel, die harmonisierend wirkt.

Der sogenannte »Reiz« oder heilsame Impuls entsteht aus Informationen aus Mineralien, Metallen, Pflanzen, Tieren oder tierischen Produkten. Aus den Preßsäften, beziehungsweise zerkleinerten Urstoffen, werden die homöopathischen Mittel nach einem besonderen, von Samuel Hahnemann genau festgelegten Verfahren hergestellt. Sogar Stoffe, die normalerweise nicht als Arzneien verwendet werden, wie zum Beispiel das Kochsalz, Glas oder Petroleum, rufen eindeutige Erscheinungen hervor.

Es genügen kleinste Dosierungen, ja er fand sogar in seinen Versuchen heraus, daß gerade die feinsten Reize einen stärker heilenden Impuls geben. Es klingt paradox, aber genau das ist es, was Samuel Hahnemann in unglaublicher Akribie herausgefunden hat, je feinstofflicher und potenzierter der Reiz ist, um so intensiver ist die Resonanz in der geistigen Lebenskraft. Und wenn die Lebenskraft wieder im Gleichgewicht ist, dann folgen in gesunder Weise auch die Körperreaktionen. Es ist ein erstaunliches Phänomen, besonders für Kritiker der Homöopathie, daß diese nicht-materiellen Hochpotenzen etwas bewirken, von denen im Labor nach herkömmlichen naturwissenschaftlichen Untersuchungen nur noch die Trägerstoffe, Zucker oder Alkohol, bestätigt werden können.

Thorwald Dethlefsen gab einmal in einem Vortrag eine bildhafte Erklärung für die Hochpotenzen. Er sagte, wenn wir ein Dutzend verschiedene Visitenkarten von Leuten im Labor untersuchen lassen, werden sie alle den Trägerstoff, nämlich Zellulose für Papier und etwas Druckerschwärze für die Schrift, finden. Die wirkliche Information, die unser Gehirn als Namen und Inhalte erfassen kann, werden die labortechnischen Maßnahmen nicht messen können. Die Instanz der Lebenskraft selbst ist es, die die Informationen der homöopathischen

Mittel auf natürlichem Weg versteht und darauf reagieren kann.

Jemand sagte über die Homöopathie, sie sei *heilen mit fast nichts*. Nicht die kleinen Mengen sind das Wesentliche. Die verwendeten Substanzen werden nicht nur verdünnt, sondern zugleich durch ein besonderes Verfahren, durch Verreibung und stufenweise Verschüttelungen zur sogenannten *Potenzierung*, aufgeschlossen. Für eine homöopathische Arzneimittelgabe bedarf es immer des Namens der Substanz und dann einen Buchstaben und eine Zahl, der die Potenzierung, die Dynamisierungsstufe, anzeigt, zum Beispiel Arnica D6. Der Buchstabe D steht für Dezimal-Potenzierung und die Zahl 6 sagt uns, daß dieser Prozeß sechsmal stattfand.

So wie die Radiowellen unsichtbar sind und erst mit Hilfe eines Verstärkers wahrnehmbar werden, so wird auch das passende homöopathische Mittel *im* Menschen wirksam. Das homöopathisch richtig gewählte Medikament, mit der richtigen Wellenlänge oder dem passenden Resonanzimpuls, ist wie *der Schlüssel zum Schloß*. Zu einem bestimmten Schloß paßt nur ein einziger Schlüssel. Zu einem bestimmten Menschen, mit seiner Veranlagung und Vorgeschichte, paßt ebenfalls nur jeweils ein bestimmtes, den Umständen entsprechendes Mittel. Es muß vom Homöopathen sorgfältig ausgewählt werden. Versagt es, war es falsch gewählt, weil der Homöopath sich irrte oder noch nicht genug vom Kranken wußte. In der homöopathischen Fallaufnahme zählt eben nicht nur, daß jemand Husten hat, sondern wie und wann sich der Husten bemerkbar macht, was sich während des Hustens verschlimmert oder bessert. Diese sogenannten Modalitäten sind wichtige Stützen zur richtigen Mittelwahl. Es ist von größter Wichtigkeit, wie sich das *Wesen der Krankheit* zeigt, wie sich der betroffene Mensch in seiner Ganzheit jetzt verändert hat.

Die Annahme, daß ein homöopathisches Mittel überhaupt keinen Schaden anrichten kann, ist falsch. Ein schlecht ausgewähltes Mittel hinterläßt zwar nicht solche Spuren wie eine Hormon- oder Antibiotika-Einnahme, dennoch ist es so, daß mit jedem Mittel Impulse und Reize an die Gehirn-Nervenzentrale gegeben werden. Reizüberflutungen haben zur Folge, daß die Lebenskraft verstimmt wird, und auch das ist nicht das Ziel einer heilenden Resonanztherapie.

Wie jede gesunde Naturheilweise überhaupt, so ist auch die homöopathische eine Ganzheitsbehandlung. Nicht einzelne Symptome oder Krankheiten werden für sich allein behandelt, keine Reparatur einzelner Teile wird vorgenommen wie beim Auto, sondern der Mensch als Ganzes stellt sich um und bekommt auf diese Weise alle seine Symptome zugleich selbst wieder in den Griff. Der ganze Organismus erfährt sozusagen eine *Umschulung* zur Gesundheit. Symptome sind äußere Zeichen einer inneren Störung. Sie können nur durch korrekte Regulation der Lebenskraft von innen heraus wirklich gesunden. Die Gefahr, von außen etwas nach innen hin zu unterdrücken, ist immer wieder enorm groß.

Eine Umschulung zur Gesundheit muß in akuten Fällen nicht lange dauern, sie kann sehr schnell wirken. Chronische Verläufe brauchen allerdings eine längere Zeit, auch wenn Wunder uns die Hoffnungen schenken, daß es immer schnell gehen »könnte«.

Die Heringsche Heilungsregel

Es gibt in der Homöopathie eine sogenannte Heringsche Regel, die auf den richtigen Weg der Heilung hinweist. Demnach verschwinden die Symptome entweder *von innen nach außen* oder *von oben nach unten* oder *in umgekehrter Reihenfolge ihres Auftretens.* Nehmen wir im ersten Fall ein Kind, das einen starken Husten hatte. Wenn der Husten durch ein homöopathisches Mittel besser wird und sich für eine paar Tage kleine Hautpickelchen zeigen, ist das der richtige Weg der Heilung von innen nach außen gewesen. Wenn ein Ekzem mit Salben von außen behandelt wird, der Hautausschlag verschwindet, aber unruhiger Schlaf und nächtliche Hustenattacken bemerkt werden, war das der falsche Weg, nämlich von außen nach innen.

Für das zweite Beispiel nehmen wir einen Mann, der regelmäßig Kopfschmerzen bei geistiger Anstrengung bekommt. Werden diese (natürlich im Gesamtbild des Menschen) mit einem ähnlichsten Mittel behandelt und es zeigt sich Besserung im Kopf und in der psychischen Belastbarkeit, obwohl sich das alte Verdauungsproblem von früher noch einmal zeigt, ist das dennoch im Sinne einer Heilung von oben nach unten als gut zu bewerten.

Im dritten Beispiel könnte eine Frau seit Jahren Herzbeschwerden haben und in letzter Zeit unter zunehmenden rheumatischen Schmerzen in den Kniegelenken leiden. Wenn das homöopathische Mittel zuerst die bessere Beweglichkeit und Schmerzfreiheit in den Gelenken erreicht und dann immer mehr das Herz-Kreislaufsystem stärken kann, war es *das richtige Mittel, in der richtigen Potenz, in der richtigen Dosierung.* Diese drei zuletzt genannten Faktoren sind wichtig.

Die goldene Regel in der Homöopathie bezieht sich

auch auf die Thematik der richtigen Dosierung. Sie besagt, daß der Behandler nicht eingreifen soll, auch wenn es mehr körperliche Symptome als vorher gibt, wenn sich der Patient vom Gemüt her besser fühlt. Ein voreiliges Eingreifen oder zu oft und zuviel eingenommene Mittel stoppen manchmal Heilungsvorgänge oder verderben den ganzen Fall. Jeder von uns hat sein eigenes Tempo an Reaktionen und inneren Korrekturen, das es zu erkennen gilt. Ich erlebe immer wieder staunende Patienten und sogar skeptisch nachfragende, ob das denn alles wäre, wenn ich ihnen zwei kleine Globuli (die sogenannten Zauber- oder Liebesperlchen) in die Hand gebe und sage, das sei die Dosis für die nächsten vier Wochen.

Wenn der Organismus zu schwach ist, homöopathische Impulse zu beantworten, gibt es Grenzen in ihrer Anwendung. Die Homöopathie ersetzt auch keinen Gips, wenn ein Bein gebrochen ist, oder kein Skalpell, wenn es gebraucht wird. Womöglich müssen jene aber nicht so häufig eingesetzt werden.

Mir gefällt an der Homöopathie ganz besonders, daß sie die Individualität des Menschen wahrt und *keine Bewertungen* kennt. Der erkrankte Mensch wird ernstgenommen in dem, was er über sich sagt und wie er es empfindet, klinische Diagnosen zählen nicht in erster Linie. Es gibt keine guten oder schlechten Symptome, keine schönen oder bösen Arzneimittel. Die neutrale Wahrnehmung des Homöopathen ist wichtig, Deutungen und Interpretationen haben keinen Platz.

In einer gründlichen Fallaufnahme sind die *Gemütssymptome* am wichtigsten, dann folgen die *Entstehung* der Symptome (zum Beispiel Verletzungen, Erkältungen, Ärger und ähnliches), dann die *Lokalisationen* (Ort der Symptome oder Schmerzen), dann die *Sensationen* (das

»was und wie« der Symptome) und zuletzt die *Modalitäten* (wann und wodurch werden Symptome besser oder schlimmer).

Wenn jemand erstmals in meine Praxis für eine homöopathische Anamnese kommt, bitte ich ihn, sich vor dem Termin ein paar Minuten Zeit zu nehmen und eine *innere Inventur* zusammenzustellen, eine persönliche Bestandsaufnahme von Kopf bis Fuß, von früher bis jetzt. Es ist dann für mich nach der Begrüßung und ersten Worten schon oft ein wichtiger Hinweis gewesen, ob derjenige mit ein paar DIN A4 Seiten Aufzeichnungen kommt oder mit ein paar Notizen auf einem Fitzelchen Zeitungspapier.

Es gibt über die Homöopathie noch sehr viel Erklärendes oder auch Wunderbares an Beispielen zu sagen. Ich will mit einem Satz dieses nur einführenden Kapitels zu dem Thema Homöopathie schließen, mit einem Satz eines sehr bekannten griechischen Homöopathen namens Georgos Vithoulkas, der Gesundheit in einem für mich sehr stimmigen Satz formulierte:

»Gesundheit ist die Freiheit zu einer uneingeschränkt kreativen, sich und andere beglückenden Lebensgestaltung. So ist Gesundheit die Freiheit von falschen Zielsetzungen, insbesondere von Selbstsucht auf der Geistesebene, eine vollständige Orientierung an den wahren Werten. Sie ist Freiheit von übergroßen Leidenschaften auf der emotionalen Ebene, ein Zustand dynamischer Ausgeglichenheit und heiterer Gelassenheit. Sie ist das Freisein von Unwohlsein und Schmerzen auf der körperlichen Ebene, ein Zustand körperlichen und seelischen Wohlbefindens.«[3]

Therapie-Kombinationen

Allgemeine Anleitungen

Die bisherigen Informationen über Reiki, Aura-Soma, Bach-Blüten und Edelsteine können im Körper lebendig nachvollzogen werden. Dabei dient unser Körper in wunderbarer Weise als der ehrlichste Spiegel, den es gibt. Die Beschreibungen von Kopf bis Fuß sprechen *von* sich und *für* sich.

Die anderen Therapie-Hinweise sind als aufklärende Beschreibungen des Körpergeschehens gedacht. Sie bieten einen Überblick und einen Einstieg. Es sind nicht alle Organe und Körperentsprechungen aufgezählt, sondern nur die Organsysteme mit den wichtigsten symbolischen Analogien. In Verbindung zu den psychischen Entsprechungen bilden sie eine *Brücke* zu den Therapie-Hinweisen, in denen Begriffe, Qualitäten oder innere Haltungen von »Angst bis Zorn« und »Achtsamkeit bis Zielsetzung« beschrieben werden.

Es sind in die heilende Richtung weisende Impulse, mehr als Leitlinien oder Orientierungswege zu sehen denn als genaue Rezepte. Oft erlebe ich mich selbst und andere Mitmenschen und Patienten erst einmal betroffen, wenn körperliche oder seelische Symptome bewußt werden. Womöglich tritt ein Gefühl von Ratlosigkeit oder Ohnmacht auf. Manchmal herrscht dann Chaos, ein *heilloses* Durcheinander von Ideen und Vermutungen, was die Ursache des Schmerzes oder Unglücks sein könnte; oder es geschieht gerade das Gegenteil, daß man sie zu ignorieren versucht und die Bearbeitung verdrängt.

Der sinnvolle Weg in die Heilung ist die *richtige Selbstdiagnose,* eine *aufrichtige und ehrliche Selbsteinschätzung.* Das mag ungewohnt klingen, denn wir haben es nicht gelernt, »uns selbst zu helfen« und uns aus dem Repertoire der Selbstheilungskräfte die richtigen zu wählen. Jeder von uns weiß, wie schnell wir uns in unserem eigenen Netz von verzerrten Wahrnehmungen und Vermutungen verfangen und dann auf fremde Hilfe von außen angewiesen sind, um wieder herauszukommen.

Ein Weg ist es, bei Körpersymptomen das innere Thema zu erspüren. Die physiologischen Funktionen sind so beschrieben, daß die psychischen Entsprechungen leicht erkannt werden können. Es gibt auch vielerlei Hinweise zu den damit verknüpften seelischen Themen, denn diese beinhalten letztendlich die heilsame Lösung – sei es allein über das tiefe Verstehen von Worten und Sprache, sei es durch ein Hilfsmittel wie Edelsteine, Bach-Blüten oder Farbenergien.

Die Zuordnungen sind nur, und das ist ganz bewußt so gestaltet, in den positiven Seeleneigenschaften zu finden. Der Weg in die eigene Gesundheit verläuft durch den Körper und die Organprozesse, begleitet von hemmenden und fördernden Qualitäten, hin zur heilsamen Entwicklung der Seele. Das Verständnis um die Zusammenhänge, die Überwindung und wirkliche Loslösung der schwierigeren Aufgabenstellungen, stärkt die Seele und ermutigt sie, Schritt für Schritt mit Mut und Freude zu gehen. Das Leben ist ja nicht immer nur anstrengend!

Nachfolgend erleichtert eine Aufstellung von *seelischen Stolpersteinen* ihr Erkennen, Umgehen oder Überwinden. Die Erläuterungen enden jeweils mit Hinweisen, wie die *erlösende* Qualität heißen könnte. Selbst das *Suchen nach Hinweisen* ist also schon eine Art des Gesundwerdens, weil die Wegweiser immer in die Richtung zeigen, nicht eine *Hilfe gegen etwas* zu suchen, sondern eine *Unterstützung für etwas* zu finden. Wenn wir Hilfen durch äußere Personen und in der Außenwelt allgemein erwarten, ist die Enttäuschung vorprogrammiert. Ermöglichen wir die heilsame Umkehr in unsere Mitte, quer durch den Körper, hinein in das ganz Dichte, soweit und sooft und solange, bis wir es ebenso lieben wie das lichtvolle Weite.

Zu Beginn will ich *die übergeordnete Sonderstellung von Reiki* betonen. In all den Hinweisen nenne ich keine speziellen Handpositionen, weder bei den Körperorientierungen noch bei den Stolpersteinen und Wegweisern. Mit der universellen Lebenskraft verbunden zu sein, bedeutet, an die wahrhaft unerschöpfliche Energiequelle angeschlossen zu sein. Die Hände dort und dann aufzulegen und Reiki einfließen zu lassen, sollte bei allen Themen ganz oben anstehen, beziehungsweise zur täglichen Selbstverständlichkeit werden, angefangen von gesundheitlicher Vorsorge bis hin zur Schmerzlinderung im akuten Geschehen.

Eine ebensolche übergeordnete Sonderstellung nimmt auch *der Bergkristall* ein. Ich könnte ihn bei jedem körperlichen Thema wie bei jedem seelischen Stolperstein und auch bei jedem Wegweiser nennen. Er ist ein neutraler Lichtspender des mineralischen Reiches, der in alles sein allumfassendes Licht, seine reine Liebe und seine strukturierte Klarheit schenkt.

Seelische Stolpersteine – geistige Fallgruben

Es folgen jetzt Themen, die »innere Haltungen« sein können oder Qualitäten, wie wir sie in uns finden und annähernd durch Worte erfassen. Was zu den Begriffen geschrieben steht, ist nicht als Definition gedacht, sondern eher der Versuch, zu erfassen, was es *auch* ist. Jeder, der Worte wie Feigheit oder Nächstenliebe liest, hat eigene Vorstellungen und Erfahrungen dazu entwickelt. Folgende Erläuterungen laden ein, das Verständnis für diese Qualität zu erweitern und zu vertiefen. Es sind nach alphabetischer Reihenfolge *einige* genannt, es gibt derer noch unzählige, die hier Raum finden könnten.

Abhängigkeit

Jede Abhängigkeit ist ein Versuch des Nehmens ohne die Fähigkeit, wirklich zu empfangen. Es gibt nur eine Abhängigkeit, in die wir hineinwachsen und sie vertiefen sollten - die Abhängigkeit zu Gott. Aus allen anderen Abhängigkeiten sollten wir uns bemühen herauszuwachsen und sie hinter uns zu lassen. Wir sollten nicht das schöne Wort der Symbiose wählen, um einen Deckmantel für Abhängigkeit zu haben. Abhängigkeiten sind »einseitige Symbiosen«. Auch symbiotische Verschmelzungen halten von der Eigenständigkeit der individuellen Seele ab. Wahre Liebe führt aus Abhängigkeiten heraus!

- Hinweise: Entwicklung, Freiheit, Freundschaft, Kommunikation, Selbstbestimmung

Abwehr

Unter einer abwehrenden Haltung verbirgt sich immer ein alter Schmerz. Es ist zwar so, daß uns die Abwehr in der jetzigen Situation vor dem erneuten Schmerz bewahrt, ganz sicher aber hält sie etwas Gutes von uns fern. Abwehren heißt *nicht-einlassen.* Auf körperlicher Ebene ist die Abwehr mancher Sachen lebensnotwendig, auf geistiger Ebene hält Abwehr vom Eins-Sein fern. Verhaltensweisen, die wir im Zusammensein mit uns nahe stehenden Menschen ablehnen, leben wir unbewußt selbst aus, denn alle anderen sind uns nur ein Spiegel unseres Selbst. Der Mensch ist sich oft selbst sein größter Feind. Alle Kontrollmaßnahmen sind auf Abwehr gerichtet und fördern seelischen Schmerz.

Abwehr und Abneigungen sind ein Mangel an innerem Licht und Verständnis für das Einssein. Wenn das geistige Herz von göttlichem Licht und wahrer Liebe erfüllt ist, ist jeder Schatten aufgelöst. Seneca sagte: »Gib Dir Mühe, dahin zu kommen, daß Du gar nichts wider Willen tust. Alles, was kommt, ist notwendig. Zwang gibt es nur für den, der widerstrebt, nicht für den willigen.«

- Hinweise: Achtsamkeit, Annehmen, Beziehungsfähigkeit, Ehrlichkeit, Erlösung, Transformation, Vergebung

Ärger

Ärger ist ein Deckmantel für ein anderes Gefühl. Es könnte Traurigkeit, Verlust, Kränkung, Zurückweisung, Enttäuschung oder ähnliches darunter versteckt sein. Bevor wir uns unsere Hilflosigkeit für die Situation eingestehen, gehen wir in die aktive Projektion auf etwas oder jemanden. Auffallend an jedem Ärger, den wir gegenüber anderen Menschen haben, ist, daß wir uns im Recht fühlen. Unter jedem Groll und Ärger liegen Schuldgefühle, und wenn wir uns ärgern, projizieren wir in einen anderen genau das, weswegen wir uns selbst auf unbewußter Ebene schuldig fühlen. Ärger offenbart starke Empfindungen, die aus Verdruß, Feindseligkeit, Groll, Wut, Zorn und Raserei entstehen. Der Energieverlust setzt die Widerstandsfähigkeit gegen Krankheit herab, jeder Groll schadet uns selbst und wirkt energiezehrend in jeder Beziehung.

- Hinweise: Ehrlichkeit, Erkenntnis, Loslassen, Wandel

Angst

Angst entsteht aus Mangel an Verbundenheit, es ist eines der am schwierigsten zu überwindenden Gefühle. In der Angst zieht sich alles zusammen, und man ist unfähig, auf natürliche Weise frei zu handeln. Wenn wir erst einmal Angst haben, ziehen wir wie ein Magnet genau die Situationen an, die uns ängstigen. Angst ist gleichbedeutend mit einer Anziehung für das, was wir nicht wollen. Angst kann auch bedeuten, daß man sich instinktiv von etwas zurückzieht, was einem körperlich schaden würde. Jene Angst kann in eine gesunde Form der Vorsicht hineinwachsen. Alle ängstlichen Kontrollmechanismen sollen bewirken, daß wir uns selbst schützen. Dennoch bewahrt und erweitert die Kontrolle unsere Angst, daß »andere« uns Schmerzen zufügen könnten. Angst verleitet häufig zu Flucht und Rückzug aus der Situation oder zu übertriebener Angriffs- und Kampfeshaltung. Wenn wir das jetzige Gefühl der Angst in die Zukunft weitertragen, wird sie zur Furcht. Unsere größte Furcht scheint die Furcht vor dem Glück zu sein, die Furcht davor, Gott wirklich in uns zu finden und die totale Hingabe leben zu müssen.

Verständnis um die Zusammenhänge der Dinge und Mut, um zu helfen, Angst zu überwinden. Schöpferische Lebenskraft überwindet Angst-Hürden.

Angst wird nicht von äußeren Faktoren ausgelöst, sondern beginnt *in uns* selbst. Sie hat ihre Wurzeln in unserem Geist, in unseren aggressiven Vorstellungen.

- Hinweise: Achtsamkeit, Ehrlichkeit, Erfahrung, Entwicklung, Kreativität, Mut, Realitätsgestaltung, Vertrauen

Eifersucht

Eifersucht kann ungestillter Hunger sein. In der irreführenden Erwartung, daß unser Partner dazu da ist, unsere alten und neuen Bedürfnisse zu stillen, entwickeln wir Eifersucht als einen Versuch emotionaler Erpressung. Eifersucht hat den schalen Geschmack, um die Gunst von jemanden wettzueifern, und der Verdacht liegt nahe, daß der Eifersüchtige Angst hat, zu verlieren. Besitzergreifende Liebe ist falsch verstandene Liebe. Eine seltsam herunterziehende Eigenschaft der Eifersucht ist es, daß sie uns dazu bringt, unserem Partner etwas zu unterstellen, das wir selbst in einer vergleichbaren Situation leben könnten. Liebe und Großzügigkeit überwinden Eifersucht.

- Hinweise: Aufrichtigkeit, Beziehungsfähigkeit, Gerechtigkeit, Liebe, Vertrauen, Wertschätzung

Enttäuschungen

Enttäuschungen sind erste Schritte auf dem Weg zur Befreiung. Sie machen uns deutlich, daß unsere Erwartungen und Vorstellungen vom Leben nicht stimmten und gerade jetzt wichtige Korrekturen unserer Sichtweisen geschehen. Die »Täuschung« wird aufgehoben. Gefahr liegt darin, den Schmerz oder Kummer aus einer Enttäuschung festzuhalten, hart zu werden und sich dem Lebensfluß entgegenzustellen. Mark Twain sagte: Enttäuschungen sollte man verbrennen, nicht einbalsamieren. Enttäuschungen zeigen uns, daß wir nur Bruchstücke einer Wahrheit erkannt haben, sie sind Anzeichen eines Verständnismangels. Steckt hinter einer Enttäuschung vielleicht der Schmerz eines verlorenen Konkurrenzkampfes? Wollten wir eine Vorherrschaft über etwas oder jemanden, die uns nicht zusteht?

- Hinweise: Ehrlichkeit, Dankbarkeit, Loslassen, Trost, Wahrheit

Erwartungen

Erwartungen bedeuten einerseits Einschränkungen und andererseits Ansprüche. Wenn wir das Beste in unseren Beziehungen wollen und es auch erwarten, sollten wir unser Bestes in die Beziehungen einbringen. Ohne spezielle Erwartungen wird vieles zum Geschenk, mit Erwartungen lauern Enttäuschungen. Erwartungen bringen Belastungen mit sich und verhindern Erfahrungen im Hier und Jetzt. Die Qualität Erwartung verbirgt viel Zweideutiges, ein Satz von Sam Hazo drückt das so aus: »Erwarte alles, und alles scheint nichts zu sein. Erwarte nichts, und irgend etwas scheint alles zu sein.« Das, was wir von anderen erwarten, ist genau das, was wir ihnen selbst *nicht* geben.

Erwartungen lassen uns keinen Moment zur Ruhe kommen, weil sie dazu führen, daß uns nichts zufriedenstellt, es ist ein Mangel an Zufriedenheit und ein Drang nach Perfektionismus.

- Hinweise: Dankbarkeit, Erkenntnis, Finden, Geben, Loslassen, Vertrauen, Wahrheit

Falschheit

Verheimlichung und Verdrehung der Tatsachen nähren Falschheit. Das Wesen der Falschheit ist der intensive Wunsch, etwas zu verbergen oder zu verheimlichen, etwas zu »seinen Gunsten« darzustellen. Genau dieser Wunsch nach anderer Menschen Gunst wird zur selbstgebauten Fallgrube. Falschheit wurzelt in Angst. Lügen schaffen Distanz, Wahrheit schafft Nähe. Hier ist die Umkehr wahrhaft *notwendig*.

- Hinweise: Aufrichtigkeit, Ehrlichkeit, Wahrheit

Feigheit

Feigheit ist ein bewußtes Einschränken der Lebensenergie, eine fehlende Bereitschaft, am Leben teilzunehmen, aus Angst davor, physisch oder emotional verletzt zu werden. Mut, Zivilcourage und schöpferische Lebenskraft überwinden sie. Es gibt die verschiedensten Formen, wie sich Feigheit ausdrücken kann, sie kann sich hinter Hysterie und unkontrollierten Gefühlsausbrüchen ebenso verbergen wie hinter einer stoisch aufgesetzten Gelassenheit oder einem demonstrativen Gleichmut.

- Hinweise: Dienen, Hingabe, Mut, Vertrauen

Gier

Gierige Menschen überlassen den ich-bezogenen und habgierigen Wesensanteilen Raum und leben ein ausgeprägtes Verlangen nach Besitz, Reichtum und Macht. Der Haken daran ist, daß ihre Wahrnehmungen an Äußerlichkeiten orientiert sind. Wer die Fülle und den Überfluß der inneren Kraftquellen erfahren hat, wer den inneren Reichtum erkennt, wird von der äußerlichen Gier leicht loslassen können. Wir können dem Wesensanteil, der unsere Gier verkörpert, unsere innere Großzügigkeit vorstellen. Wenn sich diese beiden Qualitäten verbinden, wird aus Neugier Interesse; aus Habgier ein Hunger, der sich sättigen läßt. Im Bewußtsein unseres Erwachsenseins können wir alte, prägende Erfahrungen freilassen, in denen wir anscheinend *nicht genug* bekamen. Wir müssen diese schweren Lasten nicht ewig mit uns schleppen.

- Hinweise: Erfüllung, Liebe, Gelassenheit, Güte, Verstehen

Herrschsucht

Je mehr wir versuchen, unsere Mitmenschen zu beherrschen und zu kontrollieren, um so mehr nehmen wir ihnen - und damit uns selbst - ihre individuelle Attraktivität, solange bis sie für uns reizlos und langweilig werden und sich unsere Herrschsucht als Dummheit gegen uns selbst erweist. Je mehr wir uns an etwas festklammern, um es besitzen zu wollen, um so mehr verlieren wir es. Nur das, was wir loslassen, bleibt bei uns, so widersprüchlich das auch klingen mag. Das, was wir im Leben vermissen und unbedingt haben wollen, ist das, was wir kontrollieren und beherrschen wollen. Das Bestreben, Kontrolle ausüben zu wollen, steht dem Erfolg im Weg. Das Bedürfnis zur Herrschsucht und Dominanz gründet sich auf Angst. Die beiden häufigsten Wege aus der Angst sind entweder Flucht oder, wie in der Dominanz, der Angriff. Wer versucht, in bestimmten Situationen die Führung an sich zu reißen, bevor irgend jemand anders reagieren kann, handelt meistens aus Angst. Es gibt ein ewiges, alltägliches Spiel, das heißt: Wer nimmt zuerst wieviel Raum? Ohne Liebe gespielt, kann das zu einem grausigen Spiel werden, mit Liebe wird es ein Ab-und-Zu-geben sein, aus dem alle Spieler als Gewinner nach Hause gehen.

- Hinweise: Achtsamkeit, Anpassung, Balance, Dankbarkeit, Erfolg, Führung, Toleranz, Umsicht, Verantwortung

Ignoranz

Ignoranz ist wirklich ein großer Stolperstein auf unserem Lebensweg. Menschen, die wir ignorieren wollen, weil wir sie wenig schätzen, zeigen uns, was wir *in uns* selbst zurückhalten. Sie sind wie Schattenfiguren, deren Größe sich je nach Lichteinfall verändert. Der Schatten eines Zwerges kann, je nachdem aus welchem Blickwinkel wir schauen, zu einem riesigen werden. Wenn wir diese Hinweise jetzt ignorieren, werden wir später mehr zu tun haben. Alles, was wir an unseren Eltern, denn sie spiegeln einen unbewußten Teil unserer Projektionen, zurückweisen oder ignorieren, werden wir im Verhalten eines Partners, unserer Kinder oder einem anderen nahestehenden Menschen wiederfinden.

- Hinweise: Achtsamkeit, Beziehungsfähigkeit, Erkenntnis, Frieden, Nächstenliebe, Sensibilität

Isolation

Isolation und Einsamkeit sind die Folgen unserer Versuche, zu beweisen, daß wir etwas Besonderes sind. Mit der Abwendung und Absonderung von anderen nehmen wir uns heilsame, liebevolle Nähe. Keiner von uns ist einsam, ohne daß wir es auf einer tiefen Ebene in uns wollen. Isolation ist wie ein selbst gewähltes Gefängnis. Wahrheit holt uns aus der Isolation heraus. Berührungen lösen Gefühle der Isolation auf, Berührungen bestätigen, stärken und heilen. Es kann einmal »etwas«, zum Beispiel ein Geschehnis oder eine Situation, sein, von dem wir uns berühren lassen, oder ein Mensch, der uns wirklich durch seine Nähe, seine Wärme berührt und uns an die verdrängten Gefühle heranführt. Jede Wohltat, die wir jemandem anderen erweisen, holt uns aus der Isolation heraus und segnet uns. Ein nigerianisches Sprichwort besagt: Du kannst die Tränen eines anderen nicht trocknen, ohne selbst nasse Hände zu bekommen. Wenn wir uns vor Berührungen und eventuell damit verbundenen Schmerzen isolieren wollen, vermeiden wir heilsame Kontakte.

- Hinweise: Befreiung, Erkenntnis, Mitgefühl, Transformation, Verbundenheit, Wahrheit

Kopflastigkeit

Allzu oft wollen wir auf einer mentalen Ebene unsere Alltags- und Beziehungskonflikte heilen. Wenn die meisten Konflikte eine Form des Mißverständnisses sind, liegt die Überwindung und Lösung in der Kommunikation, im Austausch darüber, welche Empfindungen auf beiden Seiten da waren. Damit sind alle Gefühle gemeint, nicht nur die im Kopf, sondern auch im Herzen und im Bauch. In unserem Kopf spielt sich das Rechthaben ab. Wenn wir in einer Situation nicht weiterkommen, ist es hilfreich zu überprüfen, ob wir die Tür der Offenheit durch unsere Bewertung und die Überzeugung, im Recht zu sein, zugeschlagen haben. Recht zu haben, das ist nichts als eine Methode, mit der man verbergen kann, wie sehr man im Inneren das eigene Unrecht fühlt. Das »im Kopf im Recht sein« verhindert das »im Herzen im Glück sein«.

Wenn sich unser »Mentalkarussell« zu schnell oder zu lange dreht, tut es wohl, uns unserer Verwurzelung über die Füße bewußt zu werden, damit eine heilsame Ausbalancierung stattfindet.

- Hinweise: Balance, Erkenntnis, Intuition, Kommunikation, Offenheit, Stabilität, Vertrauen

Langeweile

Wer Langeweile hat, setzt seine Lebenskräfte nicht wirklich ein. Wer im Lebensstrom mitschwimmt, in Höhen und Tiefen hineingetragen wird, wer das Risiko nicht scheut, dem wird Langeweile fremd sein. Meistens wird im Inneren etwas Emotionales zurückgedrängt, das Reizvolle im Leben hat vielleicht schmerzliche Spuren hinterlassen und man will es jetzt nicht verarbeiten. Wer seinen Fähigkeiten vertraut, wer wirklich dient und sich seinen Lebensaufgaben hingibt, der freut sich über sogenannte Verschnaufpausen, über Ruheplätze, die er zu genießen weiß, denn diese sind etwas Grundverschiedenes zur Langeweile.

- Hinweise: Dienen, Kreativität, Lebensaufgabe, Verantwortung, Vitalität, Zielsetzung

Machtkämpfe

Unter jedem Machtkampf verbirgt sich ein seelischer Schmerz, liegt ein alter Kummer verborgen. In solchen heftigen Auseinandersetzungen spielt unser Gegenüber einen Teil von uns selbst, den wir vernachlässigt haben, den wir von uns gewiesen haben oder der uns zu verletzen drohte. Integration des Gegners, als einem Teil von sich selbst, ist die Lösung. Kummer und Leid können Stufen von Machtkämpfen sein, sie dienen der Erpressung mit Hilfe des Gefühls. Wir kämpfen und wollen dadurch verhindern, ein weiteres Mal verletzt zu werden - dabei verletzen wir nicht nur andere, sondern auch uns selbst.

Wir kämpfen nur gegen das, was wir zu sein glauben. Niemand hat Macht über uns, wenn wir selbst ihm diese Macht nicht gegeben oder erlaubt hätten. Was wir bekämpfen, bekommt dadurch erst recht Bestand, wir verleihen ihm damit zusätzliche Kraft und Macht.

Es gibt eine gesunde und faire Form von Konkurrenz, die einander beleben kann. Kommen Energien von Wettstreit und Rivalität ins Spiel, kippt das Kräfteverhältnis und rutscht ins Unfaire. Stellen wir uns bildhaft vor, ein Traktor kämpft mit einem Sumpf. Wenn der Traktor mehr und mehr Kraft anwendet, wird der Sumpf immer sumpfiger. Wer gewinnt da wohl? Solange wir nicht anerkennen und wertzuschätzen wissen, daß jeder von uns über seine Stärken und Schwächen verfügt, treten wir auf der Stelle und kommen keinen Schritt auf dem Heilungsweg weiter. Das gesunde Miteinander besteht nicht darin, die Schwächen des anderen auszunutzen oder zu benutzen.

Im Tao-te-king steht über das Geheimnis der Macht folgendes: »Wachsen lassen, nicht besitzen - beschützen, nicht beherrschen - führen, nicht benützen.«

- Hinweise: Erlösung, Erkenntnis, Kommunikation, Wertschätzung

Minderwertigkeitsgefühle

Wenn wir uns nicht selbst lieben, vermitteln wir den anderen die Botschaft: Ich bin es nicht wert, geliebt zu werden. Das, was wir ausstrahlen, ziehen wir magnetisch an. Oft geraten wir so in den Teufelskreis, uns mehr und mehr minderwertig zu fühlen. Dadurch verleugnen wir unser Höheres Selbst, das im Kontakt mit dem Höchsten ist. Je mehr du dich selbst liebst, um so mehr wirst du erkennen, daß du geliebt wirst. Durch Minderwertigkeitsgefühle geraten wir manchmal in eine Helferrolle, um uns dem zu Betreuenden gegenüber *etwas* überlegener zu fühlen. Dieser versteckt falschen Bewertung gehen wir - wie dürfte es anders sein - leider selbst auf den Leim.

Menschen, die sich unterlegen fühlen, teilen oft harte, destruktive Kritik aus und vertragen selbst keine. Minderwertigkeitsgefühle wurzeln in dem Urteil, daß ich selbst schlechter bin als andere. Schuldgefühl ist die Schwester des Minderwertigkeitsgefühls. Ein Urteil, das wir über andere denken oder sprechen, ist immer ein zweischneidiges Schwert, mit dem wir nicht nur den anderen, sondern auch uns selbst angreifen und verletzen. Übermäßig schweres Arbeiten und »nie ruhen können« ist so manchmal ein Ausgleich für solche unguten Gefühle. Wenn wir in der Gegenwart zuviel tun, haben wir Vergangenes noch nicht losgelassen.

- Hinweise: Erfüllung, Erlösung, Reichtum, Selbstannahme, Selbstvertrauen, Wahrheit

Opfer

Die Opferbereitschaft zeigt falsch verstandene Liebe und hängt mit dem Verlangen zu geben zusammen, sie verbirgt aber oft einen verdeckten Anspruch. Wenn wir uns dessen nicht bewußt werden, daß wir *nur das geben* können, was wir selbst vorher *empfangen* haben, werden wir leer, unecht und auch unfair, weil das Gegenüber kein »Opfer« von uns will, sondern wahre Liebe. Indem wir uns in die Opferrolle begeben, wagen wir einen versteckten Angriff - womöglich weil wir keinen besseren Weg wissen, um etwas zu erreichen und unser Gegenüber zu einer Handlung aufzufordern. Oder wir benutzen die Opferrolle als eine Wahlmöglichkeit, wenn wir Leid ertragen wollen. Opfern ist eine Form von falsch verstandener Helferrolle. Indem wir uns um andere kümmern, fühlen wir uns überlegen - das ist leider nur eine scheinbare Überlegenheit und entbehrt jeder Wahrheit.

Jemanden zu segnen, ist das Gegenmittel zur Selbstaufopferung, denn segnen geschieht nur aus der Kraft des Höheren Selbstes.

- Hinweise: Dienen, Ehrlichkeit, Erfüllung, Liebe, Nächstenliebe

Resignation

Resignation und Niedergeschlagenheit sind Energieleere, unverdauter und unverstandener Schmerz, Vertrauensmangel, gepaart mit der Angst vor dem Vorangehen. Resignation ist das Verhindern-Wollen, daß ein einmal gespürter Schmerz wieder auftreten könnte. Erstarrung als Abwehrmaßnahme und die Weigerung voranzuschreiten vertiefen Resignation und Depression, dabei könnten das Chancen zur Neugeburt werden. Resignieren bedeutet ein »Aufgeben« mit der Ablehnung, Kraft für Lösungen aufzunehmen. Die heilsame Umkehr bedeutet ein »Hingeben« mit der Bereitschaft, sich für neue Entwicklungen zu öffnen. Es mag sein, daß diese Entwicklung ganz anders aussieht, als man sich das zuvor wünschte. Resignation bedeutet, am Ende einer Sackgasse angekommen zu sein und stehenbleiben zu *wollen*.

- Hinweise: Flexibilität, Hingabe, Hoffnung, Neuanfang, Reorientierung, Zuversicht

Rivalitäten

Rivalitäten in unseren Berufen und Partnerschaften haben ihre Wurzeln in den Familien, in denen wir aufgewachsen sind. In jenem Gefüge können unterschwellige Konkurrenzkämpfe um die Liebe der Eltern gegenüber Geschwistern oder um die Aufmerksamkeit eines Elternteils beginnen. Dort haben sich unsere Persönlichkeitsstrukturen geformt. Wenn wir es schaffen, mit unserem Konkurrenten *eins* zu werden, verschwinden alle Widerstände, und es gibt keine Angriffspunkte mehr. Es gibt nicht wirklich »Gegner« oder »Rivalen«, letztendlich sind sie nur »Spielkameraden« auf dem großen Übungsfeld Leben. Je erfolgreicher mein Verbündeter ist, um so erfolgreicher bin auch ich. Ähnliche Sichtweisen sind im Thema der Herrschsucht und in den Machtkämpfen erwähnt.

- Hinweise: Erkenntnis, Erlösung, Mitgefühl, Nächstenliebe, Verbundenheit

Schmerz

Schmerzen und Leiden sind wie das Salz - Salz war Sinnbild des göttlichen Bundes, Salz verzögert das Verderben des Fleisches (aus Parabeln aus dem Talmud). Sie sind für etwas »gut«, denn Schmerz entsteht durch fehlendes Verstehen. Wenn wir uns gegen ein Gefühl sträuben, beginnt der Schmerz. Er ist ein ernstzunehmendes Warnsignal; es bringt uns wenig, wenn wir das rot aufleuchtende Warnlämpchen herausnehmen oder übersehen wollen, die Ursache ist damit nicht behoben. *Schmerz im Leben ist unvermeidbar, Leiden aber ist wählbar.* Niemand befiehlt uns, im Schmerz stehenzubleiben - außer wir selbst. Ein gefühlter Schmerz veranlaßt uns manchmal, eine oder mehrere innere Türen zuzuschlagen, sie gar zuzuschließen aus Angst, diesem Schmerz nochmals zu begegnen. Den Schlüssel bewahren wir in unserem Herzen und wundern uns dann, wenn es uns nicht gelingt, die Tür allein an der Türklinke zu öffnen. Jeder Schmerz läßt sich auf zu starke Anhänglichkeit zurückführen. Wenn wir unsere abweisende Einstellung zum Schmerz auflösen, kann Schmerz ein wunderbarer Lehrer sein, den wir weder unterdrücken noch vor ihm weglaufen sollten. Wir verstehen und lösen Schmerz am einfachsten, indem wir ihn annehmen und hindurchgehen. »Der einzige Weg hinaus, ist der Weg mittendurch.«

- Hinweise: Achtsamkeit, Annehmen, Loslassen, Offenheit, Verstehen, Wandel

Schuld

Hinter Schuldgefühlen verbirgt sich immer Angst. Schuldgefühle veranlassen uns zum Rückzug oder aggressivem Verhalten. Wegen eines in der Vergangenheit gemachten Fehlers halten wir an der gefühlsmäßigen Prägung fest und ängstigen uns vor einer Wiederholung. Schuld ist wie ein Super-Klebstoff des Lebens, der geradezu alles anhaften läßt und Auflösung oder Erlösung verhindert. Schuldgefühle und schlechtes Gewissen halten uns von der wahren Liebe und den Menschen, die uns diese schenken wollen, fern. Wenn ich für meine Taten einstehe und meine Verantwortlichkeit trage, oder genauer ertrage, wenn ich mir selbst vergebe, löst sich Schuld auf. Schuld ist eine verhängnisvolle Bewertung, eine falsche Bewertung, die nichts erleichtert oder vorankommen läßt.

Schuld ist eine Falle, in die uns das Ego lockt, um uns unsere Energien zu rauben und uns von anderen zu trennen. Jedes Urteil, das wir über einen anderen fällen, ist ein Urteil über uns selbst. Schuldgefühle hemmen Entwicklungen und blockieren das Empfangen. Niemand kann uns dazu bringen, Schuld zu empfinden, wenn sie nicht schon irgendwo in unserem Inneren vorhanden ist. Wann immer wir jemanden als wirklich unschuldig erkennen, befreien wir uns selbst. Schuldgefühle verstärken genau das, was wir zu vermeiden suchten.

- Hinweise: Annehmen, Erkenntnis, Verantwortung, Vergebung, Vertrauen

Schutz

Schutz und Sicherheit sind sehr paradoxe Begriffe. Wenn wir das Eins-Sein richtig verstehen und leben, gibt es letztendlich nichts, vor dem wir uns schützen sollten oder in Sicherheit bringen müssen. Es gibt eine gesunde

Form des Schutzes und der Sicherheit; zum Beispiel ist unsere Haut auf körperlicher Ebene ein wirkungsvoller Schutz, oder unsere Licht-Aura ist ein feinstofflicher Schutz unseres Energiefeldes. Unsere Wohnung oder unser Haus ist ein »bedingter« Schutz, wenn wir uns darin nur vor den alltäglichen Herausforderungen verstecken. Ein Segelschiff ist nur im Hafen sicher, aber dafür ist es nicht gebaut.

Sicherheit, wie wir sie so oft in äußerlichem Schutz suchen, ist ein recht schwammiger Begriff. Unsere realistischen Erfahrungen lehren uns, daß Vergänglichkeit mit keiner »Versicherung« aufzuhalten ist. Was wir außerhalb von uns selbst erhalten wollen, ist unmöglich im Sinne des Wandels und der Entwicklung und der natürlichen Veränderungen.

Der beste Schutz ist das rechte Handeln zur rechten Zeit. Wenn wir mit aller Achtsamkeit ganz im Hier und Jetzt leben, dann sind wir im Kontakt mit der Kraft und mit den Lebenssituationen, die wir jetzt gerade meistern können. Der beste Schutz wurzelt in unserem Selbstvertrauen, in der unerschöpflichen Quelle des Vertrauens und der Aufgeschlossenheit gegenüber unserer inneren Führung durch das Höhere Selbst. Da es sich um feinstoffliche, geistige Kräfte handelt, wirken unsere vielseitigen »Haftpflichtversicherungen« hier nicht. Menschliche Wärme und liebevolle Geborgenheit sind wohl die wesentlichen, weil im Inneren von uns Menschen vorhandenen Schutz- und Sicherheitsquellen.

- Hinweise: Achtsamkeit, Entwicklung, Kreativität, Realitätsgestaltung, Regeneration, Versorgung, Selbstvertrauen

Selbsttäuschung

Was wir sehen, ist eine Projektion unserer Gedanken. Wir sehen das, was wir wollen. Wir täuschen uns so oft im vermeintlichen Glauben, daß sie die einzig richtige Wahrheit sei. Selbsttäuschungen und Fantasievorstellungen geben keine echten Befriedigungen, weil sie keine der Voraussetzungen für Veränderungen in unseren Leben schaffen. Wir werden keine Erleichterung in unseren Selbsttäuschungen finden, weil die wahre Erleichterung im Voranschreiten liegt. Wann immer wir glauben, jemand nutze uns aus, dann benutzen wir jemanden dazu, uns selbst zu behindern. Nur allzu oft stellen wir uns selbst ein Bein und beschuldigen »den anderen« - das ist wahrhaft Selbsttäuschung. Sie behindert uns am wirklichen Vorwärtsgehen. Eine arabische Spruchweisheit sagt: »Wenn einer schlecht fährt, schiebt er die Schuld auf das Pflaster.«

Wie oft kommt es wohl vor, daß wir in unserer Wahrnehmung und Sicht getäuscht sind und die Lösung auf einer bestimmten Ebene suchen, wo sie nicht gefunden werden kann, weil sie auf dieser Ebene nicht ist.

- Hinweise: Aufrichtigkeit, Ehrlichkeit, Entwicklung, Hingabe, Lernfähigkeit, Vertrauen, Wahrheit

Suchtverhalten

Die Begriffe Sucht und Suche sind eng miteinander verbunden. Wenn wir in ein Suchtverhalten hineingerutscht sind, dann sind wir auf einer inneren Suche nach etwas. Allerdings suchen wir auf einer äußerlichen Ebene, wo wir die Antwort oder Lösung nicht finden werden. Sucht ist eine Suche auf der falschen Ebene. In der Eß-Sucht werde ich den inneren Hunger nicht mit Süßigkeiten oder anderen Lebensmitteln ersetzen können, in der Sucht nach Anerkennung werde ich die Bestätigung nicht darin finden, mehr und mehr zu arbeiten. Ähnlich ist es bei Drogen, Zigaretten, Alkohol zu sehen, all das sind nur kurzfristige Aufputscher, die den Absturz erst recht forcieren, denn die dauerhafte und echte Befriedigung liegt woanders, als wir zunächst glaubten.

Zur Umkehr oder beginnenden Heilung müssen wir unser Suchen nach innen, in Richtung auf das Höhere Selbst verlagern. Dort müssen wir nicht mehr suchen, sondern können *finden*. Mit der inneren Achtsamkeit finden wir in uns selbst, was wir wirklich in Handlungen und anderen Menschen gesucht haben – die Anerkennung unseres Selbstes, Geborgenheit, Angenommensein und Liebe.

- Hinweise: Achtsamkeit, Annehmen, Ehrlichkeit, Erfüllung, Erkenntnis, Finden, Neuanfang, Neuorientierung, Transformation

Stolz

Ein Sufi-Spruch sagt: Unwissenheit ist Stolz und Stolz ist Unwissenheit. Stolz ist gesund, wenn er aus dem Wettkampf mit sich selbst und seinem Ego resultiert. Selbstachtung und Selbstrespekt sind Facetten des Stolzes. Unerfreulicher Stolz bringt Begleiterscheinungen wie Eitelkeit, Verachtung, Hochmut oder gar Arroganz mit sich. Wenn wir stolz darauf sind, ein Held zu sein, muß es auch einen Besiegten oder Halunken geben. Wer nimmt wohl die Bewertung vor, wer was ist?

Wenn wir aus unserem Stolz heraus andere als schlecht beurteilen, treten wir innerlich in einen Machtkampf mit ihnen. Es ist ein Angriff auf deren Selbst, auch wenn es nur in Gedanken geschieht. Wenn unser verletzter Stolz zur Kränkung wuchert, schwelen Gedanken der Rache in uns. Auch das sind energieraubende Phasen, die uns am Voranschreiten der Seele hindern.

Stolz kann zu Abgehobenheit und Selbstisolierung werden. Im Stolz-Heilungsprozeß stärken wir unser Selbst und können in angemessener Souveränität handeln, ohne dabei ein tiefes Verbundenheitsgefühl zu den anderen zu verlieren.

- Hinweise: Balance, Dankbarkeit, Dienen, Erfolg, Loyalität, Nächstenliebe, Toleranz

Trennung

Trennungen und Abschiede an sich, als eine gesunde Form des Loslösens, gehören zu unserem Alltag wie der Tod zum Leben. Sobald etwas beginnt, ist das Ende vorprogrammiert. Menschliche Trennungen gibt es nur dort, wo ein Konkurrenzkampf herrscht. Der Trennung liegt ein Mangel an Kontakt zugrunde, der wiederum führt zu Erstarrung und Kälte. *Die Mutter aller Konflikte ist die Illusion, von etwas getrennt zu sein.* Die beiden Uferseiten ein und desselben Flusses sind nicht wirklich getrennt, sie verbindet in Wahrheit etwas. Laßt uns Brücken bauen und Verbindungen schaffen, laßt das Vereinende der Liebe zu. Wenn Trennendes im Mittelpunkt jedes Konflikts liegt, dann ist das Vereinigende das Heilsame. Unser Ego will uns von der Einheit trennen, es hortet alles für sich allein, will mehr als andere und führt uns zu vielerlei Bedürfnissen, die wir nicht empfinden würden, wären wir eins mit anderen und spürten die Zusammenarbeit und Verbundenheit. Das Ego ist eine Form der Trennung und Abspaltung, die die wirkliche Einheit zu verhindern sucht.

- Hinweise: Entwicklung, Geduld, Liebe, Loslassen, Kommunikation, Verbundenheit, Vergebung

Unzufriedenheit

Wenn wir mit unserem Leben unzufrieden sind, weil wir uns zurückgewiesen fühlen, dann waren wir vorher diejenigen, die andere von uns gestoßen haben.

Klagen und Beschwerden, die uns unzufrieden machen, sind direkte Angriffe auf unser Selbst. Wenn wir unzufrieden sind, weil unsere Bedürfnisse nicht erfüllt werden oder weil wir auf unüberwindbare Widerstände zu stoßen scheinen, dann sollten wir unsere Bereitschaft zum Empfangen anschauen. Bedürfnisse kommen aus unserem Inneren und sind oft Täuschungen. Es sind Dinge, die wir zu brauchen glauben, wenn wir unser wahres Inneres noch nicht erkennen oder akzeptieren.

Wenn wir unsere Unzufriedenheit beklagen und Mißstände bejammern, ist das als eine arrogante Form von Minderwertigkeitsgefühlen zu sehen. Die Klagen können durch die Überheblichkeitsempfindung kommen, nicht genügend Macht und Einfluß zu besitzen. Wenn wir uns mehr und mehr Anerkennung und Wertschätzung uns selbst gegenüber erlauben, werden wir uns selbst wandeln und dadurch auch unsere Mitmenschen im Verhalten uns gegenüber.

- Hinweise: Annehmen, Erfüllung, Dankbarkeit, Frieden, Harmonie, Reichtum, Wertschätzung

Verdrängung

Was ich verdränge, ist zunächst von der Ebene des Wachbewußtseins und der Handlungsbildfläche weg, es wird entweder durch mich selbst, in mir oder durch andere wieder auftauchen. In unserem Inneren sind alle Konflikte dieser Welt vorhanden. Leider sind wir nur in der Lage, uns zu einem bestimmten Zeitpunkt mit einer beschränkten Anzahl auseinanderzusetzen. Die restlichen werden zu einem späteren, der Energie und Situation entsprechenden Zeitpunkt auftauchen, bis dahin bleiben sie verdrängt. Aus dieser Sicht könnten wir dankbar dafür sein, wenn sich ein »neuer« Konflikt entzündet, weil er die Chance bietet, etwas Verdrängtes zu erlösen.

Solange wir unsere wirklichen Gefühle verdrängen, verhindern wir unsere Heilung. Unsere Gefühle wirklich zu fühlen, ist eine grundlegende Form der Heilung, des Loslassens und des Vorangehens. Es ist der Schlüssel, der uns das Leben genießen läßt.

- Hinweise: Ehrlichkeit, Erkenntnis, Erlösung, Freiheit, Dankbarkeit, Friede, Liebe, Vertrauen, Wahrheit

Verunsicherung

Der Wunsch nach Sicherheit und das Gefühl der Unsicherheit sind dasselbe.

Wenn wir uns unsicher fühlen, neigen wir dazu, uns

in jeder kleinen Angelegenheit zu verteidigen. Wahrheit bedarf keiner Verteidigung. Verunsicherung bedeutet einen Mangel an Selbstvertrauen. Vertrauen kennt keine Voreingenommenheit, es ist ein Sprung ins Unbekannte. Je sicherer und stabiler wir in uns selbst ruhen, um so gelassener werden wir die Anforderungen und »Chancen« des Alltags wahrnehmen und ausbalancieren können. Sicherheit ist im Prinzip widersprüchlich, der Preis für unsere Sicherheit ist unsere Freiheit. Alan Watts schreibt in seinem Buch »Weisheit des ungesicherten Weges« erfrischende Gedanken zu unserem Sicherheitsbedürfnis. Das Leben ist wie ein großer Strom, in dem wir ständig mit »Verunsicherungen« konfrontiert sind. Es sei denn, es macht uns gerade Freude und wir sähen speziell darin den Sinn des Lebens, in diesem alles enthaltenen Strom uns selbst zu finden.

Verunsicherungen sind wie Prüfsteine, an denen wir unser Vertrauen ausprobieren können. Im immer klarer werdenden Bewußtsein haben wir so oft die Wahl zwischen Freiheit und Sicherheit, oder besser der Pseudo-Sicherheit.

- Hinweise: Achtsamkeit, Balance, Erkenntnis, Flexibilität, Freiheit, Furchtlosigkeit, Mut, Reorientierung, Selbstvertrauen, Tapferkeit

Verzweiflung

Ein verzweifeltes und gebrochenes Herz ist nichts anderes als eine nicht erfüllte Erwartung. Worum es sich in einem Konflikt auch immer handelt, wir kämpfen im Prinzip immer nur gegen uns selbst. Im Wort Verzweiflung steckt die Zahl zwei. Solange wir im Geiste gegen den vermeintlich »anderen« kämpfen oder angeblich *wegen ihm* Schmerz erleiden, erfahren wir Verzweiflung. Sind wir auf dem Weg, nicht über den kopfigen Verstand, sondern aus verständnisvollem Herzen, eins mit ihm zu werden und nehmen den Schmerz ganz in unser liebendes Herz, verändert sich alles. Wir können auch Verzweiflung empfinden, wenn wir uns von unseren Gefühlen abgeschnitten fühlen, denn dann schaffen wir chaotische und dramatische Situationen und Schmerz, damit wir uns lebendig fühlen.

Wir können auch daran verzweifeln, wenn wir uns in der Wahl zwischen zwei Sachen nicht entscheiden können. Wir verzweifeln, weil »wir wie Fliegen zu sein scheinen, die im Honig gefangen sind« (ein Vergleich von Alan Watts). Der Honigtopf ist für die Fliegen gleichzeitig Segen und Fluch. Weil Leben süß ist, wollen wir es nicht aufgeben, und je mehr wir darin aufgehen, desto mehr werden wir eingefangen, eingeengt und enttäuscht. Wir lieben es und hassen es gleichzeitig. Wir hängen unsere Neigung an Menschen und Besitztümer, nur um gleichzeitig von Angst, Sorge oder Verzweiflung um sie gequält zu werden.

- Hinweis: Balance, Ehrlichkeit, Entschlußkraft, Flexibilität, Hoffnung, Liebe, Verbundenheit

Zorn

Ärger und Wut, gepaart mit Angriffslust, ergibt Zorn. Zorn zu empfinden, ist die Übertragung einer Projektion; wir zürnen jemandem, den wir für etwas verantwortlich machen, was wir meinen, selbst zu sein. Jeder Zornesausbruch gründet auf Mangel an Vertrauen und auf früher erlittenen Kränkungen. Wenn etwas früher passiv erlebt wurde, kippt man jetzt ins Überaktive um. Ein im Zorn gewonnener Trumpf heißt noch lange nicht, das wir das ganze Spiel gewonnen haben. Manchmal dient Zorn als ein Werkzeug, um Ängste nicht zu zeigen. Zorn beginnt mit Wut und endet sehr oft mit Reue. Gestauter Zorn läßt uns wie ein wandelndes Pulverfaß durch die Gegend gehen, das bei einer passenden Gelegenheit explodiert. Besser wäre es, mit wachsender Achtsamkeit vorher Ventile dafür zu finden, und noch eine Stufe besser wäre es, durch wachsendes Bewußtsein erst gar keinen Zorn mehr entstehen zu lassen.

- Hinweise: Erkenntnis, Erlösung, Gelassenheit, Kreativität, Loslassen, Wandel

Zweifel

Zweifel ist ein Energieräuber und hindert am Voranschreiten. Er ist oftmals eine Falle unseres Egos, das uns selbst zu Fall bringt. Wenn wir anderen mißtrauen, führt uns das zu unseren Zweifeln an uns selbst. Wir kennen alle die gesunde Form von Kritik und Skepsis, die im alltäglichen Umgang mit der Reizüberflutung wichtig ist. Zweifel ist noch eine Station mehr, vergleichbar dem Unterschied zwischen der hemmenden Angst und der angemessenen Vorsicht. Zweifel hemmen.

- Hinweise: Achtsamkeit, Balance, Erlösung, Furchtlosigkeit

Seelische Wegweiser – geistige Sprungbretter

In alphabetischer Anordnung folgen »innere Haltungen«, Qualitäten und Prinzipien, die alle *heilsam* sind. Ich wiederhole mich, wenn ich noch einmal betone, daß das Annehmen und Verstehen der erwähnten Themen immer zuerst für sich selbst gilt. Die heilsamen Veränderungen fangen in uns selbst an, gleich ob wir zuerst in uns selbst achtsam sind, uns vergeben oder uns selbst lieben.

Unter der Rubrik »Vergleiche« sind ähnliche Qualitäten zu finden, wo man nachschauen kann, ob es das eigene Thema genauer trifft. Manchmal ist etwas bei dem einen oder anderen ausführlicher ausgedrückt. Wiederholungen lassen sich bei analogen Prinzipien kaum vermeiden. Ich versuchte dabei, den einzelnen Facetten der Wahrheiten gerecht zu werden und beleuchtete sie deshalb aus verschiedenen Blickwinkeln.

Achtsamkeit

In der inneren Kunst der Achtsamkeit verbinden sich Geist und Materie. Wenn wir mit all unserer Aufmerksamkeit im Hier und Jetzt klar und wach sind, dann befinden wir uns im Kontakt mit allen Kraftquellen und mitten im wirklichen Geschehen. Das bedeutet, unser feinstoffliches Gewahrsein ist mit dem grobstofflichen und materiellen Körper eins.

Achtsamkeit braucht es in uns selbst und im Umgang mit allem außerhalb von uns. Zen-Meister Thich Nhat Hanh, der ein besonderer Lehrer der Achtsamkeit ist und uns die Achtsamkeit in jedem kleinsten Tun vorbildlich zeigt, hat zum Beispiel über das Händewaschen gesagt:

»Wasser fließt über meine Hände. Ich will es sorgsam gebrauchen, um unseren kostbaren Planeten zu erhalten.«

Die Handlungen und die Verhaltensweisen anderer spiegeln letztendlich unsere eigenen Entscheidungen und unsere verdrängten, abgewiesenen Anteile. Mit angemessener Achtsamkeit des Herzens und des Verstandes erfahren wir in der Außenwelt wie in der Innenwelt Wahrheiten, je nachdem, wohin wir unsere Aufmerksamkeit hinlenken. Es mag manchmal wichtiger sein, um ein Wort Krishnamurtis aufzugreifen, das fallende Blatt an einem Baum zu sehen, als alle Prüfungen und Leistungen mit Auszeichnung zu bestehen. Wenn wir den Augenblick beherrschen, beherrschen wir das Leben.

Anselm Grün schreibt in seinem Buch »Fünfzig Engel für das Jahr«, daß der Engel der Achtsamkeit mit dem Engel der Langsamkeit verwandt ist. Auch die Langsamkeit unterstützt uns im bewußten Wahrnehmen. Ein Zen-Mönch wurde einmal gefragt, was er denn für eine Meditationspraxis habe. Er antwortete: »Wenn ich esse, dann esse ich. Wenn ich sitze, dann sitze ich. Wenn ich stehe, dann stehe ich.« Da meinte der Fragende: »Das ist doch nichts besonderes, das machen wir doch alle.« Da sagte der Mönch: »Nein, wenn du sitzt, dann stehst du schon. Und wenn du stehst, dann bist du schon auf dem Weg.«

- Vergleiche: Einfühlungsvermögen, Reorientierung, Sensibilität, Umsicht, Verbundenheit
- Edelsteine: Bernstein, Calcit, Citrin, Fluorit, Kristall
- Bachblüte: Chestnut Bud, Clematis, Olive, Pine, Rock Water
- Pomander: rot, königsblau, pink
- Meisteressenz: Kuthumi, Pallas Athene / Aeolus

Annehmen

Annehmen baut auf ehrlicher Wahrnehmung auf. Die grundlegendste Form des Heilens ist es, daß wir unsere Gefühle wirklich fühlen und ohne Bewertung so annehmen, wie sie jetzt gerade sind. Den Schmerz als Schmerz, Wut als Wut und Traurigkeit als solche. Es ist wunderbar ermutigend festzustellen, daß ein Gefühl, das wirklich angenommen wurde, sich ändert.

- Vergleiche: Aufrichtigkeit, Erfüllung, Finden, Wahrheit
- Edelsteine: Achat, Aventurin, Citrin, Malachit, Moosachat, Onyx, Rhodochrosit, Rutilquarz
- Bachblüte: Chestnut Bud, Willow
- Pomander: smaragdgrün, königsblau
- Meisteressenz: Lady Miriam von Chaldäa (gemeinsam mit El Morya)

Anpassung

Anpassung bedeutet, sich ähnlich dem Wasser an die Gegebenheiten und Bedingungen anzupassen, ohne dabei seine Individualität aufzugeben. Der Lauf eines Flusses wird von der Beschaffenheit des Bodens, des Gefälles sowie von Sonne und Wind mitgestaltet, dennoch bleibt ein Tropfen Wasser ein Tropfen Wasser. Im Körperlichen geschieht ständig eine Anpassung an unsere inneren und äußerlichen Lebensbedingungen, wie Temperatur, Licht und ob es gerade etwas zu essen gibt oder nicht. Psychisch bedeutet Anpassung nicht das Verbiegen oder Verleugnen des inneren Selbstes, sondern das heilsame Einfügen in ein größeres Ganzes mit dem Beitrag seines individuellen Wertes. Anpassung ans Leben bedeutet Unbegrenztheit, bedeutet natürlichen Wachstumsprozeß. Anpassung an das Leben bedeutet auch das Wachstum der Seele im Vertrauen, daß alles zur rechten Zeit geschieht.

Im Tao te King steht: »Gib nach, du wirst nicht zerbrechen - laß dich beugen, willst du gerade werden - laß dich leeren, willst du voll werden - laß dich abnutzen, willst du neu werden - nachgeben heißt dem Tao folgen.«

- Vergleiche: Entwicklung, Geduld, Hingabe, Flexibilität, Loyalität, Vertrauen, Wandel
- Edelsteine: Aquamarin, Bernstein, Karneol,
- Bachblüte: Rock Water
- Pomander: gold, türkis
- Meisteressenz: Saint Germain

Aufrichtigkeit

Indem wir aufrecht durchs Leben gehen, *zeigen* wir uns, man sieht uns. Wir sind im Stehen *präsent* und haben die Arme und Hände frei, um zu handeln. Unsere Aufrichtigkeit und unsere wirkende Ausstrahlung der körperlichen und geistigen Präsenz symbolisieren die Qualität unseres inneren friedvollen Kriegers. In seinem Herzen folgt der innere Krieger dem Weg des Friedens, auch wenn er nach außen durch seine körperliche Bereitschaft mit Kraft und Stärke Waffen benutzen kann. Er kennt die ewig geltenden Gesetze, er weiß, wie man Ehre erweist und Respekt zollt. Seine Aufrichtigkeit symbolisiert Vertrauenswürdigkeit, weil er sagt, was er meint, und tut, was er sagt. Seine Instrumente sind Verantwortung und Disziplin. Aufrichtigkeit korrespondiert mit Offenheit und Echtheit, mit Wahrhaftigkeit, Integrität und Fairness.

- Vergleiche: Ehrlichkeit, Furchtlosigkeit, Mut, Vertrauen, Wahrheit
- Edelsteine: Kristall, Fluorit
- Bachblüte: Agrimony, Rock Rose
- Pomander: weiß
- Meisteressenz: Hilarion

Ausdauer

Ausdauer ist die Fähigkeit, im Bewußtsein der eigenen Belastbarkeit ein Gleichgewicht zwischen Tun und Lassen zu leben. Es schließt Willensstärke ebenso wie das Empfangen und Erfüllt-Werden mit neuen Kräften ein. Unsere Ausdauer ist »vorübergehend«, wenn wir uns in die Erschöpfung und über die eigenen Grenzen gehende Überanstrengung fallen lassen. Meistens sind unsere gedanklichen Vorstellungen und Erwartungen die wirkliche Ursache unseres Dauerleistungsdrucks. Womöglich wollen wir uns etwas beweisen, was unsere heilsame Sensibilität uns anders zeigen könnte. Flexibilität im Umgang mit den eigenen Kräften ist eine gesunde Fähigkeit, starre Erwartungen und übertriebenes Pflichtbewußtsein wirken eher hemmend. Ausdauer führt uns auf dem Weg vom Pflichtkämpfer zum friedvollen Krieger, jener ist im Hier und Jetzt vollständig präsent und kann ungehindert aus vollen Energiequellen schöpfen. Wenn wir mit Willensstärke unser Ziel im Auge behalten, stärken wir unsere Ausdauer.

Elisabeth Haich sagte: »Wenn du die Palme lange genug ansiehst, wirst du zur Palme, wenn du die Quelle lange genug rieseln hörst, wirst du zur Quelle.«

- Vergleiche: Balance, Erfüllung, Geduld, Tapferkeit, Regeneration, Willensstärke

- Edelsteine: Chrysokoll, Heliotrop, Lapislazuli, Sodalith,
- Bachblüte: Hornbeam, Oak
- Pomander: olivgrün, smaragdgrün, königsblau
- Meisteressenz: El Morya

Balance

Die Fähigkeit der Balancefindung stärkt uns auf dem Weg von der inneren Zerrissenheit zum inneren Gleichgewicht. Es gehört zum Leben, sich ständig zu entscheiden oder etwas zu wählen, ohne dabei das andere abzuwerten. Wenn wir uns zwischen den verschiedenen Möglichkeiten hin- und hergerissen fühlen, beginnt der Entscheidungskampf, bei dem es Verlierer und Sieger geben könnte. Erweitern wir unsere Sichtweise, indem wir uns zum Beispiel jetzt dafür entscheiden, den Kreis links herum zu gehen, kommen wir auch irgendwann am gleichen Punkt an, als wären wir rechts herum gegangen. Wesentlich ist es, nicht in der Wahlmöglichkeit stecken zu bleiben, sondern sich ohne innere Werturteilsbildung für eine Richtung oder eine Sache klar zu entscheiden. Im Kontakt mit unserer inneren Führung sind wir die Mitte selbst. Im Bild der Balance sind wir nicht eine der beiden Waagschalen, sondern der Waagebalken selbst. Dennoch bleiben uns die immerwährenden Herausforderungen der dualen Welt, die polaren Anteile in all ihren Facetten. Die vielen Facetten drücken die vielen Ebenen aus, auf denen wir Balance üben können.

- Vergleiche: Achtsamkeit, Einfühlungsvermögen, Gelassenheit, Harmonie, Liebe, Selbstvertrauen

- Edelsteine: Achat, Heliotrop, Karneol, Rutilquarz, Sodalith, Variscit
- Bachblüte: Impatiens, Oak, Scleranthus, Wild Oat
- Pomander: gold, smaragdgrün, königsblau
- Meisteressenz: Christus, Saint Germain

Begeisterung

Begeisterung ist erfrischend und lädt ein, intensiver zu empfinden. »Vom Geist erfüllt« zu sein oder ganz ergriffen von etwas zu sein, deutet darauf hin, daß derjenige sich hingeben kann. Begeisterung motiviert unser Denken, Fühlen und Tun. Es ist eine antreibende Willenskraft, die das Balancespiel zwischen fanatischer Zwangsbeglückung und konstruktivem Miteinander-wirken herausfordert. Im übersteigerten Energieeinsatz, andere von einer Idee zu überzeugen, übertreten wir meistens mehr als eine Grenze anderer Persönlichkeiten. Begeisterung steckt an, das darf sie auch, wenn wir anstatt lautbrüllendem Weltverbesserer zum stillen Fackelträger werden, dem sich jene anschließen, die sich so entschieden haben. In der heilenden Begeisterung etwas anzupacken und einen Weg zu gehen, läßt ihn uns beschwingt, gepaart mit Fröhlichkeit und angemessenem Enthusiasmus, gehen. Es ist dann vielleicht mehr ein Tanzen als ein Gehen.

- Vergleiche: Freiheit, Freude, Hingabe, Glück, Reichtum, Umsicht
- Edelsteine: Charoit, Feueropal, Edelopal
- Bachblüte: Hornbeam, Vervain
- Pomander: gelb, saphirblau
- Meisteressenz: Maha Chohan

Befreiung

Enttäuschung ist oft der erste Schritt auf dem Weg zur Befreiung. Wenn die Täuschung endlich aufgehoben wird, mag es zunächst noch schmerzen. Die neugewonnene Leere, der freie Raum wird wieder erfüllt werden. Manchmal verteidigen wir unsere Abhängigkeiten mit dem schönen Wort der Symbiose. Es gibt die Form des gemeinsamen Miteinanders. Das Wesentliche ist darin die Eigenständigkeit und die Individualität des einzelnen.

- Vergleiche: Erkenntnis, Erlösung, Loslassen, Vergebung
- Edelsteine: Perle, Rauchquarz
- Bachblüte: Clematis, Red Chestnut, Sweet Chestnut
- Pomander: orange, saphirblau
- Meisteressenz: Christus, Hilarion

Beziehungsfähigkeit

Das ganze Leben ist Beziehung! Ein abgesondertes Leben gibt es nicht. Eine Beziehung zu einem Mitmenschen (ob Eltern, Lebenspartner, Kinder) ist der schnellste Weg zu Wachstum und Entwicklung. Jemand, der uns liebt, ist der ehrlichste Spiegel. Jede Beziehung ist eine ständige Einladung zur seelischen Reife. Sie ist ein wunderbares Feld zum Üben von Kommunikation und Vergebung. Gesunde Beziehungen lassen genügend Luft zum Atmen, ineinander verstrickte Abhängigkeiten und symbiotische Verschmelzungen sind falschverstandene Liebe und halten Entwicklungen fern.

Was wir in unseren Beziehungen vermissen, ist das,

was wir ihnen selbst vorenthalten. Unsere jetzt bestehenden Beziehungen sind die Prozesse, in denen alte Schmerzen geheilt werden können. Alles, was in einer Beziehung geschieht, ist eine Art geheimer Absprache oder eine Abmachung ohne Worte. Jede Beziehung, in der wir stehen, zeigt an, welchen Wert wir uns selbst beimessen.

Jede Form der Dreiecksbeziehungen wurzelt in vergangenen Konkurrenzkämpfen der Ursprungsfamilie. Es sind ungeheilte Situationen, in denen wir um die Liebe von Mutter oder Vater »kämpften«, und sie dienten allesamt dazu, uns am wirklichen Vorangehen zu hindern.

- Vergleiche: Balance, Kommunikation, Liebe, Mut, Toleranz, Verbundenheit
- Edelsteine: Ametrin, Charoit, Chrysokoll
- Bachblüte: Chicory, Heather
- Pomander: grün, türkis, saphirblau
- Meisteressenz: Maha Chohan

Dankbarkeit

Dankbarkeit ist das Gedächtnis des Herzens und eine immens starke Kraft, deren Energie augenblicklich heilsam in jede Situation und auf jedes Gefühl wirkt. Wenn Dankbarkeit zur inneren Haltung wird, spricht sie für das Reifwerden des Menschen. Sie öffnet nicht nur das Tor zur Liebe, sie verstärkt die Liebe auch. Unser ganzes Leben könnte ein lächelnder Dank an Gott sein. Ein altes Sprichwort sagt: Wer dankbar jeden Sonnenstrahl genießt, wird auch mit dem Schatten zu leben wissen. Dankbarkeit gilt als die höchste Weisheit, weil es die Weisheit der Demut ist. Dankbarkeit löst Freude aus und umgekehrt; und Dankbarkeit ist das beste Heilmittel bei Traurigkeit.

- Vergleiche: Freude, Frieden, Glück, Reichtum, Liebe, Wahrheit, Wertschätzung, Zärtlichkeit
- Edelsteine: Jade, Kristall, Rosenquarz, Smaragd
- Bachblüte: Chestnut Bud, Holly, Larch, Wild Rose
- Pomander: smaragdgrün, violett, weiß
- Meister: im Prinzip alle, Maha Chohan

Dienen

Gibt es etwas Wesentlicheres, als in der persönlichen Entwicklung dem reinen Frieden zu dienen? Es gibt vielerlei Facetten des Dienens. Wahres Dienen heißt nicht Aufopferung, denn letzteres schließt das Empfangen und die Selbstlosigkeit aus. Wenn jemand zu uns kommt und uns um Hilfe bittet, schenkt er uns die Chance zu dienen, das heißt, er kam, um *uns* etwas Heilsames zu ermöglichen.

Wenn wir bewußt unsere persönlichen Fähigkeiten in den Dienst des Ganzen stellen, gehen wir den Weg vom passiven Dienen zum aktiven Dienen. Im Anerkennen der wahren Autoritäten dienen wir in Hingabe und schließen den Mißbrauch von Kraft und Macht aus. Wenn wir nicht wahrhaftig »dienen« können, sollten wir unsere Beziehung zu unserem inneren Vater anschauen. Unser Vater stellt die erste Autoritätsperson in unserem realen Leben dar, in unserem Erwachsenenalter repräsentiert er die männliche Seite in jedem von uns (Frau und Mann), unsere Arbeit, die berufliche Laufbahn und so weiter. Wenn wir in Liebe und Dankbarkeit unserem Vater vergeben, werden alle anderen Autoritätspersonen in einem veränderten Licht dastehen.

Hierzu paßt die kleine Geschichte einer Magd, die sehr früh in ihrem Leben als Vollwaise auf einem Bauernhof lebte und von morgens früh bis abends spät »diente«. Sie war überall dort, wo sie gebraucht wurde und tat ihre Arbeit gerne. Wenn sie abends spät im Bett lag, reichte ihre Kraft oft nur noch für ein halbes Gebet, sie schlief darüber ein. Als ein neuer Pfarrer ins Dorf kam, sprach dieser ein ernstes Wort mit der Magd, weil er sie fast nie im Hochamt sah. Er fragte sie, was wohl Gott dazu sagen würde, wenn sie einst vor seinem Thron stehe - und sie antwortete: »Ich werde ihm meine Hände zeigen.«

- Vergleiche: Beziehungsfähigkeit, Ehre, Ehrlichkeit, Güte, Nächstenliebe, Selbstlose Liebe, Vertrauen
- Edelsteine: Kunzit, Moosachat, Rhodonit
- Bachblüte: Centaury, Vine
- Pomander: rot, gold, türkis
- Meister: Christus, El Morya

Durchbruch

Im Wachsen mußten und werden wir immer und immer wieder alte Grenzen durchbrechen und neuen Raum einnehmen. Ist die Zeit reif dafür, geht es wie von selbst und die Dinge fügen sich im Sinne einer höheren Ordnung. Sträuben wir uns und hemmen den natürlichen Wachstumsprozeß, wird es chaotisch und eskaliert. Vertrauen wir mutig der inneren Führung, wird der Durchbruch mehr zum Neubeginn und zur veränderten Chance.

- Vergleiche: Befreiung, Erlösung, Loslassen, Vergebung, Wandel

- Edelsteine: Jaspis, Rhodonit
- Bachblüte: Rock Rose, Walnut
- Pomander: rot, königsblau
- Meisteressenz: Christus

Einfühlungsvermögen

Ein gutes Maß an Einfühlungsvermögen erspart uns Erfahrungen von Zwangsbeglückung oder Abweisung, bis hin zum Vorwurf unterlassener Hilfeleistung. Es geht uns etwas an, wenn des Nachbarn Haus brennt. Wenn allerdings schon drei Feuerwehren ihre Arbeit tun, mag der einfühlsame Einsatz darin liegen, die Situation zu beobachten, wo und wann unsere Hände oder unsere Worte gebraucht werden. Wir können auch mit unserer Hilfe, sogar mit Liebe, jemandem die Luft zum Atmen nehmen und ihn erdrücken.

- Vergleiche: Beziehungsfähigkeit, Fürsorge, Mitgefühl, Mütterlichkeit, Nächstenliebe, Toleranz, Umsicht, Verstehen
- Edelsteine: Kristall, Malachit
- Bachblüte: Beech, Heather, Red Chestnut
- Pomander: smaragdgrün
- Meisteressenz: Lady Nada, Lady Portia

Ehre

Ehre repräsentiert Wertschätzung, Glauben, Respekt und Achtung der Würde allem Geschaffenen gegenüber. Ehre zu empfinden, ist wie ein Glücksgefühl, das aus innerem Wissen heraus entsteht, daß man das Richtige tut. Ehre ist verwandt mit der Ehrfurcht, die nicht mit ängstlichem Verhalten einhergeht, sondern mit einer Scheu und dem Respekt, etwas Geschaffenes oder einen Menschen nicht aufdringlich in Besitz zu nehmen, sondern der Person die Würde zu lassen und dem Werk seine Schönheit. Echte Kultur bedarf der Ehrfurcht.

Es gibt eine Form der Anerkennung, des Respekts und der Achtung, die Menschen nährt - wie es zum Beispiel unsere Eltern »verdient« haben oder Lebenslehrer -, die auf der geistigen Ebene der Liebe, der Philia-Ebene, einzuordnen ist. Ein Sprichwort der Maori sagt: »Vergeude keine Zeit mit Menschen, die dich nicht respektieren.«

- Vergleiche: Dankbarkeit, Erkenntnis, Liebe, Wertschätzung
- Edelsteine: Diamant, Jade
- Bachblüte: Wild Rose
- Pomander: smaragdgrün
- Meisteressenz: alle Meister

Ehrlichkeit

Ehrlichkeit begleitet uns vom Schein zum Sein, von der vorgegaukelten Scheinharmonie zum wirklichen inneren Frieden. Wohl unzählige Wege gibt es, bis wir uns echt und ehrlich zeigen, uns mit all unseren Schatten ausgesöhnt haben und Traurigkeit und Schmerzen nicht mehr hinter einer lächelnden Maske verstecken. Konfliktvermeidung ist ebenso unehrlich wie die Fassade einer überaus starken Persönlichkeit, die nur auf Schein aufgebaut ist. Ehrlichkeit heißt, den Mut zu haben, sich selbst mit allen Licht- und Schattenseiten anzunehmen.

- Vergleiche: Aufrichtigkeit, Geben, Liebe, Wahrheit
- Edelsteine: Amethyst, Kristall
- Bachblüte: Agrimony
- Pomander: smaragdgrün, violett, magenta
- Meisteressenz: Hilarion

Entschlußkraft

Entschlußkraft wurzelt im Vertrauen und in klarer *Einsicht,* die wesentlichen Dinge zu erkennen. Dann fällt es leicht, in Disziplin oder Freude, etwas zu wählen, ohne dabei das andere, nicht-gewählte, zu verurteilen.

Wir haben in jedem Moment die Wahl der Entscheidung, wir können uns für Drama oder auch für Kreativität entscheiden. Sich für eine Sache zu entscheiden, befreit aus Sprunghaftigkeit, Unschlüssigkeit und Wechselhaftigkeit. Für manche von uns mag es ein langer Weg sein, in die Entscheidungsfreudigkeit hineinzuwachsen und ein inneres Gleichgewicht und Sicherheit zu bewahren, wenn wir wieder einmal vor mehreren Möglichkeiten stehen.

- Vergleiche: Achtsamkeit, Erkenntnis, Mut, Selbstvertrauen, Verantwortung, Willenskraft, Zielsetzung
- Edelsteine: Lapislazuli, Sodalith
- Bachblüte: Scleranthus, Wild Oat
- Pomander: königsblau, violett
- Meisteressenz: El Morya

Entwicklung

Entwicklung bedeutet, aus etwas Kleinem etwas Großes wachsen zu lassen. So wie eine Rosenknospe nach ihrem eigenen Zeitplan erblüht. Entwicklung im Leben bedeutet, die schöpferischen und zerstörenden Kräfte in Einklang zu bringen und im Gleichgewicht zu halten. Entwicklung heißt Veränderung, Wandel, Loslassen vom Alten, um in etwas Neues zu wachsen. Entwicklung heißt auch, in einem Schmerz oder Kummer nicht steckenzubleiben, sondern vom Seelenschmerz zur Seelengröße zu wachsen.

Wenn wir auf dem eigenen Entwicklungsweg unsere persönlichen Ängste auf die uns Umgebenden übertragen und in übertriebener Sorge um die anderen leben, nehmen wir ihnen ihre individuellen Entwicklungen ab. Jeder trägt an seinem eigenen Rucksack auf seinem Weg genug, wir müssen als wahre Erwachsene nicht die Verantwortung für andere übernehmen. Wir alle entwickeln uns vom bedürftigen Kleinkind zum verständnisvollen Erwachsenen. Wir alle lernen, unsere Identität selbst zu erkennen, sie von innen nach außen durch unser Sein und Tun zu zeigen, wir alle lernen den Weg vom Nehmen zum Teilnehmen und integrieren uns in der Gemeinschaft, wie ein Tropfen Wasser im Meer.

Dschelal ed-Din Rumi beschrieb in einem schönen Gedicht: »Ich starb als Stein - und wurde Pflanze. Ich starb als Pflanze - und wurde Tier. Ich starb als Tier - und wurde Mensch. Warum sollte ich also den Tod fürchten? Bin ich durch das Sterben geringer geworden? Einmal werde ich als Mensch sterben - und als lichter Engel auferstehen.«

- Vergleiche: Geduld, Loslassen, Versorgung, Vertrauen, Wachstum, Wandel
- Edelsteine: Chrysopras, Kunzit, Moosachat, Rosenquarz
- Bachblüte: Clematis, Gentian, Heather, Larch, Mustard, Red Chestnut, Sweet Chestnut, Walnut

- Pomander: rot, gelb, olive, türkis
- Meisteressenz: Djwal Khul, Orion / Angelika

Erfahrung

Der Bauer pflügt seinen Acker nach vorne schauend, ab und zu schaut er zurück, um die Geradlinigkeit seiner Furchen zu kontrollieren. Nichts geschieht rein zufällig, in all dem, was wir bisher in unserem Leben (oder mehreren) erlebt haben, gibt es etwas Wertvolles zu erkennen und für das Hier und Jetzt zu nutzen. Manchmal geschieht es, daß wir noch eine und noch eine Ehrenrunde drehen und etwas zu einem Gewohnheitsmuster werden lassen. Wenn wir unsere Zeit nicht verplempern wollen, weder aus Leichtsinn noch aus Hemmungen vor den sichtbar gewordenen Konsequenzen, dann werden wir uns mittels unserer Erfahrungen weiterentwickeln und wachsen. Unser Erfahrungsschatz aus den schönen und den schwierigen Phasen vermehrt den inneren Reichtum.

- Vergleiche: Achtsamkeit, Ehrlichkeit, Mut, Wachstum
- Edelsteine: Fluorit, Lapislazuli
- Bachblüte: Chestnut Bud
- Pomander: königsblau
- Meisteressenz: Lao-Tse / Kwan Yin

Erfolg

Erfolg spüren wir, wenn wir Teil des lebendigen Energieflusses sind, zum Beispiel, wenn wir auf der Welle reiten - ohne dabei die Welle selbst kontrollieren zu können. So etwas können wir nicht planen und organisieren, so etwas geschieht durch Zusammenwirken verschiedener Faktoren. Es gibt tagtäglich so viele kleine Erfolge, die uns glücklich und dankbar machen könnten, wenn wir sie bloß als solche anerkennen würden. Unser größter Erfolg im Leben ist es, die reine, wahrhafte Liebe zu erleben und zu leben. Albert Schweitzer sagte: »Das einzig Wichtige im Leben sind Spuren der Liebe, die wir hinterlassen, wenn wir gehen.«

Es ist nicht die Wahrheit, wenn in einem »Kampf« nicht beide Seiten Erfolg haben. Auf seelischer Ebene gibt es keine Gewinner und Verlierer. Das Wort Erfolg beinhaltet: »ER folgt.«

- Vergleiche: Achtsamkeit, Erkenntnis, Liebe, Reichtum, Wahrheit
- Edelsteine: Bernstein, Citrin, Smaragd
- Bachblüte: Chestnut Bud
- Pomander: smaragdgrün, königsblau
- Meisteressenz: Christus

Erfüllung

Erfüllung geschieht, wenn wir bereit sind, zu empfangen. Das, was wir empfangen, entspricht dem, was wir zu verdienen meinen. Solange wir Hemmungen haben, etwas zu besitzen, möchten wir es auf unbewußter Ebene gar nicht und richten deshalb auch keine Offenheit dafür aus. Unsere Bestimmung selbst ermöglicht unsere Erfüllung, Hingabe an unsere Lebensaufgaben ist der Schlüssel zum Glück. Wenn wir als Empfänger bereit sind, stellen sich die Gaben von selbst ein. Wenn der Schüler bereit ist, zeigt sich der Lehrer oder Meister.

- Vergleiche: Annehmen, Hingabe, Reichtum, Selbstvertrauen
- Edelsteine: Achat, Kunzit, Malachit, Rosenquarz
- Bachblüte: Willow
- Pomander: gold, smaragdgrün, violett
- Meisteressenz: Lady Nada, Kwan Yin

Erkenntnis

Reine Erkenntnis und reine Liebe sind letztlich eins, sie führen zum gleichen Ziel, sagte einst Ramakrishna. Wir erkennen, daß die Wahrheit sich in paradoxen Bildern zeigt. Zum Beispiel lautet der Rat eines Mystikers: Schließe Deine Augen und Du wirst sehen. Oder lerne lautlos zu schreien, unbewegt zu tanzen, aufrecht zu knien. Bücke Dich beim inneren Aufstieg, sei aufrecht beim Abstieg. Die ewigen, universellen Gesetze (»Wie innen so außen, wie oben so unten - Wie im Kleinen so im Großen.«) enthalten im Prinzip alle Erkenntnisse. Die Ewigkeit ist vielleicht ein unaufhörliches Beginnen - ewiglich beginnen wir zu verstehen und zu erkennen, daß wir erst im Äußerlichen das werden können, was wir in der Tiefe des geistigen Herzens schon längst sind. Wenn wir uns in selbstbegrenzenden Vorstellungen von den eigenen Möglichkeiten verstricken, nutzen wir nur einen Teil des wahren Raumes.

Manchmal führt das zu geistig-seelischer Müdigkeit und zum bekannten »Montagmorgengefühl«. In uns liegen ebenfalls Begeisterungsfähigkeit, Spontaneität und ein unermeßlicher Schatz an Lebensfreude, Leichtigkeit und Fülle. Noch immer suchen wir zu sehr im Außen anstatt im Inneren. Wenn wir ein Problem erkennen, dann hat es etwas mit uns selbst zu tun. Je tiefer unsere

Selbsterkenntnis ist, desto größer ist die Klarheit - und je mehr wir diese erfassen, um so mehr Frieden finden wir in uns selbst.

Ein persisches Märchen über die Erkenntnis handelt von einem Weisen, der ans Himmelstor kam und anklopfte. Von innen fragte die Stimme Gottes: »Wer ist da?« Und der Weise antwortete: »Ich bin es.« - »In diesem Haus«, antwortete die Stimme, »ist kein Platz für dich und mich.« Da ging der Weise fort und verbrachte viele Jahre damit, sich über diese Antwort in tiefen Gedanken den Kopf zu zerbrechen. Als er ein zweites Mal zurückkehrte, stellte die Stimme die gleiche Frage, und wieder antwortete der Weise: »Ich bin es.« Die Tür blieb verschlossen. Nach einigen Jahren kehrte er zum dritten Mal zurück und auf sein Klopfen hin fragte die Stimme wiederum: »Wer ist da?« und der Weise rief: »Du selbst bist es.« Da wurde die Tür geöffnet.

- Vergleiche: Achtsamkeit, Ehrlichkeit, Frieden, Gelassenheit, Gnade, Liebe, Loslassen, Wahrheit
- Edelsteine: Azurit, Calcit, Diamant, Kristall, Falkenauge, Rauchquarz, Turmalin, Variscit
- Bachblüte: Hornbeam, Mustard, Willow
- Pomander: gelb, weiß
- Meisteressenz: Sanat Kumara, Pallas Athene / Aeolus

Erlösung

Erlösung bedeutet eine Geburt auf einer neuen Ebene. Erlöst der Tag die Nacht, und dann die Nacht den Tag? Manchmal hängen wir in der Problemerkennung fest und sind noch gar nicht bereit, die Lösung - oder Erlösung - zu finden. Manchmal bringen uns tiefste Verzweiflung und Hoffnungslosigkeit so zum Stillstand, daß wir die eingeschlagene Richtung nicht mehr weitergehen können oder in einer Sackgasse landen. Die vom Schicksal erzwungene Umkehrung kann die Erlösung bedeuten. Die wahre Hingabe an unser Höheres Selbst und das Freilassen von persönlichem Wollen und bestimmten Vorstellungen führt in erlöstes Sein. Erlösung beinhaltet Los-lösung vom eigenen Ego-Willen und Hingabe an den Willen der höchsten Instanz. Erlösung bedeutet die Geburt des Lichtes in dunkelster Nacht. Erlösung bedeutet immer eine Veränderung. Nach angespannten Zuständen kann Entspannung und damit Heilung einkehren. Mit der Erlösung nehmen wir unser »aller letztes Los« an. Das Wort selbst enthält: »ER löst.«

- Vergleiche: Befreiung, Gnade, Hingabe, Liebe, Loslassen, Vergebung
- Edelsteine: Fluorit, Kristall, Onyx, Topas, Turmalin
- Bachblüte: Agrimony, Sweet Chestnut
- Pomander: magenta, pink, weiß
- Meisteressenz: Christus, El Morya

Finden

Wer suchet, der findet. Wer anklopft, dem wird aufgetan. Das sind Weisheiten, die wir alle schon gehört haben. Wir finden, wenn wir uns auf *das Finden* einstellen, wenn wir finden wollen. Wer den Kontakt zu seinem Höheren Selbst gesucht und gefunden hat, wer seine innere Stimme hören kann, wer in seinem Leben den roten Faden gefunden hat und seine innere Berufung erkannt hat, wer seiner Intuition vertraut, der weiß, wie *sich finden* anfühlt. Kein Verlieren mehr in der Vielfalt der

Dinge, keine Entscheidungsschwierigkeiten, keine Zersplitterung - einfach zu Hause angekommen sein. Zu finden oder letztendlich »sich zu finden« ist das Ziel jeder Suche und liegt jedem Suchtverhalten zugrunde.

- Vergleiche: Achtsamkeit, Annehmen, Ehrlichkeit, Erfolg, Erfüllung, Intuition, Mut, Vertrauen
- Edelsteine: Amethyst, Ametrin, Citrin, Lapislazuli
- Bachblüte: Wild Oat
- Pomander: rot, königsblau, violett, magenta
- Meisteressenz: Djwal Khul, Saint Germain

Flexibilität

Flexibilität ist die Fähigkeit, sich zu beugen, ohne sich dabei zu verbiegen oder daran zu zerbrechen. Flexibilität, wie sie hier gemeint ist, bedeutet die Balance zwischen Anpassung und Stabilität. Sie lehrt uns, in Treue zu unserem Höheren Selbst und ohne unser Innerstes zu verleugnen, den Weg von der dogmatischen Härte und Selbstkasteiung zur heilsamen Disziplin und Achtsamkeit zu gehen. Flexibilität gegenüber äußeren Einflüssen schützt das Innere. Ein Baum, der viele Früchte trägt, beugt sich tief. Die schwierigste Turnübung ist immer noch, sich selbst auf den Arm zu nehmen. (Werner Finck)

- Vergleiche: Achtsamkeit, Anpassung, Einfühlungsvermögen, Führung, Harmonie, Loslassen, Vitalität
- Edelsteine: Bernstein, Karneol, Aquamarin
- Bachblüte: Honeysuckle, Rock Water
- Pomander: orange
- Meisteressenz: Djwal Khul

Führung

Jeder von uns kennt wohl den Unterschied vom Führen und vom sich führen lassen. Das erste wurzelt in Verantwortung, das zweite im Vertrauen. Das Vertrauen in die Führung des Höheren Selbstes bedingt Hingabe an eine höhere Instanz, und dann fügen sich Geschehnisse, die wir nicht mit dem Verstand erklären können. Sich von der Intuition führen zu lassen und ihr zu vertrauen, heißt, Dinge zu tun, ohne zu wissen warum. Egoistische Wünsche nach Alleinherrschaft und Dominanz sind dröhnende Klänge und überlagern oft die »stille Stimme« der inneren Führung. Diese kann leise sein und in Geduld warten, bis unser Ego verstummt und wir wieder das Wesentliche wahrnehmen können.

- Vergleiche: Achtsamkeit, Glauben, Hingabe, Intuition, Loslassen, Selbstvertrauen, Sensibilität
- Edelsteine: Amethyst, Azurit, Kristall, Charoit, Lapislazuli
- Bachblüte: Cherry Plum, Elm, Holly, Sweet Chestnut, Vine
- Pomander: königsblau, violett
- Meisteressenz: Christus, El Morya, Sanat Kumara

Fürsorge

Es gibt eine gesunde Fürsorge für sich selbst und anderen gegenüber. Echte zwischenmenschliche Nähe ist ein guter Boden für jede Heilung. Übertriebene Sorgen um jemanden zeigen uns, daß wir demjenigen nicht zutrauen, den für ihn angemessenen Lebensweg zu gehen. Sorgen sind destruktiv, das Bestmögliche zu wollen ist konstruktiv. Wenn wir lernen, unseren Segen in eine Situation hinein oder zu einem Menschen hin zu geben, übergeben wir »die Sorge« einer höheren Instanz. Segnen ist ein Heilmittel für ein »zuviel« an Fürsorge.

- Vergleiche: Einfühlungsvermögen, Nächstenliebe, Mütterlichkeit, Versorgung
- Edelsteine: Fluorit, Malachit
- Bachblüte: Chicory
- Pomander: smaragdgrün, pink
- Meisteressenz: Lady Nada, Kwan Yin

Freiheit

Wir haben die Freiheit zu wählen, und nur in der Freiheit liegt die Einzigartigkeit des Menschen. Haben wir uns für etwas entschieden, gehen wir eine Bindung ein, und die eingegangene Bindung ist unsere Freiheit. Beide Qualitäten sind untrennbar miteinander verbunden. Freiheit liegt in der Befreiung von den Inhalten des Bewußtseins von Angst und von Leid. Im disziplinierten Umgang mit unseren Begierden zeigen wir unsere Freiheit. Jeder Schritt vorwärts bringt uns ein gewisses Maß an Freiheit im Handeln. Wahre Freiheit wohnt nur in uns selbst. Wenn die Seele frei ist, gibt es nichts auf der Welt, um uns zu binden - überall finden wir Freiheit, im Himmel wie auf Erden.

- Vergleiche: Befreiung, Erlösung, Freude, Liebe, Loslassen, Transformation, Vergebung, Verstehen, Vertrauen
- Edelsteine: Amethyst, Aquamarin, Chrysopras, Kristall, Saphir, Smaragd
- Bachblüte: Agrimony, Pine

- Pomander: gelb, violett, weiß
- Meisteressenz: Orion / Angelika

Freude

Freude zu empfinden, ist eine der ursprünglichsten Fähigkeiten, zu der wir fähig sind. Sie kommt aus einer der höheren Bewußtseinsebenen, die mit Humor, Bewegung und Kraft eins ist. Die Dynamik der Freude verschenkt Spontaneität. Im Freudentanz bewegt sich die Seele in ihren Heimatgefilden. Das Lachen gehört zur Sprache Gottes und das Singen zur Sprache der Seelen. Heiterkeit, Fröhlichkeit und Helligkeit sind Begleiter einer gesunden und stimmigen Spiritualität.

Wahre Freude paart sich gerne mit Selbstlosigkeit. Zum Beispiel im Schenken: Wenn wir uns ganz besonders zu einem Menschen hingezogen fühlen, dann besitzen wir ein Geschenk für ihn, das zu schenken uns letztendlich mit Freude beschenkt. Wahre Lebensfreude bedeutet Fröhlichkeit, Spaß, Spontaneität, herzhaftes Vergnügen, sie lassen uns innere spirituelle Energien erfahren. Oberflächliche Fröhlichkeit und Flucht vor der starken Kraft der Lebensfreude ist ähnlich einem passiven Widerstand des Lebensgefühls. Lebensfreude schenkt Ausgeglichenheit, Tiefe und echte Konfrontationsfähigkeit. Sie löst Gleichgültigkeit und Resignation auf und begleitet in heilsame Lebendigkeit.

Johann Wolfgang von Goethe sagte: »Die beste Freude ist das Wohnen in sich selbst.«

- Vergleiche: Begeisterung, Dankbarkeit, Entwicklung, Erfüllung, Glück, Verbundenheit
- Edelsteine: Chrysopras, Olivin, Sonnenstein, Variscit

- Bachblüte: Agrimony, Gentian, Wild Rose
- Pomander: gelb, grün
- Meisteressenz: Kuthumi

Frieden

»Friede sei mit Dir« ist ein tiefgehender Segensspruch. Frieden ist wohl unsere tiefste Sehnsucht. Was gibt uns mehr Kraft und Heilung, als im inneren Frieden zu verweilen. Der wahre, tiefe Frieden des Herzens und die vollkommene Gemütsruhe sind allein in der Einsamkeit zu finden. Es gibt keinen dauerhaften Frieden, der nicht auf der Einsicht beruht, daß das Leben einen Sinn hat. Seltsamerweise kommt Frieden nur dann, wenn wir uns nicht auf ihn, sondern auf Selbstlosigkeit konzentrieren.

Wahrer Friede ist von nichts Äußerem abhängig, er erwächst aus dem inneren Gleichgewicht zwischen Wollen und Vermögen. Solange wir etwas begehren, was wir nicht haben können, und hoffnungslos bekämpfen, was uns immer besiegen muß, finden wir keinen Frieden. Im Frieden liegt eine unerschöpfliche Freiheit, die wir uns so oft noch nicht in der Größe zutrauen. Frieden ist *in uns* ebenso erreichbar wie andere Qualitäten, etwa Klarheit oder Vertrauen. Es ist unsere Wahl, in diesen Frieden einkehren zu wollen, ihn wirklich in uns zu *erlauben* - dann wird er Wirklichkeit. Frieden geht mit stillem Eins-Sein einher.

- Vergleiche: Finden, Glück, Gnade, Harmonie, Stille, Wahrheit, Zärtlichkeit
- Edelsteine: Amethyst, Aquamarin, Jade, Lapislazuli, Smaragd, Topas
- Bachblüte: Red Chestnut, White Chestnut

- Pomander: königsblau, violett
- Meisteressenz: Hilarion, Lao-Tse / Kwan Yin

Furchtlosigkeit

Furchtlosigkeit bedeutet Frei-Sein von Furcht und Angst, es bedeutet Zuversicht, Vertrauen und einen sicheren Umgang mit den eigenen Möglichkeiten. Es ist die Einsicht in das eigene Können und *Vermögen.* Furchtlosigkeit ist wirklich ein großer Wert im Sinne eines nicht materiellen, weil inneren Vermögens. Sie wurzelt in dem Urvertrauen, daß alles zur passenden Zeit geschieht. Eine große Portion Sensitivität ermöglicht das Einschätzen der Situation.

- Vergleiche: Achtsamkeit, Intuition, Mut, Realitätsgestaltung, Tapferkeit, Vertrauen, Willenskraft
- Edelsteine: Ametrin, Calcit, Citrin, Diamant, Tigerauge
- Bachblüte: Aspen, Mimulus
- Pomander: gelb, gold, olivgrün
- Meisteressenz: Christus, El Morya, Orion / Angelika

Geben

Geben heißt empfangen, denn um etwas geben zu können, muß ich aufnahmebereit gewesen sein. Manchmal betrifft das zwei oder mehrere Ebenen. Wenn wir geben, um zu »geben«, erhalten wir zuletzt am meisten. Wenn wir geben, weil wir nehmen wollten, werden wir uns zurückgewiesen, fallengelassen oder verletzt fühlen. Wahres Geben kennt keinen Anspruch. Stehen wir im Kontakt mit der unendlichen Kraftquelle des geistigen Herzens, sind wir im Kontakt mit der Fülle und Grenzenlosigkeit. Das körperliche Herz lehrt uns die Gesetze der Materie. Wir können nur geben, wenn jemand zu nehmen bereit ist. Geben unterscheidet sich stark von »sich aufopfern«, weil letzteres das Empfangen ausschließt. Wahres Geben heilt sogar erstarrte Beziehungen.

- Vergleiche: Ehrlichkeit, Erfüllung, Freude, Liebe, Loslassen, Reichtum, Verbundenheit
- Edelsteine: Chrysokoll, Chrysopras, Rosenquarz, Rhodonit
- Bachblüte: Chicory, Red Chestnut
- Pomander: grün, türkis, pink
- Meisteressenz: Christus, Saint Germain

Geduld

»Eile mit Weile« ist ein altbekannter Spruch. Gott sprach von Arbeit, von Eile hat er nichts gesagt. Geduld bedeutet, den natürlichen Entwicklungen ihren Lauf zu lassen. Eine Rosenknospe nimmt sich »ihre« Zeit zum Erblühen, ähnlich wie jeder von uns einen individuellen Reifungsprozeß durchläuft. Wenn wir in hohem Lebenstempo oberflächlich durchs Leben eilen, verlieren wir Qualitäten wie Tiefe und Gründlichkeit. Der Weg von der Ungeduld zur Geduld mag über Erkenntnis und das Verstehen um Entwicklungsabläufe gehen. Reizbarkeit und Impulsivität sind auf diesem Weg Stolpersteine. Die Unterscheidungsfähigkeit, in welche Dinge wir tatkräftig eingreifen können und bei welchen wir geduldig die Hände in den Schoß legen, lehrt uns bei vorhandener Achtsamkeit das Leben selbst.

Werden wir uns der Geduld bewußt, die uns entgegengebracht wird, wie sie in der Kurzgeschichte von Paramahansa Yogananda geschildert ist: Man kann den Herrn mit einem Bettler vergleichen. Er sehnt sich danach, von uns beachtet zu werden. Der Meister des Universums, vor dessen Anblick alle Sterne, Sonnen, Monde und Planeten erzittern, läuft dem Menschen nach und ruft: »Willst du Mir nicht deine Liebe schenken? Liebst du Mich, den Geber aller Gaben, nicht mehr als die Dinge, die Ich für dich erschaffen habe? Willst du Mich nicht suchen?« Aber der Mensch antwortet: »Ich habe keine Zeit, Dich zu suchen.« Und der Herr sagt: »Dann will ich warten.«

- Vergleiche: Achtsamkeit, Anpassung, Erkenntnis, Gelassenheit, Ruhe, Wachstum
- Edelsteine: Amethyst, Labradorit, Sonnenstein, Rosenquarz, Sodalith
- Bachblüte: Impatiens, Scleranthus
- Pomander: grün, blau
- Meisteressenz: Lao-Tse / Kwan Yin

Gelassenheit

Gelassen ist, wer gelassen hat. Gelassen ist ein Mensch, der sein Ego losgelassen hat und einer höheren Instanz (für mich ist diese Instanz Gott) vertraut. Wer in seinem Herzen ruhig geworden ist, weil er sich wie ein in den See fallender Stein auf den göttlichen Grund fallen ließ, der ist gelassen. Solange wir Irdisches nicht loslassen, geraten wir in verschiedenste Abhängigkeiten.

Gelassenheit fordert ein Lassen von uns selbst, bedeutet auch das Loslassen von Sorgen, Ängsten, von schwermütigen Gedanken. Es sieht zunächst widersprüchlich aus, daß der, der *gelassen* ist, selbst in schwierigen Situationen *gefaßt* reagieren kann. Wenn wir der Angst, außer Kontrolle zu geraten, in entspannter Gelassenheit begegnen können, wird sich innerer Frieden ausbreiten. Wir werden innerer Zeuge der Geschehnisse in uns und um uns herum. Diese Art von entspanntem Gewahrsein ist zu gleichen Teilen aktiv und passiv. Ausgewogenheit und ein gesundes, ausgeglichenes Inneres bestimmt das Leben.

- Vergleiche: Balance, Befreiung, Dankbarkeit, Erlösung, Frieden, Geduld, Loslassen
- Edelsteine: Aquamarin, Chrysopras, Fluorit, Karneol, Koralle
- Bachblüte: Cherry Plum, Impatiens, Red Chestnut, White Chestnut, Vervain
- Pomander: gold, grün
- Meisteressenz: Hilarion, Sanat Kumara

Gerechtigkeit

In der Frage, was Gerechtigkeit ist, begegnen wir Bewertungen und dem Gesetz von Ursache und Wirkung, das alles durchdringt. Die inneren Gesetze sind die immerwährenden kosmischen Gesetzmäßigkeiten. Sie sind eng mit allem verwoben, ob wir fanatisch dafür kämpfen oder ob wir ihr in Gelassenheit vertrauen. Lao-Tse sagte: Gesetzlichkeit ist Walten des All-Einen, Gesetz ist die verdorrte Form von Gesetzlichkeit.

Es gibt keine kleinen Sünden, wenn uns Gottes Gerechtigkeit gegenübersteht, und es gibt keine großen Sünden, wenn wir vor Gottes Gnaden stehen (Satz von Ibn Ata Allah).

- Vergleiche: Achtsamkeit, Aufrichtigkeit, Balance, Ehrlichkeit, Harmonie, Verantwortung, Vertrauen
- Edelsteine: Lapislazuli, Malachit
- Bachblüte: Vine
- Pomander: gelb, grün
- Meisteressenz: Lady Portia

Glauben

Glauben ist das Für-wahr-halten einer Mitteilung oder Sache, die man jetzt nicht direkt überprüfen kann. Glauben kann man das, was *noch* nicht ist. Vivekananda sagte, wir können nicht an Gott glauben, wenn wir nicht an uns selbst glauben. Das, woran wir glauben, zeigt sich spiegelbildlich in unserem Tun und unseren Beziehungen. Fester Glaube versetzt Berge, wenn wir etwas aus wirklich reinem Herzen wollen und uns dafür einsetzen, daran glauben und vertrauen, wird es gelingen. Nichts geschieht, ohne daß nicht jemand daran geglaubt hätte. Unsere Zweifel untergraben oft unseren Glauben.

- Vergleiche: Annehmen, Ausdauer, Ehrlichkeit, Führung, Hoffnung, Selbstvertrauen, Wahrheit, Willenskraft, Vertrauen
- Edelsteine: Kristall, Lapislazuli, Saphir, Sodalith
- Bachblüte: Gentian
- Pomander: königsblau, violett
- Meisteressenz: El Morya

Glück

Glück kann man nicht haben, man kann nur glücklich sein. Unser Glücklichsein ist das schönste Geschenk, das wir der Welt machen können. Wenn unser Glück von äußeren Dingen abhängt, ist es sehr vergänglich, sobald sich die äußerlichen Umstände ändern. Die Glücksgefühle, die aus dem Inneren kommen, können nicht verlorengehen. Glücksgefühle entstehen, wenn man das Beste, das in einem ist, zum Ausdruck bringen kann, sie enthalten transformierende Kräfte und helfen, Depressionen und Kritik zu überwinden. Das Ziel menschlicher Existenz ist nicht Glück, sondern spirituelles Wachstum.

Die Seele selbst ist Glück. Wir verwechseln oft Glück mit Vergnügen, aber das Vergnügen ist nur eine Illusion, ein Schatten des Glücks. Unser Glück liegt in unseren jetzigen Beziehungen und nirgendwo sonst, unsere Ego-Stationen stellen uns dazu immer wieder aufs neue Fallen. Unser Verhältnis zum Glück entspricht in Wahrheit unserem Verhältnis zu uns selbst. Wahres Glück macht niemanden zum Gefangenen, denn wer glücklich ist, besitzt auch Vertrauen und hat keinen Grund zur Kontrolle.

- Vergleiche: Dankbarkeit, Erfüllung, Freude, Reichtum
- Edelsteine: Calcit, Smaragd
- Bachblüte: Wild Rose
- Pomander: gelb, grün
- Meisteressenz: Kuthumi, Lao-Tse / Kwan Yin, Saint Germain

Gnade

Gnade ist nicht erklärbar, sie ist nicht zu verdienen und nicht erlernbar, sie kommt in der Nacht. Wenn wir Menschen »Gnade vor Recht walten lassen«, dann sind wir jemandem gut gesonnen und wohlwollend, auch wenn er es nicht »verdient« hätte. Das Wesentliche in unserem Leben ist nicht käuflich, es wird uns geschenkt. Gnade gehört zu dem, was uns geschenkt werden kann – und hoffentlich können wir es dann annehmen. Wie oft schon ist das Leben - oder Gott - mit uns gnädig gewesen, haben wir es als Gnade erkannt?

Das Gesetz von Ursache und Wirkung, auch Karma genannt, und Gnade sind eng miteinander verknüpft, aber nicht voneinander abhängig. Milde und Gnade kann uns in vielseitigen Gesichtern und Fügungen während unserer alltäglichen und erlösenden Taten begegnen. Es ist ein Zeichen spiritueller Reife, zu erkennen, wenn uns etwas Gnadenvolles geschenkt wird. Es ist keine gnadenvolle Tat, wenn ein Lehrer einem Hauptschüler das Abitur schenkt, wenn er die innere Reife noch nicht dazu entwickelt hat. Auch wir können nicht von Umständen »gnädig erlöst« werden, wenn unser Bewußtsein jene Erfahrungsschritte benötigt.

- Vergleiche: Annehmen, Erlösung, Reichtum, Selbstvertrauen, Wahrheit
- Edelsteine: Kristall, Kunzit
- Bachblüte: Mustard
- Pomander: pink, weiß
- Meisteressenz: im Prinzip alle Meister, Christus, Lady Portia

Güte

Güte ist eng verwoben mit »dem Guten« ganz allgemein. Wir zeichnen etwas mit einem Gütesiegel aus, wenn es um besonders gute Qualität geht. In der menschlichen Güte zeigt sich Großzügigkeit und Selbstlosigkeit. Ein gütiger Mensch tut Gutes, ohne auf Nutzen oder Profit zu spekulieren, man »einigt sich gütlich«. Zur Güte gehören Gewaltlosigkeit ebenso wie wahrer Frieden. Güte geschieht im Herzen, nicht im Verstand. Die höchste Stufe erreicht Güte, wenn wir von der Güte Gottes sprechen, ein Synonym für seine Gnade. Ähnlich wie bei der Gnade gehört es zum Wesen der Güte, daß sie »geschenkt«, niemals aber aufgedrängt werden kann. Güte bedarf der Bereitschaft des Empfangens, zurückgewiesene Güte kann nichts bewirken. Der Gütige bleibt der Gute, aber seine Güte hat keinen Boden zum »Auskeimen« gefunden.

Eine chinesische Weisheit sagt: »Mache Freundschaft mit eines Menschen Güte, nicht mit seinem Gut.«

- Vergleiche: Annehmen, Erfüllung, Geben, Selbstlose Liebe, Selbstvertrauen, Wachstum, Wandel
- Edelsteine: Amethyst, Kristall, Kunzit, Rhodochrosit, Smaragd
- Bachblüte: Holly
- Pomander: grün, pink
- Meisteressenz: Kuthumi, Lady Nada, Lao-Tse / Kwan Yin

Harmonie

Harmonie erwächst aus dem Gleichgewicht zwischen Nehmen und Geben. Sie bedeutet, im Kontakt mit allem zu sein, mit dem Ziel, Übereinstimmung zu finden. Die Sinnfindung im Leben erwächst aus ihr, sie ergibt sich aus der Balance zwischen dem Individuum und der Gemeinschaft, aus der Balance zwischen allen dualen oder andersgearteten Anteilen. Das griechische Wort »harmozein« heißt zusammenfügen. Wenn wir in uns Gegensätzliches zusammenfügen, entsteht eine harmonische Ordnung. In Harmonie schwingen wir, wenn wir mit unserer Seele im Einklang oder auch Übereinstimmung sind.

Eine kleine Legende von Omar, dem großen Kalifen Arabiens, erzählt davon, was es heißt, sich in Harmonie und Einklang mit Gott zu befinden und welche Auswirkungen dies auf alles Leben hat. Jemand wollte ihm, dem Kalifen, etwas Böses antun und suchte nach ihm. Omar wohnte, obwohl er ein König war, nicht in seinen Palästen, sondern in der Natur. Das wußte der Mann, der Omar verletzen wollte, und er war froh darüber, denn er dachte, dies würde seine Aufgabe erleichtern. Aber als er sich dem Platz, an dem Omar saß, näherte, bemerkte er – je näher er kam, desto mehr veränderte sich seine Einstellung. Und als er Omar erblickte, fiel ihm sein Dolch aus der Hand, und er sagte: Ich kann dich nicht verletzen. Sage mir, was ist die Kraft in dir, die mich daran hindert, das zu tun, um dessentwillen ich gekommen bin? Und Omar antwortete: Mein Eins-Sein mit Gott!

- Vergleiche: Balance, Erkenntnis, Frieden, Gelassenheit, Sensibilität, Wahrheit
- Edelsteine: Aquamarin, Jade, Rubin, Rutilquarz, Smaragd, Saphir
- Bachblüte: Heather
- Pomander: violett, pink, magenta, weiß
- Meisteressenz: Pallas Athene / Aeolus

Hingabe

Hingabe bedeutet »ganz dabei zu sein«, so wie sich Kinder mit ganzer Hingabe einem Spiel widmen können und alles andere um sich herum vergessen. Hingabe bedeutet die Öffnung des Herzens und des Geistes und hat nichts mit dem »sich-aufgeben« oder opfern zu tun. Nur in wirklicher Hingabe können wir empfangen. Hingabe heißt, sich selbst hundertprozentig einzusetzen und im vollen Vertrauen wahrhaft zu dienen. Wer sich nicht hingeben kann, bleibt letztendlich immer allein mit sich und erfährt diese Weise von erfüllender Erfahrung nicht. Ohne Hingabe wird das Leben unfruchtbar, denn selbst der Samen wird durch vertrauensvolle Hingabe zum Keimling. Volle Hingabe und engagierter Einsatz verändern jedes Problem. Ohne Hingabe können wir nicht lieben, und ohne Hingabe nicht leben.

- Vergleiche: Achtsamkeit, Aufrichtigkeit, Dienen, Entschlußkraft, Erkenntnis, Geben, Loslassen, Mut, Verantwortung, Vertrauen, Willenskraft
- Edelsteine: Citrin, Fluorit, Jade, Kunzit, Mondstein
- Bachblüte: Vine, Wild Rose
- Pomander: gelb, olivgrün, smaragdgrün, königsblau
- Meisteressenz: Christus, El Morya

Hoffnung

Hoffnung verändert die innere Einstellung vom resignierenden Aufgeben zum mutigen Angehen. Hoffnung wurzelt in dem Vertrauen und der Gewißheit, daß alles zur rechten Zeit am rechten Ort geschieht und es nichts in uns und unserer Umgebung gibt, was nicht von uns zu integrieren wäre. Es mag sein, daß wir uns unserer Erwartungen und nicht erfüllter Wünsche bewußt werden. Eine Wahlmöglichkeit ist es dann, »beleidigt« stehen zu bleiben, zu resignieren und in die Depression zu steuern, oder wir wählen, unsere Hoffnung zu stärken und mit Mut und Vertrauen voranzugehen. Wir wählen selbst, ob und wie wir unser Schicksal verstehen, annehmen und es sogar verantwortlich, bewußt und optimistisch mitgestalten. Manchmal ist Wagemut mehr, als auf das Glück zu hoffen. Tilla Durieux sagte: »Die Hoffnung ist ein Mitteldding zwischen Flügel und Fallschirm.«

- Vergleiche: Dankbarkeit, Entwicklung, Führung, Glauben, Mut, Vertrauen, Willenskraft
- Edelsteine: Bernstein, Kristall, Rhodochrosit, Rosenquarz, Rutilquarz, Sodalith, Turmalin, Turmalinquarz
- Bachblüte: Gentian, Gorse
- Pomander: gelb, olivgrün, smaragdgrün, königsblau
- Meisteressenz: Lady Nada

Identität

Manchmal mag es schwer sein, eine Identität zu benennen, denn damit schränkt man sie sogleich ein. Die Weisheitslehren, die man benennen kann, sind nicht die absolute Weisheit. Die Identität, die wir jetzt benennen, ist die im Hier und Jetzt, sie ist veränderlich durch unsere Entwicklung. Wir wachsen in unserer Identität vom bedürftigen Kleinkind zum verständnisvollen Erwachsenen. Der Kern unserer Identität ist unsere Seele.

- Vergleiche: Entwicklung, Führung, Intuition, Vertrauen
- Edelsteine: Kristall, Lapislazuli, Sodalith
- Bachblüte: Centaury, Cerato, Heather, Vine
- Pomander: königsblau, violett, weiß
- Meisteressenz: Christus

Intuition

Unsere Seele lehrt uns über unser Höheres Selbst und die innere Stimme immer und immer wieder. Dieser Prozeß hat kein Ende, aber dennoch wiederholt sie sich nicht.

Stärken wir unsere Intuition, bewegen wir uns auf der Lebensschiene von der Urteilsschwäche zur inneren Gewißheit. Im guten Kontakt zur inneren Stimme oder inneren Führung wachsen wir in die eigene Entscheidungsfähigkeit und werden uns mit anderen absprechen; aber andere Meinungen werden uns nicht wie einen Spielball hin und herwerfen. Der eigenen Intuition zu vertrauen, balanciert die Waage zwischen Emotionalität und Intellekt aus und führt in heilsame Zentriertheit und damit zur Weisheit.

- Vergleiche: Achtsamkeit, Annehmen, Finden, Führung, Klarheit, Hingabe, Mut, Vertrauen
- Edelsteine: Amethyst, Kristall, Kunzit, Lapislazuli, Mondstein, Rosenquarz
- Bachblüte: Cerato, Oak
- Pomander: gold, königsblau
- Meisteressenz: Lady Nada, Kwan Yin, Maha Chohan

Klarheit

Klarheit in der Sicht, im Verstehen und im Ausdruck verhindert vielerlei Mißverständnisse. Diese beruhen im allgemeinen auf zwei Ursachen: Wenn wir nicht klar sagen, was wir meinen, und wenn wir nicht tun, was wir sagen. Gemeinsam mit unserem Selbstvertrauen entwickeln wir die Fähigkeit, zu jeder Zeit die klare Wahrheit zu ertragen. Manchmal hat Klarheit scharfe Kanten, dennoch ist sie im Sinne der Entwicklung wohltuend, weil sie Täuschungen aufhebt. Viele Reize überfluten unseren Geist, und mentale Spannungen und Kopflastigkeit tragen ebenso dazu bei, die vorher klare Sicht zu trüben. Der Ausgleich geschieht in geistiger Ruhe und kreativer Denkweise. Es braucht Licht für eine Sicht. Was auf der äußerlichen Szene durch unsere Augen nicht mehr zu erkennen ist, sehen unsere inneren Augen. Der Satz: Schließe deine Augen und du wirst sehen, beinhaltet gerade das.

- Vergleiche: Annehmen, Erkenntnis, Freiheit, Mut, Reorientierung, Sensibilität, Stille, Wahrheit
- Edelsteine: Citrin, Diamant, Falkenauge, Kristall, Rauchquarz, Tigerauge
- Bachblüte: White Chestnut
- Pomander: gelb, königsblau
- Meisteressenz: Serapis Bey

Kommunikation

Kommunikation bedeutet Verbindung. Das Wort enthält den Begriff Kommunion: Gemeinsamkeit. Kommunikation heißt Verständigung verschiedener Ebenen, wobei das Medium Energie, Worte, Gesten und vieles mehr sein kann. Wir vermeiden Mißverständnisse in der Kommunikation und in unserem Ausdruck, wenn wir sagen, was wir im Inneren meinen und auch wirklich tun, was wir sagen. Das fördert die Vertrauenswürdigkeit. Einen guten Führer erkennt man daran, daß seine Worte im *Einklang* mit seinen Taten stehen.

Die Kommunikation ist ein Gefährt auf dem Weg aus

der Isolation zum heilsamen Miteinander und bedarf in irgendeiner Form des *Ausdrucks.* Gibt es etwas Natürlicheres, als mit seinem Schutzengel zu sprechen? Oder mit seinem Höheren Selbst in Bildern, Symbolen oder Farben zu kommunizieren? Die erste Kommunikationsebene sollte unser individuelles Wesen sein, der Kontakt und die Verständigung der Gefühle und Gedanken untereinander, bevor wir uns mit anderen Wesen verbinden. Überhebliche Isolation schafft Distanz, eine entwickelte Seele befindet sich im gefühlvollen Kontakt mit sich selbst und anderen und läßt Nähe zu. Achtsamkeit in der gegenseitigen Kommunikation verhindert Verletzungen in dieser Art der Verbindung und Nähe.

- Vergleiche: Erkenntnis, Klarheit, Verbundenheit, Verstehen
- Edelsteine: Aquamarin, hellblauer Chalcedon, Türkis
- Bachblüte: Water Violet
- Pomander: türkis, saphirblau, königsblau
- Meisteressenz: Kuthumi, Maha Chohan

Konzentration

Konzentration heißt, seine Aufmerksamkeit auf ein Zentrum lenken zu können und sie dort zu halten. Es bedeutet, sich nicht ablenken zu lassen und sich nicht in der Vielfalt zu verlieren. Sich auf ein Thema konzentrieren zu können, heißt auch, gelernt zu haben, Prioritäten zu setzen, Entscheidungen zu treffen und in Disziplin seine abschweifenden Begehren zu beherrschen.

Viele meditative Lehren, wie zum Beispiel die Zen-Lehre, lehren rechte Konzentration und die innere Kunst der Achtsamkeit. Zugriff auf alle Kraftquellen in uns und um uns herum besteht durch die Aufmerksamkeit im Hier und Jetzt. Insofern muß Meditation keine Flucht aus der Realität sein, sondern gerade die Konzentration auf das, was jetzt gerade möglich ist. Mahatma Gandhi hat den treffenden Satz gesagt: Wie sich der See Tropfen für Tropfen auffüllt, so nährt jede Minute Meditation die Seele.

- Vergleiche: Achtsamkeit, Ausdauer, Reorientierung, Willenskraft, Zielsetzung
- Edelsteine: Azurit, Pyrit
- Bachblüte: Chestnut Bud, Clematis, Wild Oat, Willow
- Pomander: königsblau
- Meisteressenz: El Morya, Maha Chohan

Kreativität

Wir benötigen Kreativität in jedem Lebensprozeß und nicht zuletzt in jedem Konflikt. Jeder Konflikt wird zu einem Machtkampf, wenn man auf gleicher Ebene bleibt. Mit Hilfe unserer Kreativität könnten wir ein höheres gemeinsames Ziel anstreben, das sich gemeinsam aus der Situation heraus entwickelt. Partnerschaften setzen schöpferische Kräfte frei, von denen man vorher nicht zu träumen wagte.

In jeder Lebenssituation und in jedem Beziehungsthema haben wir die Wahl zwischen Dramatisierung und Kreativität. Wenn wir immer dramatische Wege wählen, um unsere Situation darzustellen, bleiben wir in der Erkenntnisphase hängen. Wählen wir Kreativität, starten wir die Lösungsphase. Kreativität ist das Gegenmittel zum Verlust, sie führt zu Neugewinn und Geburt. Wenn wir etwas wirklich möchten, findet sich mit unserer Kreativität ein Weg. Es mag dann noch Korrekturen geben, die das eigentliche Ziel dennoch unser Ziel sein lassen. Wir nutzen unsere Kreativität nicht, wenn wir verträumt, zerstreut und geistesabwesend durch die Welt ziehen. Geerdet-Sein und freudige Tatkraft sind gerne Begleiter der Kreativität.

- Vergleiche: Achtsamkeit, Freude, Hingabe, Intuition, Mut, Realitätsgestaltung, Vitalität, Willenskraft
- Edelsteine: orange und grüner Calcit, Citrin, Fluorit, Jaspis, Rhodonit
- Bachblüte: Clematis
- Pomander: orange, olivgrün
- Meisteressenz: Saint-Germain

Lebensaufgabe

Jeder von uns hat im Tiefsten seiner Seele einen Auftrag, der eine oder mehrere damit verbundene Lebensaufgaben enthält. Nur dieser eine Mensch hat das innere Werkzeug für diese Aufgaben, und nur jener erntet auch den Segen, den diese Aufgaben bringen. Durch Hingabe an die innere Führung wissen wir davon - ob ganz bewußt oder einfach im vollen Vertrauen und ohne viel darüber zu reden. Wer noch immer nach dem Sinn des Lebens fragt, hat seine Potentiale noch nicht ganz erkannt und in sein Denken, Fühlen und Handeln integriert. Wer sich seinen Lebensaufgaben wirklich hingibt, kennt keine Langeweile und keine Unzufriedenheit.

Es mag dennoch in der »Ausführung« der Aufgaben Verunsicherungen oder Zerissenheiten geben, das sind dann die Lernprozesse innerhalb der Lebensaufgaben auf dem Weg zur erfüllenden Selbstverwirklichung und zu klaren Zielsetzungen.

- Vergleiche: Achtsamkeit, Dienen, Entschlußkraft, Entwicklung, Hingabe, Reorientierung, Sensibilität
- Edelsteine: weißer Achat, Amazonit, Amethyst, Aventurin, Chrysokoll, Fluorit, Rhodonit
- Bachblüte: Wild Oat
- Pomander: smaragdgrün, königsblau, violett
- Meisteressenz: El Morya

Lebenskraft

Im Einsatz unserer gesamten, sich immer wieder erneuernden Lebenskraft und der Hingabe an unsere Lebensaufgaben erklingt unsere Lebensmelodie auf der Harfe unserer Seele. Die willensgerichtete Lebenskraft wirkt Kummer und Traurigkeit entgegen. Der unerschöpfliche Lebensstrom, der uns unentwegt durchfließt, führt uns an unsere innere Lebendigkeit und Vitalität. Lebensfreude, Lachen, wahrhaftes Genießen-können und Humor sind übrigens große Kraftspender.

Über das mineralische Edelsteinreich, über das pflanzliche Blüten- und feinstoffliche Farbenreich sind uns verschiedenartige »Energie-Versorgungsmöglichkeiten« geschenkt - wir dürfen sie dankbar annehmen. Die Welt wäre ja heil, wenn Steine, Pflanzen und Farben »alleine« (ohne die Öffnung des Herzensbewußtsein des Menschen) heilen könnten - aber der Mensch kann und darf sich nur selbst heilen, nur er selbst kann die Erlaubnis geben, diese und noch viele andere Unterstützungsmöglichkeiten in sein Bewußtsein zu integrieren. Nur er selbst kann diese inneren Räume betreten, in denen Heilung möglich ist.

- Vergleiche: Annehmen, Anpassung, Finden, Freude, Mut, Willenskraft, Wachstum

- Edelsteine: Achat, Aventurin, Citrin, Hämatit, Heliotrop, Karneol, Pyrit, Rutilquarz
- Bachblüte: Star of Bethlehem
- Pomander: gold, gelb, rot
- Meisteressenz: Christus, Lao-Tse / Kwan Yin

Leistungsfähigkeit

Wir sind unseren inneren Potentialen entsprechend leistungsfähig. Wir müssen uns dabei in uns selbst orientieren und nicht an anderen. Überperfektionismus, ständige Überforderungen wegen zu hoch gesteckter Ziele und körperliche und seelische Erschöpfung schwächen sie. Eine sich entwickelnde Balance für seine Kräfte und Anforderungen läßt die Selbstsicherheit und Zuverlässigkeit entstehen, die nötig ist, das ewig dauernde Spiel mit den eigenen Grenzen zu erkennen.

- Vergleiche: Achtsamkeit, Intuition, Kreativität, Regeneration, Selbstbestimmung, Spannkraft, Verantwortung, Vitalität
- Edelsteine: Heliotrop, Jaspis, Rhodochrosit, Rhodonit
- Bachblüte: Elm
- Pomander: rot, orange, türkis
- Meisteressenz: Maha Chohan

Lernfähigkeit

Mangelnde Selbstbeobachtung und übertriebene Eigenwilligkeit können dazu führen, daß wir einen Fehler, den wir einmal machten, wiederholen. Besonders dann, wenn wir den Zusammenhang nicht wirklich erkannt oder in unser Bewußtsein integriert haben. In einem reflektierenden Abstand von innerer Ruhe verstehen wir Ursachenketten besser und erkennen sie beim Wiederauftreten. Es gehört auch zu uns Menschen, daß wir manches nur durch Wiederholungen und Routine lernen. Es gibt auch Dinge im Leben, die wir nicht persönlich erfahren müssen, da uns Worte oder die Geschichte wichtige Hinweise für den Lernprozeß geben. Es gibt leider viele Hinweise, in denen wir Menschen unsere »Lernresistenz« bewiesen haben.

- Vergleiche: Achtsamkeit, Dankbarkeit, Erkenntnis, Kommunikation, Konzentration, Neuanfang, Verständnis
- Edelsteine: Achat, Chrysokoll, Fluorit, Pyrit, Sodalith, Lapislazuli
- Bachblüte: Chestnut Bud
- Pomander: smaragdgrün, saphirblau, königsblau
- Meisteressenz: Saint Germain, Lao-Tse / Kwan Yin

Licht

Das innere Licht leuchtet in unseren Herzen, nirgendwo sonst. Das Lichtreich liegt mitten in uns selbst; wenn wir es anderswo suchen, finden wir es nicht. Wir wählen, ob wir uns von Melancholie, Weltschmerz und Schwermut treiben lassen, oder ob wir uns vom inneren Licht und der damit verknüpften Freude, Klarheit und Stabilität führen lassen. Unser Unbewußtes bietet uns immerzu persönliche und kollektive dunkle Wolken an. Das innere Licht ist jene Kraft und Wärme, die solche Wolken nicht nur vertreiben, sondern auflösen. Diese mit dem Wind nur weiterzuschieben, bedeutet, sie nur zu verdrängen. Das Umgestalten und die Neuwerdung enthält die Lösung, beziehungsweise die Heilung.

Das Licht bringt uns das ewig währende Spiel von Licht und Schatten nahe. Wenn wir den Schatten eines Riesen sehen, sollten wir nochmals gut hinschauen, ob es nicht der Schatten eines Zwerges ist. Es kommt, wie so oft, auf den Blickwinkel an. Heilsam wird es, wenn wir uns der Ängste bewußt sind, uns davon aber nicht abhalten lassen und mit unerschütterlicher Gelassenheit »unsere Lichtblicke« sehen. Durch unser inneres Licht wachsen wir in unsere Seelengröße – durch den Seelenschmerz hindurch.

Es gilt, die Gesetze des Lichts anzuerkennen! Die Sonnenkraft ist die Kraft des göttlichen Selbst. Wie die Sonne der Mittelpunkt, das lebensspendende Licht und das Zentrum im Sonnensystem ist und ihren Glanz ungehindert in jede Richtung strahlt, so wirkt die Sonnenkraft auch in ihrer Offenbarung als geistiges Licht. Dieses geistige Licht nährt unsere innere Lichtquelle, strahlt als absolute Wahrheit, Selbstbewußtsein, Selbstvertrauen, Selbstsicherheit und nicht zuletzt als strahlende Gesundheit.

- Vergleiche: Annehmen, Dankbarkeit, Erfüllung, Erkenntnis, Freiheit, Freude, Güte, Reinigung, Vertrauen, Wachstum
- Edelsteine: weißer Achat, Diamant, Kristall, Rosenquarz, Rutilquarz, Turmalinquarz
- Bachblüte: Gorse, Mustard
- Pomander: gelb, gold
- Meisteressenz: im Prinzip alle Meister, El Morya im besonderen

Liebe

Die Liebe ist das Licht, das die Seele erhellt. Liebe begegnet uns überall und zu jeder Zeit. Die Liebe zu allen Wesen und zu allem Geschaffenen ist das höchste Gut. Liebe erfordert uneingeschränkte Hingabe und vollkommenes Sich-selbst-vergessen. Die Moral trennt, die Liebe verbindet. »Liebe erlöst, nicht das Denken.« (Manfred Kyber)

Die Liebe ist etwas Zeitloses, Grenzenloses, sie beginnt in diesem Augenblick und wirkt in alle Ewigkeit. Die wahre Liebe ist immer das Mittel; Liebe ist immer der Zweck. Je mehr Liebe ich für einen Menschen, für einen Meister empfinde, um so mehr Liebe wird *in mir selbst* frei, die dann mein Inneres heilt. *Was* wir lieben, ist etwas *in* uns selbst, das wir oft erst im anderen erkennen, bevor wir es in uns finden.

Liebe bewirkt, daß wir uns selbst nicht mehr im Weg stehen. Sie löst unsere Ego-Einkapselung auf. Pseudo-Trennungen und unsere Bedürfnisse nach Sicherheit werden unwichtig. Sie kommuniziert, öffnet und spielt, sie erhebt uns über Kummer und Sorgen und nährt unsere Aufgeschlossenheit allem gegenüber. Wahre Nähe, Verbundenheit, Zuwendung und Freude sind ihre Begleiter. Echte liebevolle Zuwendung heilt, ohne dabei zu drängen. Liebe heißt, alles zu geben und sich an nichts zu klammern. Sie braucht keine Sicherheiten und Garantien. Wahre Liebe brennt wie ein reinigendes Feuer, darin liegt die Einfachheit und Größe des ganzen Daseins.

Ein Gedicht von Erich Fried spricht von der Liebe:

Es ist Unsinn - sagt die Vernunft,
es ist, was es ist - sagt die Liebe.

Es ist Unglück - sagt die Berechnung,
es ist nichts als Schmerz - sagt die Angst,
es ist aussichtslos - sagt die Einsicht,
es ist, was es ist - sagt die Liebe.
Es ist lächerlich - sagt der Stolz,
es ist leichtsinnig - sagt die Vorsicht,
es ist unmöglich - sagt die Erfahrung,
es ist, was es ist - sagt die Liebe.

- Vergleiche: Annehmen, Dienen, Erkenntnis, Freude, Harmonie, Kommunikation, Mitgefühl, Verbundenheit, Vertrauen
- Edelsteine: im Prinzip alle, Aquamarin, Citrin, Kristall, Kunzit, Rosenquarz, Rubin, Saphir, Smaragd
- Bachblüte: Chicory, Holly
- Pomander: smaragdgrün, pink, weiß
- Meisteressenz: im Prinzip alle, besonders: Christus, Lady Nada

Liebesfähigkeit

Liebe ist das große, unsichtbare Gewebe, das die Schöpfung durchzieht, die unerschöpfliche Antwort auf alle Fragen menschlichen Bewußtseins, von der einfachsten bis zur tiefsinnigsten. Die Liebesfähigkeit entwickelt sich von Haß über Mißtrauen und Eifersucht hin zu einer gesunden Beziehungsfähigkeit aus Integration und wahrer Liebe. Sie öffnet verschlossene Herzen, lehrt innere Harmonie und nährendes Verbundenheitsgefühl. Rainer Maria Rilke schrieb: »Liebe besteht darin, daß zwei Einsamkeiten sich beschützen und sich berühren und sich gegenseitig grüßen.«

- Vergleiche: Beziehungsfähigkeit, Dankbarkeit, Liebe, Offenheit, Zärtlichkeit
- Edelsteine: Citrin, Kunzit, Fluorit, Rosenquarz,
- Bachblüte: Holly
- Pomander: olivgrün, smaragdgrün, pink, weiß, magenta
- Meisteressenz: Christus, Lady Nada

Loyalität

Loyalität ist verbunden mit Vertrauen und Zuversicht, Standhaftigkeit und Treue innerhalb einer Gemeinschaft. Dies kann eine Familie, Sippe oder ein Zusammenschluß mehrerer aus einem speziellen Grund sein. Liebe und unerschütterliches Vertrauen stärken Loyalität, sie nähren diesen Zusammenhalt. Eine östliche Weisheit sagt: »Ist jemand in den Brunnen gefallen, wirf nicht noch Steine hinterher.«

- Vergleiche: Achtsamkeit, Beziehungsfähigkeit, Kommunikation, Toleranz, Verantwortung, Verbundenheit
- Edelsteine: Türkis, hellblauer und rosa Chalcedon
- Bachblüte: Beech, Vervain, Willow
- Pomander: türkis, königsblau, magenta
- Meisteressenz: Sanat Kumara

Loslassen

Wenn wir loslassen (ich nenne es gerne frei-lassen), machen wir immer den Weg für Besseres frei. Verabschieden wir bewußt, was loszulassen ist und heißen für eine

Zeitlang das nächste willkommen, denn auch das muß wieder freigelassen werden.

Lege das, was du loslassen kannst (ob es nun Schuldgefühle oder ... sind), zu Füßen des Christus oder des Buddhas in dir. Oder als ein anderes Bild: Lege es in die Hände Gottes.

Loszulassen von eigenen Vorstellungen und sich dem Lebensfluß hinzugeben, ist das, was am meisten heilen kann. Wenn wir geben, wird uns vieles geschenkt.

Das Festhalten baut mehr und mehr innere Spannung auf, hinzu kommen die Ängste, die Kontrolle zu verlieren. Dies alles kostet unseren Energiehaushalt enorme Kräfte. Das Loslassen schafft Entspannung und bedeutet Kraftreserven und Flexibilität. Die Flucht in die Vergangenheit bleibt eine Flucht, die ehrliches Voranschreiten verhindert, wobei die Qualität des Loslassens die passivere gegenüber der Qualität des aktiveren Gebens ist.

- Vergleiche: Achtsamkeit, Ehrlichkeit, Entwicklung, Flexibilität, Geben, Gelassenheit, Reinigung, Vergebung, Vertrauen, Wachstum
- Edelsteine: Aquamarin, Chrysopras, Karneol, Perle, Sonnenstein, Variscit
- Bachblüte: Cherry Plum, Crab Apple, Honeysuckle, Red Chestnut, Sweet Chestnut
- Pomander: olivgrün, smaragdgrün, gold
- Meisteressenz: Christus, Lady Portia, Serapis Bey

Mitgefühl

Mitgefühl und Liebe gehören zusammen. Das wahre Mitgefühl kennt den Unterschied zum »Mit-leiden«, das eher mit dem noch falsch verstandenen Helfen einhergeht. Mitgefühl verbindet die Menschen in der tiefen Weisheit des Eins-Seins auf seelisch-geistiger Ebene. Die erleuchteten Buddhas, Bodhisattvas und Avatare sind Vorbilder des wahren Mitgefühls, sie inkarnieren aus dieser Qualität in die dichte Materie und unterstützen uns jeder auf seine ihm mögliche Weise, bis wir alle die reine Liebe erkennen und leben können. Mitgefühl drückt sich ohne Worte aus und ohne sich aufzudrängen. Geteiltes Leid ist halbes Leid, geteilte Freude doppelte Freude.

- Vergleiche: Achtsamkeit, Beziehungsfähigkeit, Dankbarkeit, Führung, Liebe, Nächstenliebe, Umsicht, Verbundenheit, Wachstum
- Edelsteine: Achat, Aventurin, Jade, Kristall, Malachit, Rosenquarz, rosa Chalcedon, Rhodonit, Variscit
- Bachblüte: Beech, Heather, Red Chestnut
- Pomander: smaragdgrün, pink
- Meisteressenz: Kuthumi, Lady Nada, Lady Portia, Lao-Tse / Kwan Yin

Mut

Mut ist die antreibende Kraft, die Impulse, Ideen und Gedanken in Taten umsetzt.

Das Leben ist nicht wie eine Mutprobe zu verstehen, es ist kein *Problem,* das es zu lösen gibt, sondern eine *Wirklichkeit,* die es zu erfahren gilt. Tiefsitzende Ängste hemmen unsere Reaktionsbereitschaft und verengen die Verbindungen zu den Kraftreserven. Es gibt die Wahl, in überraschenden Extremsituationen in panischer Erstarrung zu blockieren, und es gibt die Wahl, in Achtsamkeit *geistesgegenwärtig* und im Kontakt mit der inneren Kraftquelle *augenblicklich* zu handeln. Aus wahren Begebenheiten ist bekannt, daß in Extremsituationen oft übermenschliche Kräfte mobilisiert wurden, die sich derjenige vorher nicht zugetraut hätte. Das innere Zutrauen und der Mut fördern sich gegenseitig; Mut und Ängste behindern sich. Der Mut, zu sich selbst zu finden, sich selbst zu erkennen, steht an erster Stelle, daraus folgen die unendlich vielen alltäglichen Gelegenheiten, in denen wir unserem Mut Zeit und Raum zum Verwirklichen geben.

Während sich Hochmut als ein Stolperstein auf unserem Lebensweg zeigt, ist Demut eher ein Sprungbrett. In der althochdeutschen Sprache bedeutet »diomuoti« dienstwillig. Demut besteht in dem Mut zu dienen, zum Beispiel dem Leben zu dienen, sich mutig für andere einzusetzen. Demütige Menschen entwerten sich nicht in falscher Unterwürfigkeit, sondern haben den Mut zu wahrer Bescheidenheit.

- Vergleiche: Aufrichtigkeit, Durchbruch, Ehre, Erlösung, Furchtlosigkeit, Intuition, Kreativität, Leistungsfähigkeit, Tapferkeit, Vertrauen
- Edelsteine: Andenopal, Bernstein, Citrin, Karneol, Olivin, Tigerauge, Calcit
- Bachblüte: Cerato, Rock Rose
- Pomander: orange, gelb
- Meisteressenz: Christus, Maha Chohan

Mütterlichkeit

Mutter zu sein, bedeutet eine sehr reife Form der Liebe und ist wohl ein lebenslanger Prozeß. Das, was eine Mutter von Herzen liebt, muß sie loslassen. Sie wird die Nabelschnur, die zunächst körperlich einige Zentimeter war, verlängern und verlängern und verlängern, bis die geistige Nabelschnur auf unzählige Kilometer ausgedehnt ist und dann sich *beide* ganz lösen können (sollten, dürften ...). Aus der Abhängigkeit von sich selbst begleitet eine Mutter ihr Kind in die Eigenständigkeit. Kümmert sie sich übertrieben um ihr Kind oder um andere, um sie von sich abhängig zu machen, wird sie immer wieder vom Leben selbst darauf hingewiesen, von der fordernden Liebe zur gelassenen Liebe zu wachsen. Das Loslassen von gefühlsmäßigen Besitzansprüchen ist eine Lebensaufgabe, die die wahre Liebe der Selbstlosigkeit lehrt. Es ist ein Schenken, ohne die Forderung, etwas Vergleichbares dafür zu bekommen.

- Vergleiche: Achtsamkeit, Beziehungsfähigkeit, Fürsorge, Liebe, Loslassen, Nächstenliebe, Vertrauen, Wachstum, Zärtlichkeit
- Edelsteine: Achat, Aquamarin, Bernstein, Chrysopras, Karneol, Kristall, Malachit, Olivin, Türkis
- Bachblüte: Chicory, Mustard
- Pomander: orange, olivgrün
- Meisteressenz: Lady Nada, Kwan Yin, Orion und Angelika

Nächstenliebe

»Liebe deinen Nächsten, wie dich selbst - liebe dich selbst, wie deinen Nächsten«, das ist der Satz, der alles enthält und der so oft mißverstanden und fehlinterpretiert wird. Wahre zwischenmenschliche Nähe unterstützt eigene Heilungsphasen. Die Nächstenliebe kennt die Grenzen, außerhalb derer sie zu übertriebener Fürsorge oder gar zur Selbstaufopferung wird. Ein wirklich Erwachsener erkennt seine eigenen Ängste als solche, projiziert sie nicht auf andere und begleitet den Nächsten aus dessen verflochtenen Verhältnissen in die Eigenständigkeit.

- Hinweise: Beziehungsfähigkeit, Dienen, Fürsorge, Liebe, Mitgefühl, Mütterlichkeit, Vertrauen
- Edelsteine: Amethyst, Malachit, Rosenquarz, Rubin, Smaragd
- Bachblüte: Chicory, Heather, Red Chestnut
- Pomander: smaragdgrün, türkis
- Meisteressenz: Christus, Lady Nada, Lady Portia

Neuanfang

Jeder Neuanfang weist eine Verbindung zum Tod auf. Wenn der Tag beginnt, stirbt die Nacht, wenn der Keimling geboren wird, starb vorher der Samen. Wenn wir das ewige Spiel des »Stirb und Werde« als einen Kreislauf sehen, gibt es da weder Anfang noch Ende. Jeder Neuanfang und jede Geburt schenkt eine Chance des Wandels. Jeder Verlust ist ein erster Schritt zu einem Neubeginn. Es mag sein, daß es Phasen von Verunsicherungen gibt oder wir uns im Veränderungszustand zu leicht beeinflussen lassen. Im Vertrauen zu unserer inneren Führung üben wir mutige Durchbrüche, üben wir klar und unbeirrt unseren Weg zu gehen. Babaji prägte den Satz: »Jeder Heilige hat eine Vergangenheit, und jeder Sünder hat eine Zukunft.« Das »Fallen« ist keine Schande, nur das Liegenbleiben.

- Vergleiche: Entwicklung, Loslassen, Mut, Reorientierung, Vertrauen, Wandel
- Edelsteine: Granat, Jaspis, Turmalin, Topas

- Bachblüte: Walnut
- Pomander: rubinrot, rot, olivgrün
- Meister: Djwal Khul, Serapis Bey

Offenheit

Vielen Menschen können wir nicht wirklich begegnen, weil sie in sich selbst verschlossen sind. Solche Menschen sind ein Spiegel für die eigene Verschlossenheit oder für unsere Masken und einzelnen Rollen. Wir können einem anderen Menschen in dem Maße begegnen, wie wir selbst offen sind. Der Mut zur Offenheit öffnet uns für das Geheimnis der Begegnung.

Das Ausmaß unserer Offenheit bestimmt das Maß, in dem wir inspirierend auf andere wirken. Es ist schon paradox, daß wir manchmal eine Seite unseres Wesens verdecken, »damit uns unsere Mitmenschen mögen«. Tatsächlich ist es aber oft so, daß wir dadurch »fehlerfrei« und unnahbar wirken. Wenn wir offenlegen, welche Dinge von uns »noch nicht ganz erleuchtet« sind, und wir uns unverfälscht geben, ist es anderen auch noch nicht Erleuchteten leichter, Verbindung zu uns herzustellen.

- Vergleiche: Achtsamkeit, Annehmen, Balance, Erkenntnis, Ehrlichkeit, Führung, Toleranz, Selbstvertrauen
- Edelsteine: Amazonit, Aventurin, Azurit, Calcit, Citrin, Kristall, Rhodochrosit, Turmalin
- Bachblüte: Holly, Rock Water
- Pomander: gelb, türkis
- Meisteressenz: Maha Chohan, Orion / Angelika

Ordnung

Es gibt so viele verschiedene Ebenen von Ordnung. Ein Ameisenhaufen hat eine andere Ordnung als unser Sonnensystem, eine Bibliothek eine andere als gemischter Salat. Wenn wir uns »in Ordnung finden«, wie wir jetzt gerade sind, samt unseren hellen und dunklen Wesensanteilen, tun wir das Bestmögliche. Sind wir in Äußerlichkeiten von einem pedantischen, zwanghaften Ordnungsdrang beseelt, gibt es sicherlich ein unordentliches Chaos in unserer Innenwelt, was wir auf diese Weise zu kompensieren versuchen. Jedem Chaos liegt ein neues Ordnungssystem zugrunde, das zu erkennen unsere Augen vielleicht noch nicht geschult sind. Das Gewahrsein von Ordnung ist ein sich verändernder, entwickelnder Prozeß, das höchste Ziel darin das Erkennen und Verstehen der göttlichen Ordnung und der Vollkommenheit. Unsere menschliche Unvollkommenheit gegenüber der göttlichen Ordnung zu erkennen, ist manchmal sehr schmerzhaft, und es dient allen, durch liebevolles Verständnis, Achtsamkeit und Ehrlichkeit auf dem Weg zur inneren Ordnung zu gehen. Die beste Ordnung stellt sich von selbst her.

- Vergleiche: Achtsamkeit, Führung, Reinheit, Reinigung, Stabilität, Toleranz, Vertrauen
- Edelsteine: Amethyst, Aquamarin, Charoit, Karneol, Kristall
- Bachblüte: Crab Apple
- Pomander: violett, weiß
- Meisteressenz: Serapis Bey

Realitätsgestaltung

Realitätsgestaltung bedeutet das Mitformen des Hier und Jetzt mit allen unseren inneren Möglichkeiten. In der Außenwelt sichtbar werden zu lassen, was wir in der Tiefe unseres Herzens schon sind. Es heißt, »den Himmel auf die Erde zu holen«. Im Erleben von Liebe und Glück, im Erlauben von Heilung, befreien wir *jeden*, vor allem uns selbst. Wenn wir in Fantasieschlössern hängen bleiben und vor der wirklichen Realität fliehen, verschenken wir die Chancen von bewußtem Mitgestalten unserer Wirklichkeit und wundern uns eventuell, was unser Unbewußtes da so alles kreiert. Wir können und sollten unsere reiche Fantasie für eine kreative Umsetzung unserer Ideen und Taten einsetzen. Das Träumen ist der Sonntag des Denkens, dort hat das Tagträumen einen gesunden Platz.

- Vergleiche: Achtsamkeit, Anpassung, Beziehungsfähigkeit, Entwicklung, Freiheit, Liebe, Mut, Kreativität, Transformation, Wachstum
- Edelsteine: Charoit, Jaspis, Karneol, Rhodonit, Rosenquarz
- Bachblüte: Clematis
- Pomander: rot, orange
- Meisteressenz: Maha Chohan, Saint Germain

Regeneration

Regeneration ist die Fähigkeit, im Kontakt mit der inneren Kraftquelle zu sein, zur rechten Zeit für Ruhe zu sorgen und das für sich selbst gesunde Maß in allem zu finden. Es ist der Wiederanschluß an die heilsame Lebendigkeit, an Kraftreserven. Es ist der Weg aus Krankheit, Kummer, Überanstrengung und Erschöpfung zur Kraftquelle hin. Was gibt es Näherliegendes, als »neu zu schöpfen«, wenn man »erschöpft« ist. Im Wort Regeneration finde ich *Generator* ebenso wie *genesen*. Licht ist Weisheit, Liebe ist Schöpfung. Regeneration ergibt sich im Erfüllen-lassen durch die Liebe im Universum, sie ist überall - im Spaziergang in der Natur, im liebevollen menschlichen Miteinander, im friedvollen Schlaf.

- Vergleiche: Annehmen, Balance, Dankbarkeit, Erfüllung, Finden, Gelassenheit, Liebe, Selbstvertrauen, Verantwortung
- Edelsteine: Aventurin, Chrysokoll, Hämatit, Heliotrop, Karneol
- Bachblüte: Olive
- Pomander: rubinrot, rot, grün
- Meisteressenz: Djwal Khul, Sanat Kumara

Reichtum

Solange wir Reichtum nicht in uns selbst, sondern im äußeren Leben suchen, sind wir geblendet. Wir verwechseln leider noch oft den inneren Reichtum mit dem äußerlich materiellen, der manchmal nur eine Anhäufung von »leeren Dingen« ist. Das Wesentliche, was den Reichtum wirklich ausmacht, sehen die inneren Augen oder das Herz. Es geht darum, den inneren Reichtum anzuerkennen. Reich zu sein bedeutet, zu lieben und geliebt zu werden. Es bedeutet, den Reichtum seiner gemachten Erfahrungen und das Vertrauen wertschätzen zu können. Reich im Herzen, reich an freudvollem Lachen und reich an mutiger Willenskraft, das sind wahre

Werte. Mit dem Lächeln beginnt die Liebe, sie alleine ist Reichtum. Über Mutter Teresa wurde gesagt, sie sei reich gewesen, denn sie lächelte immer.

Wahrer Reichtum kennt keine Gewinner und Verlierer, sondern nur Gewinner auf beiden Seiten. Reichtum in unserem Alltag ist etwas relatives, eine passendes Sufi-Geschichte dazu lautet: »Ich weinte, weil ich keine Schuhe hatte, bis ich einem Mann begegnete, der keine Füße hatte.«

- Vergleiche: Annehmen, Dankbarkeit, Ehre, Ehrlichkeit, Erfüllung, Freude, Frieden, Liebe, Verbundenheit, Wahrheit, Wertschätzung
- Edelsteine: Amethyst, Labradorit, Lapislazuli, Opal, Smaragd, Tigerauge, Turmalin
- Bachblüte: Holly, Mustard, White Chestnut
- Pomander: gold, violett, magenta, weiß
- Meisteressenz: El Morya, Pallas Athene / Aeolus

Reinigung, Reinheit

Die reine Liebe ist das große Ziel. Mit »schmutzigen« Gedanken und »schuldbefleckten« Gefühlen kommen wir dort nicht an. Manchmal glauben wir im äußerlich auferlegten Reinigungsfanatismus und disziplinierten Vollkommenheitszwang etwas wiedergutmachen zu können. Dabei bedürfte es »nur« unserer ehrlichen Selbstakzeptanz, sie führt zu der Wahrheit, daß unser seelisch-geistiges Herz im Innersten nicht verunreinigt, sondern lichtvoll, nicht chaotisch, sondern vollkommen ist.

An einem Venus-Tempel standen die Worte: »Besitze dich selbst, entblößt von allen Verhärtungen – und der Kosmos wird dir dazugeben.«

- Vergleiche: Geben, Klarheit, Loslassen, Ehrlichkeit, Mut, Ordnung, Vergebung, Vertrauen
- Edelsteine: weißer Achat, Aquamarin, Citrin, Karneol, Kristall, Perle
- Bachblüte: Crab Apple
- Pomander: rubinrot, rot, weiß
- Meisteressenz: Serapis Bey

Reorientierung

Reorientierung hat mit Rückverbindung zu tun, mit dem Wiederanschluß an das Göttliche in uns. Manchmal bedeutet Reorientierung eine »Umkehr«, wie ich sie in der Einleitung beschrieben habe, manchmal bedeutet sie das »Verloren-geglaubte« oder das Verschüttete und Verlassene wieder in sich zu finden. Es mag eine Korrektur oder veränderte Ausrichtung des Denkens, Fühlens und Handelns nach sich ziehen. Reorientierung ist mit der Religion verbunden, wobei es nur eine Religion gibt, und das ist die des Herzens. Es ist keine Religion höher als die Wahrheit. Nach Verwirrungen, Schockeinwirkungen und »ver-zweifelnden Phasen« erreicht Reorientierung das vertraute Gefühl von Verbundenheit und Einheit.

Von Kahlil Gibran gibt es folgende Kurzgeschichte: Ein Fuchs betrachtete bei Sonnenaufgang seinen Schatten und sprach: »Heute mittag will ich ein Kamel verschlingen!« Den ganzen Morgen suchte er nach Kamelen. Am Mittag betrachtete er wiederum seinen Schatten und sprach: »Eine Maus wird wohl auch genügen!«

- Vergleiche: Achtsamkeit, Entschlußkraft, Erkenntnis, Erfüllung, Finden, Glauben, Liebe, Neuanfang, Stille, Vertrauen

- Edelsteine: Amethyst, Aventurin, Chrysokoll, Lapislazuli, Sodalith, Turmalin
- Bachblüte: Clematis, Olive, Rock Rose, Star of Bethlehem, Wild Rose
- Pomander: königsblau, violett
- Meisteressenz: Djwal Khul, El Morya, Hilarion

Ruhe

In der Ruhe und Stille liegen unerschöpfliche Kräfte. Wir brauchen Ruhe zur Regeneration, zum Wiederauftanken von Kräften. Wir leeren uns, um neu erfüllt zu werden. Wenn sich unsere Denk- und Planungsprozesse im Kreis drehen und wir aus dem Mentalkarussell den Ausstieg nicht mehr finden, *drehen* wir im wahren Sinne des Wortes *durch*. So paradox das klingt, erst wenn wir in der Ruhe unsere Gedanken loslassen, ist der Denkprozeß ein konstruktives Werkzeug des Menschen, sonst wird er zur Echohalle unserer Ideen und Impulse.

- Vergleiche: Befreiung, Erfüllung, Erlösung, Geduld, Gelassenheit, Hingabe, Loslassen, Stille, Wahrheit
- Edelsteine: Amethyst, Aventurin, Chrysekoll, Jade, Sodalith
- Bachblüte: White Chestnut
- Pomander: königsblau, violett, weiß
- Meisteressenz: Hilarion, Saint Germain

Schönheit

Jedem Lebendigen, das der Schöpfung dient, liegt etwas Schönes zugrunde. Schönheit kommt von innen, durch den Blick der Augen hindurch oder in einer Geste. Jede

Form der Schönheit nährt die Seele. Schönheit entsteht, wenn man der Form den Glanz des Unendlichen verleiht.

Hans Christian Andersen sagte: »Das Leben eines jeden ist ein von Gottes Hand geschriebenes Märchen.«

- Vergleiche: Achtsamkeit, Dankbarkeit, Liebe, Sensibilität, Verbundenheit, Wertschätzung
- Edelsteine: im Prinzip alle! - Fluorit, Lapislazuli, Rubin
- Bachblüte: Wild Rose
- Pomander: weiß, magenta
- Meisteressenz: Pallas Athene / Aeolus, Lao Tse / Kwan Yin

Seelenfrieden

Dem Seelenfrieden liegt reiner, geistiger Friede zugrunde. Wenn die sich entwickelnde Seele ganz im Frieden verweilen kann und in tiefstem Vertrauen mit allem eins ist, wächst der innere Seelenfrieden. Er breitet sich aus, wenn wir auf der Seelenebene erkennen und verstehen, daß der Mensch *von* seinen Taten bestraft wird, nicht *für* sie.

Um den Seelenfrieden keimen zu lassen, bedarf es Zeiten des Alleinseins. Ohne Alleinsein, im Sinne einer fruchtbaren Einsamkeit, gibt es keine ehrliche Selbsterkenntnis.

- Vergleiche: Befreiung, Dankbarkeit, Erlösung, Erkenntnis, Freiheit, Freude, Glück, Licht, Stille, Vertrauen, Wahrheit
- Edelsteine: Amethyst, Jade, Kristall, Kunzit, Smaragd, Turmalin

- Bachblüte: Cherry Plum, Gorse, Star of Bethlehem
- Pomander: violett
- Meisteressenz: Hilarion, Lao Tse / Kwan Yin

Selbstakzeptanz

Selbstakzeptanz ist die Folge von Selbsterkenntnis und bedeutet, sich selbst anzunehmen und zu lieben, wie man ist, mit allen Licht- und Schattenseiten. Wir selber sind die Welt, und unsere Probleme sind genau die der Welt. Wer die Welt verändern will, muß bei sich anfangen. Sich selbst zu erkennen und zu akzeptieren heißt, sich selbst zu sehen, wie man *ist* und nicht, wie man sein *möchte.* Wenn wir respektlos und überkritisch mit uns sind, *entwerten (entwerden)* wir auf energieraubende Weise unser Selbst. Wenn wir uns Selbstvorwürfe machen, uns schuldig für etwas fühlen, sollte unser Bemühen Erlösung und Vergebung sein, nicht Strafe. Wie leicht wird Selbstakzeptanz, wenn wir wirklich anerkennen, wer wir in unserem Inneren sind und welchen »Schatz« wir in uns bergen. Wir sollten weniger darauf achten, was wir alles *nicht* sind.

- Vergleiche: Annehmen, Ehrlichkeit, Erkenntnis, Loslassen, Mut, Reorientierung, Selbstvertrauen, Vergebung
- Edelsteine: Chrysopras, Fluorit, Kristall, Lapislazuli
- Bachblüte: Pine
- Pomander: smaragdgrün, königsblau, weiß
- Meisteressenz: Hilarion, Saint Germain

Selbstbestimmung

Die größte Kunst und das schönste Geschenk liegt darin, daß wir wir selbst sind. Wenn wir uns durch einen schwachen Eigenwillen den Erwartungen und Forderungen anderer unterwerfen, nehmen wir uns die Chance unseres Lebens, nämlich unsere eigenen Lebensaufgaben zu erkennen und sie zu verwirklichen. Um unsere Individualität zu wahren, werden wir lernen müssen, uns im angemessenen Rahmen abzugrenzen und durchzusetzen, werden wir im gesunden Maß »nein« zu den alltäglich auftauchenden Verführungen sagen müssen. Wahrhafte Lehrer und Meister wollen nicht, daß wir so werden wie sie, sondern sie lehren uns Selbstbestimmung und Verwirklichung unseres eigenen Selbstes. Es gehört zu diesem Heilungsprozeß dazu, daß wir aus abhängigen Verschmelzungen herauswachsen, uns in Liebe und Dankbarkeit abnabeln und in der Eigenständigkeit unser Selbst verwirklichen.

- Vergleiche: Anpassung, Beziehungsfähigkeit, Ehrlichkeit, Entwicklung, Freiheit, Identität, Ordnung, Vertrauen, Willenskraft
- Edelsteine: Amethyst, Andenopal, Bernstein, Chalcedon, Chrysokoll, Citrin, Sugilith
- Bachblüte: Aspen, Centaury, Red Chestnut, Walnut, Willow
- Pomander: königsblau
- Meisteressenz: Maha Chohan, Saint Germain

Selbstlose Liebe

Die reine und wahrhafte Liebe kennt nur die selbstlose Liebe. Sie liebt allein um der Liebe selbst willen. Das wirkliche Geben, ohne Eigennutzen, ohne Anforderung oder Zurückhabenwollen, ist das Ziel. Auf dem Weg dazu begegnen wir in den verschiedensten Facetten den Verlustängsten, der Besitzergreifung und dem Festhalten, bis wir die Qualitäten des selbstlosen Dienens am Nächsten und die echte Hingabe erfahren. Diese tiefe Liebe und Wärme, die uns dann in Fülle zur Verfügung steht, hat nichts mit dem Kampf um die Liebe zu tun.

In der Reiki-Praxis gibt es die sinnvolle Formulierung: Es geschehe das Bestmögliche für die Seele. Es erfordert unser ganzes Vertrauen, unsere selbst zurechtgelegten Helferwünsche abzulegen und das Geschehen in Art und Tempo achtsam zu begleiten.

- Vergleiche: Dienen, Erfüllung, Freiheit, Freude, Geben, Liebe, Mitgefühl, Seelenfrieden, Toleranz
- Edelsteine: Kunzit, Rhodochrosit, Rosenquarz
- Bachblüte: Chicory, Vine
- Pomander: pink
- Meisteressenz: im Prinzip alle! – Christus, Lady Nada, Sanat Kumara

Selbstverantwortung

Wenn wir unseren Gefühlen so richtig nachspüren, muß uns klar werden, daß sie nur aus unserem eigenen Inneren kommen. Niemand sonst könnte uns dazu bringen, etwas zu fühlen, das nicht *in* uns ist. Das bedeutet, daß wir selbst für das verantwortlich sind, was wir fühlen.

Eine alte Spruchweisheit heißt: Der Teufel könnte uns kein Haar krümmen, wenn wir ihm nicht vorher Tür und Tor dazu öffneten. Wenn wir erst die Selbstverantwortung übernommen haben, finden wir in uns selbst alle Antworten zu den Fragen, die wir anderen stellen.

Die eigene Verantwortung für die Selbstverwirklichung wird getragen von göttlicher Gnade. Die Verantwortung für uns selbst zu übernehmen, führt uns auf dem Weg vom Schicksalsgroll und einer Opferhaltung zur gesunden Selbsterkenntnis. Lösen wir uns von Empfindungen wie Verbitterung und Frustration, ist der Weg frei für die von innen geführte positive Lebenseinstellung und einen heilsamen Optimismus.

- Vergleiche: Achtsamkeit, Entschlußkraft, Entwicklung, Führung, Mut, Selbstbestimmung, Verständnis
- Edelsteine: Amethyst, Citrin, Kristall, Sodalith, Sugilith
- Bachblüte: Willow
- Pomander: gold, königsblau
- Meisteressenz: El Morya, Saint Germain

Selbstvertrauen

Selbstvertrauen ist der Grundstein des Lebens, wenn wir ihn entfernen, bricht das ganze Leben zusammen. Es ist die innere Quelle jener Kraft, die jeder Art von Unterlegenheitsgefühlen, Mutlosigkeit und Ängsten entgegenwirkt. Durch unser Vertrauen in unser Höheres Selbst (nicht in unser Ego) ist nichts unmöglich. Eine Weisheit besagt das so: Angst klopfte an die Tür, Vertrauen öffnete - und niemand war da. Wo wahres Vertrauen in das eigene Selbst ist, lösen sich die Begrenzungen, die wir uns selbst schaffen, auf, und es beginnt der eigene Heilungsweg der Selbstentfaltung. Wer gesundes Selbstvertrauen entwickelt, nährt auch die Selbstentfaltung und das Selbstbewußtsein. Wir werden uns dessen bewußt, was wir wirklich sind - und vertrauen darauf bis in unsere tiefsten Wurzeln. Wir lassen unsere Vorstellungen und Erwartungen frei und erfahren in angemessener Risikofreude unsere zahlreichen, sich verändernden Lernchancen.

- Vergleiche: Aufrichtigkeit, Dankbarkeit, Freude, Furchtlosigkeit, Glauben, Mut, Vertrauen, Wahrheit
- Edelsteine: Achat, Amethyst, Citrin, Rutilquarz, Saphir, Turmalinquarz
- Bachblüte: Cerato, Larch, Mimulus
- Pomander: olivgrün, königsblau
- Meisteressenz: Hilarion, Maha Chohan

Sensibilität

Eine gesunde Empfindungsgabe balanciert uns zwischen angstbesetzten, dunklen Vorahnungen durch nach außen projizierte Schattenbilder und bewußter, geerdeter Sensibilität. Ständiges Schulen unserer Wahrnehmungsfähigkeit trainiert unsere Sensibilität. Wenn uns schon geringe Schattenanteile aus unserem eigenen Inneren umwerfen, dient uns vernünftige Stabilität, um die Erlösungs- und Entwicklungsprozesse zu begleiten.

- Vergleiche: Achtsamkeit, Ehrlichkeit, Erkenntnis, Geduld, Umsicht, Offenheit, Stabilität, Zärtlichkeit
- Edelsteine: weißer Achat, Calcit, rosa Chalcedon, Fluorit, Rosenquarz, Pyrit

- Bachblüte: Aspen
- Pomander: türkis
- Meisteressenz: Lady Nada, Kuthumi

Spannkraft

Ohne eine gewisse Spannung geschieht im Leben überhaupt nichts. Erst in einem Gefälle von Spannungen kann ein Wechsel oder eine Entwicklung stattfinden. Hier ist ganz besonders das rechte Maß wichtig, zu wenig ist genauso hinderlich wie zu viel. Die Balance von Aktivität und Regeneration erhält das Leben. Wenn wir Langeweile und Sinnlosigkeit empfinden, mag es sein, daß wir unsere Lebensaufgaben noch nicht erfaßt haben. Geben wir uns jenen hin, können wir »gespannt sein«, wie wir es schaffen, in vitaler Leistungsfähigkeit und geistiger Frische die Sachen anzupacken.

- Vergleiche: Annehmen, Ausdauer, Balance, Erfüllung, Flexibilität, Kreativität, Mut, Realitätsgestaltung, Regeneration, Vitalität
- Edelsteine: Aventurin, Hämatit, Heliotrop, Karneol
- Bachblüte: Hornbeam
- Pomander: orange, rot
- Meisteressenz: Kwan Yin, Saint Germain

Spiritualität

Die spirituelle Entwicklung unserer Seele ist das wirkliche Ziel. Demut als Mut zur eigenen Wahrheit kennzeichnet Spiritualität. Wenn Geist und Materie in Harmonie miteinander sind, entsteht und wächst die Erkenntnis und das Verstehen. Die wahre Spiritualität, die sich von den Gesetzen von Licht und Liebe nährt, erwächst aus dem täglichen Leben, aus den täglichen Anforderungen, Chancen, Herausforderungen und unseren Reaktionen darauf. Spirituell zu sein heißt, sich dem Kosmos nicht im blinden Schicksal ausgeliefert zu fühlen, sondern Mitgestalter und sogar Miterleider dieser natürlichen Ordnung zu sein. Das folgende kleine Zen-Gedicht von Dogen drückt höchste Spiritualität aus. Es wurzelt in dem grundlegenden Prinzip von Ursache und Wirkung:

»Die Blume verblüht, wenn wir sie ungern hergeben.

Das Unkraut schießt, wenn wir es mit Widerwillen wachsen sehen.«

- Vergleiche: Entwicklung, Erkenntnis, Freiheit, Friede, Hingabe, Seelenfrieden, Transformation, Wahrheit
- Edelsteine: Aquamarin, Diamant, Kristall, Kunzit, Rosenquarz, Smaragd, Turmalin
- Bachblüte: Mustard, Wild Rose
- Pomander: magenta, weiß
- Meisteressenz: im Prinzip alle!

Stabilität

Stabilität bedeutet, guten Halt und Verwurzelung zu haben. Wenn die Stürme des Lebens an uns rütteln, ist Flexibilität erforderlich, um sich angemessen zu biegen und zu beugen - und es bedarf der Verwurzelung, die eine Sicherheit und Stabilität bietet. Ein Baum, der sich in den Jahreszeiten bewähren kann, erfährt gerade durch das Einwirken der verschiedenen Kräfte von Wind, Kälte und Regen die Möglichkeiten, stark zu werden. Es ist nicht immer nur die körperliche Kraft, die uns Stabilität gibt, sondern auch eine geistige Stabilität, in Form von Voraussicht oder Weitblick, läßt uns entschlossen auf ein Ziel hinarbeiten.

- Vergleiche: Ausdauer, Balance, Entschlußkraft, Entwicklung, Furchtlosigkeit, Tapferkeit, Vertrauen, Vitalität
- Edelsteine: Hämatit, Jaspis, Schneeflockenobsidian, Turmalinquarz
- Bachblüte: Larch, Scleranthus, Star of Bethlehem
- Pomander: rot
- Meisteressenz: Sanat Kumara

Stille

In der Stille liegt die Kraft. Sie ist die Quelle der Ruhe und der Gelassenheit, sie ermöglicht das Einfinden des Menschengeistes in das große Ganze der universellen und gemeinsamen Schöpfung. In der Stille kann die Wahrheit eines jeden Früchte ansetzen und Wurzeln schlagen. In ihr finden wir dann Antworten und Lösungen, wenn wir von den Fragen und den Konflikten ablassen.

Gelassenheit, Achtsamkeit und Vertrauen sind die Verwandten der Stille. Ein Mensch, dem nicht an jedem Tag eine stille Stunde gehört, ist kein Mensch. Selbst wenn wir Menschen still sind, können wir noch unseren Herzschlag und das Pulsieren des Lebenssaftes, des Blutes, hören. Wahre Stille gibt es nur im Einssein des Geistigen. Ein indisches Sprichwort weist darauf hin, daß ein Herz in Ruhe in allem ein Fest sieht.

Rabindranath Tagore sagte: »Bade deine Seele im Schweigen.« Stille ist die Arznei unserer Seelen.

- Vergleiche: Achtsamkeit, Dankbarkeit, Erlösung, Gelassenheit, Glück, Gnade, Harmonie, Ruhe, Wahrheit
- Edelsteine: Amethyst, Azurit, Heliotrop, Lapislazuli, Sodalith
- Bachblüte: White Chestnut
- Pomander: königsblau, violett
- Meisteressenz: Hilarion, Saint Germain

Tapferkeit

Tapferkeit bedeutet, mutig und frohgelaunt auch die Lebensschritte zu gehen, die wir aus menschlicher Kurzsichtigkeit lieber vermieden hätten. Es ist alles andere als Tapferkeit, wenn wir uns eine selbstgestellte Mutprobe nach der anderen beweisen wollen. Jeder Schritt, den wir zum Beispiel auf einen »schwierigen« Partner zugehen, ist Ausdruck unserer persönlichen Stärke und Tapferkeit. Die wahre Tapferkeit zeigt sich in den kleinen alltäglichen Lebenssituationen, wo wir weder schüchtern noch überempfindlich, sondern mit Selbstvertrauen und Mut unsere Anforderungen annehmen können.

Tapferkeit nährt sich von gesunder Sensibilität, das heißt, Bedrohungen und Gefahren als solche wahrzunehmen und ihnen in rechter Einschätzung der eigenen Kräfte »die Stirn zu bieten«. Tapferkeit ist die Unerschrockenheit im Bestehen von Gefahren. Wenn wir uns immer vor etwas fürchten und in übertriebener Ängstlichkeit Situationen in ärgsten Vorstellungen ausmalen, nutzen wir zwar unsere wahrnehmende Sensibilität und unser Gefühl zum Aufnehmen von etwas, nutzen aber nicht unsere Kräfte, diese als eine Lernchance anzugehen. Tapferkeit begleitet uns von der Angst vor der Welt zum Vertrauen in die Welt. Sathya Sai Baba sagt dazu:

»Das Zuckerrohr sollte das Schneiden, Zerhacken und Zermahlen, das Kochen und Durchseihen, dem es unterworfen wird, willkommen heißen. Ohne diese schweren Prüfungen würde das Rohr vertrocknen und keine Zunge süßen.« Ebenso sollte der Mensch tapfer seine Beschwerden willkommen heißen, denn sie bringen dem Geist Liebenswürdigkeit.

- Vergleiche: Ausdauer, Ehrlichkeit, Furchtlosigkeit, Gerechtigkeit, Intuition, Kreativität, Mut, Selbstvertrauen
- Edelsteine: Amazonit, Diamant, Heliotrop, Turmalinquarz, Schneeflockenobsidian
- Bachblüte: Mimulus
- Pomander: rot, orange
- Meisteressenz: Sanat Kumara, Saint Germain

Transformation

Transformation bedeutet die dauerhafte Loslösung und Überwindung einer Ebene oder einer Energiestufe. Es sollte nicht mit Veränderung oder gar Verdrängung verwechselt werden. Geist bewegt die Materie, die Geisteskraft kann im harmonischen Zusammenspiel mit der Materie ihre Schwingungsfrequenz erhöhen und auf einer höheren (oder tieferen) Ebene halten. Transformation bedeutet eine Anhebung der Energien oder des Bewußtseins. Die körperliche Welt oder die Materie unterliegt vielerlei Veränderungen und Wandlungen, der Geist aber kann durch die ihm zugänglichen Kräfte nicht nur verändern, sondern transformieren, wirklich dauerhaft eine neue Ebene betreten. Menschen, die viel über Transformation reden, transformieren am wenigsten. Sie besteht vielmehr in der demütigen Geisteshaltung, eine Einsicht zu leben. Wir leben mit Worten und nicht durch sie.

- Vergleiche: Entwicklung, Erlösung, Licht, Liebe, Spiritualität, Wahrheit, Wandlung
- Edelsteine: Amethyst, Azurit, Kunzit, Rubin, Saphir, Smaragd
- Bachblüte: Clematis, Honeysuckle
- Pomander: violett, gold
- Meisteressenz: Christus, Saint Germain

Toleranz

Toleranz bedeutet die Andersartigkeit anderer Menschen wertzuschätzen und sie nicht besserwisserisch abzulehnen. Destruktive Bewertung heilt durch das Bestreben des »Besserverstehenwollens«. Engstirnigkeit, Kritiksucht und Rechthaberei nehmen unserer Umgebung die notwendige Luft zum Atmen, auf die alle ein Anrecht haben. Es geht nicht darum, daß wir alle Solisten in einem Orchester werden, es ist gerade die Gemeinschaft, die unsere Toleranz *fordert* und *fördert.*

Eine kleine Geschichte von Kahlil Gibran paßt hierzu: Das Auge hatte einen herrlichen hohen Berg erblickt. An seinem Fuß wuchsen Tannenwälder, in der Mitte sah es grüne Weiden, dann kamen Felsen und zuletzt der ewige Schnee wie eine luftige Schlagrahmhaube. Das Auge wollte gleich das Ohr darauf aufmerksam machen: »Ich kann nichts hören«, sagte das Ohr. »Aber du, Nase, kannst doch den Berg nicht leugnen!« Die Nase meinte: »Ich rieche nichts, aber auch gar nichts.« Da wendete sich das Auge an den Mund, aber auch der behauptete. »Ich schmecke nichts.« Also blieben dem Auge nur noch die Fingerspitzen. »Fühlst du ihn, den Großen, Herrlichen?« - »Ich fühle nichts«, sagte die Hand. Ohr, Nase und Mund tuschelten miteinander, natürlich hinter dem Rücken des Auges. »Mit dem Auge kann etwas nicht stimmen«, einigten sie sich, »es muß in Therapie.«

- Vergleiche: Achtsamkeit, Einfühlungsvermögen, Liebe, Loslassen, Nächstenliebe, Offenheit, Verbundenheit, Verstehen, Wertschätzung
- Edelsteine: Ametrin, Chrysokoll, Malachit, Moosachat, Rosenquarz
- Bachblüte: Beech, Water Violet, Vervain
- Pomander: smaragdgrün, saphirblau
- Meisteressenz: Kuthumi, Lady Nada, Sanat Kumara

Trost

Trost ist ein Verarbeitungs- oder Verdauungsprozeß eines seelischen Schmerzes, Schocks oder Kummers. Er beinhaltet das Verstehen, daß alles, was uns passiert, zu unserem Lebensplan gehört und Entwicklungs- und Lernchancen enthält. Trost hat seine eigene Zeit. Manchmal lähmt ein Schmerz, oder man erstarrt im Schock. Durch die Liebe der Umgebung, das mag die Liebe von Mutter Natur sein oder die mitfühlender Menschen, öffnen sich im Trost die im Schmerzzustand zugeschlagenen Türen und inneren Pforten und lassen regenerierende und verstehende Kräfte einfließen - wenn wir uns erfüllen lassen und die Aufnahme nicht blockieren.

- Vergleiche: Annehmen, Dankbarkeit, Gnade, Liebe, Loslassen, Mitgefühl, Nächstenliebe, Vergebung

- Edelsteine: Aquamarin, Aventurin, Citrin, Kristall, Rhodochrosit, Turmalinquarz
- Bachblüte: Star of Bethlehem
- Pomander: smaragdgrün, saphirblau, königsblau
- Meisteressenz: Hilarion, Lady Nada, Kwan Yin

Umsicht

Umsicht erwächst einerseits aus dem Gefühl heraus, sich als Teil in ein größeres Ganzes einzufügen und andererseits aus der Wahrnehmung, die im Übermaß vorhandenen Kräfte sinnvoll an die Natur und die Menschen weiterzugeben. Dort zu *sein* und anzupacken, wo uns »das Leben« eine Chance erweist. Körperliche und geistige Gesundheit bedeutet, eine für sich selbst und andere beglückende Lebensgestaltung zu finden. Umsicht ist darin enthalten. Es geht uns etwas an, wenn des Nachbarn Haus brennt. Umsichtiges und einsichtiges Handeln beglückt nicht nur uns selbst, sondern alle, das ganze Universum. Eine hawaiianische Spruchweisheit sagt: »Niemand wird verletzt, wenn man das Richtige tut.«

- Vergleiche: Anpassung, Fürsorge, Kreativität, Licht, Mitgefühl, Mütterlichkeit, Nächstenliebe, Selbstlose Liebe, Sensibilität, Toleranz, Verantwortung
- Edelsteine: Andenopal, Calcit, Fluorit, Kristall, Malachit, Sugilith
- Bachblüte: Mimulus, Mustard, Water Violet
- Pomander: weiß, pink
- Meisteressenz: Sanat Kumara, Saint Germain

Verantwortung

In dem Begriff Verantwortung ist das Wort »Antwort« enthalten. Wenn wir die Verantwortung für uns selbst - geführt von unserem Höheren Selbst - übernehmen, werden wir die Antworten auf alle unsere Fragen, die Lösungen für alle unsere Auseinandersetzungen finden. Wir sind verantwortlich für unseren eigenen Lebensplan, mitverantwortlich für das, was wir mit anderen zusammen gestalten. Nichts geschieht oder wird von uns gefordert, was nicht in unseren Möglichkeiten liegt. Kommen uns die Aufgaben eine Nummer zu groß vor und wir trudeln verzagt in eine Selbstwertkrise, kann uns nur die eigene innere Zuversicht wieder herausholen; denn sonst wäre diese Kraft nicht von Dauer. Die Verantwortung für andere zu übernehmen, wie zum Beispiel für Kinder oder hilfsbedürftige ältere Menschen, bedarf des besonderen Feingefühls und der inneren Führung. Wir müssen beachten, wenn wir zwangsbeglücken oder das Wesen des anderen nicht respektieren.

- Vergleiche: Achtsamkeit, Dankbarkeit, Erkenntnis, Führung, Fürsorge, Güte, Liebe, Realitätsgestaltung, Selbstverantwortung, Umsicht, Vertrauen
- Edelsteine: Amethyst, Chalcedon, Malachit, Sugilith, Rosenquarz
- Bachblüte: Elm
- Pomander: smaragdgrün, saphirblau, königsblau
- Meisteressenz: Christus, Djwal Khul

Verbundenheit

Eine innere Verbundenheit durchzieht und umgibt jeden natürlichen Zustand. Alles Geschaffene, ob Mineral, Pflanze, Tier, Mensch oder Geistwesen, ist in *einem* Bewußtsein miteinander verbunden - ob wir das so wahrhaben wollen oder nicht. Und dieses Bewußtsein kommuniziert miteinander. Nicht wir Menschen schaffen diese allesdurchdringende Verbundenheit, sondern sie ist längst da. *Wir* sind es, die sich in sie einfinden und an ihr teilhaben können. Die Mutter aller Illusionen ist der Gedanke des Getrenntseins. Wenn wir uns auf einer bestimmten Ebene von etwas trennen, sind wir auf einer höheren Ebene mit etwas Neuem, Altem und Immerwährendem verbunden. Scheinbare Trennungen schmerzen uns, solange wir im Lernprozeß für das wahre Verständnis von »All-ein-Sein« sind. So ist es wesentlich heilsamer, Freundschaften zu etwas bisher Fremden zu beginnen und zu pflegen, als Feindschaften zu säen.

- Vergleiche: Annehmen, Beziehungsfähigkeit, Dankbarkeit, Fürsorge, Harmonie, Kommunikation, Liebe, Loyalität, Mitgefühl, Umsicht
- Edelsteine: Ametrin, Chrysokoll, Kunzit, Labradorit, Rubin, Rutilquarz, Smaragd, Türkis
- Bachblüte: Water Violet
- Pomander: smaragdgrün, türkis, magenta
- Meisteressenz: Kuthumi

Vergebung - Verzeihen

Wenn wir verzeihen oder vergeben, geben wir den Anspruch auf, den wir durch die Schuld eines anderen haben. Vergebung steht eher am Ende eines Prozesses und einer Wut, nicht am Anfang. Vergebung befreit von der Macht derer, die uns verletzt haben - wir selbst geben sie frei. Allein die Vergebungs*bereitschaft* enthält das Geschenk, daß sich unsere Wahrnehmung verändert. Wenn wir die Dinge unter einem anderen Blickwinkel betrachten, verändern sie sich tatsächlich. Vergebung ist nicht etwas, was wir selbst tun müssen, sondern etwas, was durch uns geschieht! Die Gnade der Vergebung geschieht durch eine höhere Macht oder Instanz mittels des geistigen Herzens. Es gibt keine Gemeinschaft oder menschliches Zusammenleben, in der die Fähigkeit des Verzeihens nicht benötigt würde.

Übergewissenhaftigkeit und Selbstvorwürfe behindern die Vergebungsbereitschaft und verbrauchen Lebensenergien. Vergebung für sich selbst und andere nähren die Selbstliebe und erlauben fließende Energien.

Mit der Qualität der Vergebung verwandt ist die Versöhnung. Sich mit sich selbst zu versöhnen bedeutet, mit sich selbst Frieden zu stiften und einverstanden zu sein, wie man durch das Leben geworden ist. Es ist ein Unterschied, ob man Konflikte »aushalten« kann oder mit sich selbst friedvoll und ausgesöhnt ist.

Ein arabisches Sprichwort besagt: »Schreibe das Unrecht, das man dir angetan hat, in den Sand, doch schreibe das Gute, das dir widerfährt, auf marmorne Tafeln. Laß alle Gefühle wie Groll und den Wunsch nach Vergeltung fahren, sie schwächen dich nur, doch halte fest an Gefühlen wie Dankbarkeit und Freude, die dich stärken.«

- Vergleiche: Aufrichtigkeit, Befreiung, Durchbruch, Entwicklung, Erlösung, Freiheit, Frieden, Gnade, Güte, Neuanfang, Reorientierung, Transformation

- Edelsteine: Amazonit, Amethyst, Aquamarin, Chrysopras, Kristall, Malachit, Olivin, Rhodochrosit, Rhodonit, Turmalin
- Bachblüte: Honeysuckle, Pine
- Pomander gelb, olivgrün, smaragdgrün
- Meister: Lady Portia

Versorgung

Versorgung bedeutet, mit dem versorgt zu sein, was wir benötigen - das ist nicht immer mit dem gleich, was wir uns wünschen. Energielosigkeit existiert nur in unserer Vorstellung. Es gibt Situationen, in denen wir das Empfangen von Energie und Kraft verweigern. Die Kraft, die wir für das Hier und Jetzt brauchen, ist in jedem Moment um uns. Es mag sein, daß wir unseren Empfänger auf eine andere Frequenz eingestellt haben und nicht gerade das anzunehmen bereit sind, was jetzt möglich wäre. Wir können unsere Wahrnehmung für die *Fülle der Möglichkeiten* entwickeln und uns fragen, was uns innerlich daran hindert, anzunehmen.

Das Verzichten auf etwas ist Ausdruck der inneren Freiheit. Sich dennoch versorgt mit den wirklich wichtigen Dingen zu fühlen, zeugt von Reife und Verständnis. Oft ist es heilsam zu überprüfen, wie wir für uns selbst sorgen, oder ob wir uns wie ein bedürftiges Kleinkind verhalten und erwarten, daß uns andere unsere Bedürfnisse erfüllen. Wie bereit sind wir, andere nach bestem Wissen zu versorgen, ohne übermäßig fürsorglich zu sein und ohne sich in der Helferrolle zu gefallen? Versorgen wir andere, ohne Erwartungen damit zu verknüpfen?

- Vergleiche: Achtsamkeit, Annehmen, Dankbarkeit, Entwicklung, Erfüllung, Finden, Fürsorge, Liebe, Mütterlichkeit, Reichtum, Vertrauen
- Edelsteine: Achat, Aventurin, Hämatit, Heliotrop, Rutilquarz, Sonnenstein
- Bachblüte: Heather
- Pomander: rot, pink, weiß
- Meisteressenz: Lady Venus Kumara, Kwan Yin

Verstehen

Jedes Verständnis und jedes Erkennen muß bei uns selbst beginnen, bevor wir bei anderen oder in einer Angelegenheit suchen. Es ist die Grundlage zu allem weiteren. Wenn wir mehr und mehr verstehen, ist jeder Angriff auf uns »nur« ein Hilfeschrei. Es bringt wenig weiter, eine Verteidigungsstellung zu beziehen, ihn zu ignorieren oder einen Gegenangriff zu planen und mit gleichen Waffen zurückzuschlagen. Wenn wir auf den Pseudogegner, der ein Spiegel von uns selbst ist, zugehen, ihn ernsthaft und liebevoll annehmen, wird der »Gegner« bald zum Verbündeten. Was uns an einem anderen stört und unseren Widerstand provoziert, dem widersetzen wir uns auch in uns selbst. Ein Mensch, der mich versteht, ohne mich zu beurteilen und zu verurteilen, hat eine heilende und befreiende Wirkung auf mich.

Das lehrt uns das Verständnis der Umkehrbarkeit, das Gesetz von Ursache und Wirkung, von Saat und Ernte. Jedes Problem, das wir außerhalb von uns wahrnehmen, kann in uns oder in unserer Beziehung geheilt werden. Gemessen an unseren inneren und äußerlichen Möglichkeiten versucht jeder, das Beste zu geben oder zu tun.

Verständnis und Mitgefühl verändern Lebenssituationen, wenn wir erkennen, daß manche Gefühle so bedrängen können, daß ein bestimmtes Verhalten zum Vorschein kommt.

Wenn wir uns unverstanden fühlen, ist die Ursache, daß wir selbst kein Verständnis für andere haben.

- Vergleiche: Achtsamkeit, Dankbarkeit, Erkenntnis, Hingabe, Licht, Liebe, Sensibilität, Wahrheit
- Edelsteine: Achat, Amethyst, Citrin, Falkenauge, Fluorit, Kristall, Lapislazuli, Tigerauge, Sugilith
- Bachblüte: Chestnut Bud, Beech
- Pomander: smaragdgrün, königsblau, magenta, weiß
- Meisteressenz: Hilarion, Kuthumi, Sanat Kumara

Vertrauen

Vertrauen ist einer der großen Heiler. Es ist die Basis für wahre Liebe. Vertrauen in die Lösung eines Konfliktes, in die Beziehung, in die Kommunikation, in was auch immer, unterstützt jeden Heilungsprozeß. Mit Vertrauen läßt sich jeder alte Kummer beheben. Vertrauen basiert auf der Einsicht, wie mächtig wir in jeder Lebenssituation sind. Wir werden *niemals* mit einer Situation konfrontiert, die jenseits unserer Möglichkeiten liegt. Ich bin mit dem Wort »niemals« sehr sparsam, doch in diesem Fall basiert mein tiefes Vertrauen auf der Wahrheit, daß Fragen und Antworten zur gleichen Zeit auftauchen.

Standhaftigkeit gibt dem Vertrauen Gleichgewicht, so daß es die notwendige Stabilität erhält. Vertrautheit zwischen Menschen schafft die Sicherheit, ohne die weder Kommunikation möglich ist noch die Nähe, durch deren Hilfe alter Schmerz ans Licht gebracht werden kann. Das

Wort Intimität (lateinisch »in« und »timere«) bedeutet »nicht fürchten«.

Wir befinden uns immer an der geeignetsten Stelle, um die Lektion zu lernen, die wir jetzt am notwendigsten zu erlernen haben. Es gibt kein Problem, das man nicht mit Vertrauen heilen kann. Wir wählten vielleicht manchmal den Weg, uns durch Hindernisse und Zweifel entmutigen zu lassen. Oder wir wollten in pessimistischer Grundeinstellung jedes schmerzliche Risiko des Lebens vermeiden und haben mehr Energie zum Bremsen als zur Lösung des Konflikts verwendet. Vertrauen wir dem Satz: Wer wagt, gewinnt.

- Vergleiche: Ehrlichkeit, Entwicklung, Geborgenheit, Glauben, Güte, Stille, Versorgung, Wahrheit, Wandel
- Edelsteine: Achat, Amethyst, Aventurin, Citrin, Kristall, Lapislazuli, Olivin, Rosenquarz, Türkis
- Bachblüte: Cherry Plum, Gentian, Gorse, Star of Bethlehem
- Pomander: gold
- Meisteressenz: El Morya, Lao Tse / Kwan Yin, Orion / Angelika

Vitalität

Ohne die Fähigkeit zu fühlen, können wir keine Vitalität leben. Gestaute Gefühle der Traurigkeit und Angst lassen uns erstarren. Werden sie losgelassen und verarbeitet, beginnt ein sogenannter »Flow«, eine Welle von Glückseligkeit, von Freude und Lebenskraft. Vitalität ist ohne Spontaneität unvorstellbar, das heißt, die Lebensenergien des Hier und Jetzt kreativ in Körper, Geist und Seele einfließen zu lassen und ohne große Vorplanungen das Jetzt zu ebnen.

Geistige Erschöpfung und Routinedasein lähmen Vitalität und Spontaneität, ein wacher Geist dagegen stärkt sie.

- Vergleiche: Annehmen, Aufrichtigkeit, Dienen, Freude, Glück, Intuition, Kreativität, Licht, Liebe, Offenheit, Regeneration, Spannkraft
- Edelsteine: Amazonit, Andenopal, Feueropal, Hämatit, Karneol, Sugilith
- Bachblüte: Hornbeam
- Pomander: rot, orange,
- Meisteressenz: Serapis Bey

Wachstum

Wachstum entsteht aus Freiheit, Geduld und Vertrauen in die seelische Entwicklung. Die Einstellung und innere Haltung des Gewährenlassens ist ein fördernder Segen für uns selbst und alle Menschen, die in irgendeiner Weise mit uns und unserem Tun verknüpft sind (nicht verstrickt!). Im Gewährenlassen offenbart sich Toleranz und Souveränität, daß wir wirklich *verstehen* und einen Vorgang mit Liebe und Geduld begleiten, ohne helfend eingreifen zu wollen. Wachstum befreit vom Vergangenen und lädt ein, in Kreativität und Lebensfreude das Jetzt zu genießen - um zur rechten Zeit am rechten Ort weiterzuwachsen. Wachstum bedeutet das Loslassen vom Alten, wie der Same seine Schale losläßt und zum Keimling wird.

Das wahre persönliche Wachstum bedeutet nicht, ähnlich dem Körperwachstum, daß wir in immer größere Kleidergrößen hineinwachsen, sondern daß wir unsere äußeren Schichten und Masken *enthüllen,* bis wir zu dem ursprünglichen Wesenskern vordringen, der frei vom

Ego ist. Wahres Wachstum bedeutet zu *werden,* was wir im Inneren sind, zu *sein,* was wir sind.

- Vergleiche: Annehmen, Befreiung, Dankbarkeit, Durchbruch, Entschlußkraft, Erfolg, Führung, Freude, Geduld, Gnade, Liebe, Mut, Vertrauen, Wahrheit
- Edelsteine: Achat, Chrysopras, Citrin, Kristall, Kunzit, Rosenquarz, Smaragd, Turmalin
- Bachblüte: Cherry Plum, Chestnut Bud, Sweet Chestnut
- Pomander: orange, smaragdgrün
- Meisteressenz: Lao Tse / Kwan Yin, Sanat Kumara

Wahrheit

»Wer den Weg der Wahrheit geht, stolpert nicht«, sagte Mahatma Gandhi. Wahrheit hilft immer, sie ist eine Form des Gebens. Wahrheit schafft Nähe, Lügen schaffen Distanz. Wahrheit bedeutet, daß alle ans Ziel kommen und zu den Siegern gehören. Sie ist das Zusammenfinden aller verschiedenen Blickwinkel, aus denen eine Situation gesehen werden kann. Die Wahrheit kommt zu uns in vielerlei Gesichtern, zum Beispiel im unschuldigen Lachen eines Kindes.

Wahrheit schafft Fülle, nicht unbedingt materielle Fülle, sondern den wahren Reichtum von Freude, Glück und liebevoller Nähe. Unser wahrer Wesenskern ist der Teil von uns, der es nicht nötig hat, nach Anerkennung durch irgend jemanden zu streben. Er muß sich nicht aufopfern, um akzeptiert zu werden oder etwas zu erreichen. Unser wahres Wesen ist freudvoll und durch und durch anziehend, das jeder, der ebenso mit seinem Wesenskern in Verbindung ist, schätzt. Es strahlt nach außen und läßt unser aller Schönheit erkennen, welche nichts mit Körperbau oder Intelligenzquotient zu tun hat. Unser wahres Selbst ist immer anziehend und bewirkt, daß andere sich auch wohl fühlen. Ein wahrhaftiger Mensch ist in sich echt und stimmig. Wahrheit bedarf keiner Waffen im üblichen Sinn. Ein Spruch von Vivekananda über Wahrheit sagt: »Der Mensch schreitet nicht vom Irrtum zur Wahrheit, sondern von Wahrheit zu Wahrheit, von einer niedrigeren zu einer höheren Wahrheit.«

Im Griechischen heißt Wahrheit »aletheia« und bedeutet die Unverborgenheit des Seins. Wahrheit macht frei, das eigentliche Sein wird erkannt, und nichts muß verborgen werden. Die Weisheit erkennt das Geheimnis des Seins, die damit verwandte Klugheit sieht, wie sie die Erkenntnis der Wirklichkeit in jedem Augenblick anwenden und in das praktische Alltagsleben umsetzen kann. Eine Lehre, die nicht das tägliche Leben einbezieht, ist nicht die wahre Lehre.

- Vergleiche: Achtsamkeit, Aufrichtigkeit, Ehre, Ehrlichkeit, Erkenntnis, Führung, Gelassenheit, Gnade, Harmonie, Klarheit, Licht, Liebe, Ordnung, Stille, Transformation
- Edelsteine: im Prinzip alle, Kristall
- Bachblüte: Aspen
- Pomander: gold, olivgrün, königsblau, weiß
- Meisteressenz: Hilarion

Wandel - Wandlung

Das einzige Konstante im Leben ist der Wandel als Veränderung. Wenn etwas geboren wurde, ist das Sterben nicht aufzuhalten. Ist der Mond voll, so nimmt er ab.

Werden und Vergehen gehören wie die zwei Seiten einer Münze zusammen. Es kostet uns enorm viel Mühe und ist obendrein zum Mißerfolg verurteilt, wenn wir das Rad des Lebens anhalten wollten. Wenn wir dem Lebensstrom in Freude und Leichtigkeit folgen, beziehungsweise uns von ihm tragen lassen könnten, vermöchten wir Zeuge dieses Geschehens zu sein. Wandel bedeutet Erleichterung und Erlösung, leider sehen wir das aus unserem manchmal menschlich eingeschränkten Blickwinkel nicht immer so. Je leichter wir uns selbst ändern, um so leichter verändert sich alles um uns herum, von unseren Beziehungen bis zu unserem Umfeld.

- Vergleiche: Anpassung, Befreiung, Durchbruch, Entwicklung, Erlösung, Freiheit, Gnade, Liebe, Seelenfrieden, Stille, Verbundenheit
- Edelsteine: Amethyst, Aquamarin, Bernstein, Chrysopras, Jaspis, Karneol, Olivin, Rutilquarz, Sonnenstein, Topas, Turmalin
- Bachblüte: Mustard, Walnut
- Pomander: orange
- Meisteressenz: Djwal Khul

Wertschätzung

Wertschätzung ist einer der einfachsten Wege, alles zu heilen. Das klingt nicht nur einfach, es ist wirklich so einfach. Anerkennung und Wertschätzung stellen das Wachsen des Bewußtseins dar. Dankbare Anerkennung leitet jeden Heilungsweg ein. Wir können nichts verlieren, dessen Wert wir voll anerkennen.

Das Bewußtsein des wahren Wertes jedes einzelnen wird durch die Kraft der Liebe zugänglich, sie überwindet Unwohlsein und stärkt Vertrauen und Harmonie im Lebensalltag.

Dankbare Anerkennung überwindet Machtkämpfe. Wenn die einzelnen Fronten einander anerkennen, kann über die Brücke der Kommunikation und des Austauschs das gemeinsame höhere Ziel erkannt und angegangen werden.

Das Ausmaß an Anerkennung und Wertschätzung, das uns zuteil wird, entspricht dem Maß, mit dem wir uns selbst anerkennen. Analog können wir das Ausmaß an Bestätigungen und Zustimmungen, das uns selbst zuteil wird, auch leicht weitergeben. Achtung und Anerkennung bewirken einen Fluß, der uns alle in Leichtigkeit mitträgt.

- Vergleiche: Achtsamkeit, Anerkennung, Dankbarkeit, Ehre, Erkenntnis, Frieden, Freude, Güte, Liebe, Nächstenliebe, Selbstakzeptanz, Verbundenheit, Wahrheit
- Edelsteine: Achat, Ametrin, Jade, Olivin, Rosenquarz, Smaragd
- Bachblüte: Mustard, Wild Rose
- Pomander: smaragdgrün
- Meisteressenz: Pallas Athene / Aeolus

Willenskraft

Willenskraft ist ausgerichtete Lebenskraft. Sie findet sich im gesunden Maß in uns, wenn wir innerlich den Entschluß gefaßt haben, uns aktiv unseren Lebensaufgaben hinzugeben. Wir *wollen* unsere Fähigkeiten anwenden, unserer Kreativität und Intuition Raum zur Entfaltung geben. Willenskraft bedeutet die Bereitschaft »anzupacken« und zwar dort, wo uns das Leben fordert.

Genau im Hier und Jetzt. Es wäre sicherlich falsch angewendete Willenskraft, wenn wir unsere Ressourcen in Überaktivitäten und Daueranspannung verausgaben würden. Zur Willenskraft gehört genauso, Regeneration anzunehmen und Stille und Pausen zu erlauben.

Mahatma Gandhi sagte: »Ein echtes Gebet, das von Herzen kommt, hat immer echte Arbeit zur Folge. Und am Ende wird die Arbeit selbst zum Gebet.«

- Vergleiche: Annehmen, Ausdauer, Dienen, Erkenntnis, Führung, Reorientierung, Verantwortung, Versorgung, Vertrauen, Zielsetzung
- Edelsteine: Amethyst, Azurit, Heliotrop, Hämatit, Jaspis, Pyrit, Rhodonit, Turmalin
- Bachblüte: Centaury, Scleranthus, Vervain
- Pomander: rubinrot, rot
- Meisteressenz: El Morya

Zärtlichkeit

Zärtlichkeit und Sanftheit sind außerordentlich starke Kräfte, die wir oft unterschätzen. Das Weiche besiegt jede Härte. Kein Herz öffnet sich der Gewalt, aber viele Herzen der Zartheit. Hände, die streicheln, erstarren nicht. In einer zärtlichen und durch Behutsamkeit genährten Atmosphäre ist Heilung leicht möglich. Zärtliche und wohltuende Berührungen öffnen verschlossene Menschen. Es beinhaltet, geachtet zu sein und in Geduld und Geborgenheit aufblühen zu können.

Zärtlichkeit ist verwandt mit Milde und Sanftmut. Alle drei Qualitäten kennzeichnen einen spirituellen Menschen. In der mittelalterlichen Sprache bedeutet milde soviel wie mahlen, zermahlen, fein, zart und weich.

Milde kann bedeuten, daß viele Prozesse des Gemahlenwerdens und Geschliffenwerdens überstanden sind und spirituelle Reife folgte. Wer durch Höhen und Tiefen gegangen ist, ohne dabei hart und verbittert, sondern »mild« zu werden, kennt die innere Haltung und den Wert der Zartheit.

- Vergleiche: Achtsamkeit, Annehmen, Beziehungsfähigkeit, Führung, Geduld, Glück, Hingabe, Liebe, Mitgefühl, Mütterlichkeit, Nächstenliebe, Sensibilität, Verbundenheit, Wahrheit
- Edelsteine: Achat, Amethyst, Aquamarin, Bernstein, rosa Chalcedon, Chrysopras, Jade, Malachit, Rosenquarz, Smaragd, Turmalin, Variscit
- Bach-Blüten: Aspen, Holly
- Pomander: pink
- Meisteressenzen: Lady Nada

Zielsetzung

Wenn wir ein Ziel vor Augen haben, gleich ob vor den inneren oder äußeren Augen, wird es leicht, die Lebenskraft auszurichten. Es gleicht einer Orientierung oder eines Leitstrahles. Es gehört dazu, Wünsche und Vorstellungen zu korrigieren und sich neu zu orientieren. Um ein Ziel zu setzen, benötigen wir den Mut zu wissen, was wir *wollen.* Das bedeutet, daß wir die Suche beenden und mit dem Finden beginnen. Nach Lao-Tse ist es heilsam, wunschlos zu sein. Das geht dann gut, wenn wir im Kontakt mit der inneren Führung sind, dann geschieht der Schöpfungswille durch uns, und wir dienen in selbstloser, reiner Liebe.

Eine Kurzgeschichte erzählt von einem großen Architekten, der mehrere Kathedralen bauen ließ. Einst besuchte er eine seiner Baustellen und fragte die Arbeiter dort, was sie täten. Einige antworteten, daß sie Holz, Mörtel oder Steine von unten in ein weiter oben gelegenes Stockwerk trügen. Einer aber sagte, daß er mithelfe, eine Kathedrale zu bauen. Einer, der ebenfalls Baumaterial trug, hatte seinen kleinen Horizont erweitert und setzte sich für sein Ziel mit seiner Kraft ein.

- Vergleiche: Entschlußkraft, Erkenntnis, Furchtlosigkeit, Kreativität, Ordnung, Reorientierung, Vertrauen, Wachstum
- Edelsteine: Amazonit, Ametrin, Bernstein, Citrin, Jaspis, Kristall, Rhodonit, Pyrit, Turmalin
- Bachblüte: Centaury, Hornbeam, Wild Oat
- Pomander: königsblau, violett
- Meisteressenz: El Morya, Serapis Bey

Edelsteine in Bezug zu Wegweisern und Aura-Soma-Pomandern

Achat	Annahme, Balance, Selbstvertrauen - *weißer P.*
Amazonit	Freude, Tapferkeit, Vitaltität, Kreativität - *saphirblauer P.*
Amethyst	Führung, Intuition, Güte, Finden, Transformation - *violetter P., magenta P.*
Ametrin	Verbundenheit - *violetter P., gelber P.*
Andenopal	Vitalität, Selbstbestimmung - *saphirblauer P.*
Aquamarin	Harmonie, Kommunikation, Frieden, Trost - *türkiser P., saphirblauer P.*
Aventurin	Regeneration, Reorientierung - *smaragdgrüner P.*
Azurit	Offenheit, Erkenntnis, Konzentration - *königsblauer P.*
Bergkristall	Licht, Liebe, Klarheit, Ordnung, Reinigung, Erkenntnis, Ehrlichkeit - *violetter P., weißer P.*
Bernstein	Anpassung, Zielsetzung, Mut, Hoffnung, Erfolg, Flexibilität, Achtsamkeit - *goldener P., gelber P.*
Calcit	Erkenntnis, Achtsamkeit, Sensibilität, - *orange P.*
Chalcedon	Kommunikation - *saphirblauer P.*
Charoit	Konzentration, Begeisterung, Ordnung, Beziehungsfähigkeit - *violetter P.*
Chrysokoll	Verbundenheit, Regeneration, Reorientierung, Beziehungsfähigkeit - *smaragdgrüner P., königsblauer P.*

Chrysopras	Loslassen, Entwicklung, Freude - *smaragdgrüner P.*
Citrin	Offenheit, Annehmen, Vertrauen, Mut - *gelber P.*
Diamant	Licht, Ausdauer, Tapferkeit, Erkenntnis, Furchtlosigkeit - *violetter P.*
Falkenauge	Verstehen, Erkenntnis - *königsblauer P.*
Feueropal	Vitalität, Begeisterung - *orange P.*
Fluorit	Achtsamkeit, Erlösung, Erfahrung - *gelber P., königsblauer P.*
Granat	Neuanfang - *rubinroter P., magenta P.*
Hämatit	Regeneration, Vitalität, - *rubinroter P.*
Heliotrop	Regeneration, Balance - *smaragdgrüner P.*
Jade	Wertschätzung, Frieden, Harmonie, Dankbarkeit, Ehre - *olivgrüner P., smaragdgrüner P.*
Jaspis	Willenskraft, Durchbruch - *orange P.*
Karneol	Loslassen, Balance, Flexibilität, Reinigung, Vitalität - *tief-roter P.*
Koralle	Gelassenheit - *orange P.*
Kunzit	Verbundenheit, Dienen, Hingabe, Entwicklung, Wachstum - *pink* P.
Labradorit	Geduld, Reichtum - *pink P.*
Lapislazuli	Ausdauer, Verbundenheit, Vertrauen, Identität, Gerechtigkeit, Entschlußkraft - *königsblauer P.*
Malachit	Mitgefühl, Annehmen, Nächstenliebe, Vergebung, Gerechtigkeit - *smaragdgrüner P.*
Mondstein	Hingabe, Intuition - *königsblauer P.*
Moosachat	Annehmen, Entwicklung, Dienen - *olivgrüner P.*
Olivin	Vertrauen, Mut, Freude - *olivgrüner P.*
Onyx	Erlösung, Annehmen - *magenta P.*

Opal	Begeisterung - *weißer P.*
Perle	Loslassen, Befreiung, Reinigung - *weißer P.*
Pyrit	Konzentration - *königsblauer P.*
Rauchquarz	Befreiung, Erkenntnis - *gelber P.*
Rhodochrosit	Annehmen - *pink P.*
Rhodonit	Durchbruch - *pink P.*
Rosenquarz	Entwicklung, Geduld, Vertrauen, Dankbarkeit, Zärtlichkeit - *pink P.*
Rubin	Verbundenheit, Liebe - *tiefroter P., roter P., magenta P.*
Rutilquarz	Harmonie, Balance, Licht, Annehmen - *goldener P.*
Saphir	Glauben, Selbstvertrauen - *saphirblauer P.*
Schneeflokkenobsidian	Stabilität - *magenta P.*
Smaragd	Nächstenliebe, Liebe, Verbundenheit, Wachstum, Friede - *smaragdgrüner P.*
Sodalith	Ausdauer, Selbstverantwortung, Glauben, Balance, Entschlußkraft - *königsblauer P.*
Sonnenstein	Geduld, Freude - *orange P.*
Sugilith	Vitalität, Verantwortung, Verstehen - *magenta P.*
Tigerauge	Achtsamkeit, Furchtlosigkeit - *orange P.*
Topas	Erlösung, Frieden, Wandel - *orange P., gelber P.*
Türkis	Verbundenheit, Kommunikation - *saphirblauer P.*
Turmalin	Erlösung, Erkenntnis, Reorientierung, Neuanfang, Wachstum - *pink P.*
Turmalinquarz	Licht, Stabilität, Tapferkeit - *weißer P.*
Variscit	Freude, Erkenntnis, Loslassen, Balance - *smaragdgrüner P.*

Bach-Blüten in Bezug zu Wegweisern und Aura-Soma-Meisteressenzen

Agrimony	Ehrlichkeit - *Hilarion*
Aspen	Sensibilität - *Hilarion*
Beech	Toleranz - *Lady Nada*
Centaury	Dienen - *El Morya*
Cerato	Intuition - *Lady Nada*
Cherry Plum	Gelassenheit - *Pallas Athene / Aeolus*
Chestnut Bud	Lernfähigkeit - *El Morya*
Chicory	Fürsorge - *Lao-Tse / Kwan Yin*
Clematis	Achtsamkeit - *Saint Germain*
Crab Apple	Reinigung - *Serapis Bey*
Elm	Verantwortung - *Orion / Angelika*
Gentian	Glaube - *Djwal Khul*
Gorse	Hoffnung - *Christus*
Heather	Identität - *Sanat Kumara*
Holly	Liebe - *Lady Nada*
Honeysuckle	Loslassen - *Saint Germain*
Hornbeam	Spannkraft - *Maha Chohan*
Impatiens	Geduld - *Lady Portia*
Larch	Selbstvertrauen - *Sanat Kumara*
Mimulus	Tapferkeit - *Orion / Angelika*
Mustard	Licht - *Christus*
Oak	Ausdauer - *Lao-Tse / Kwan Yin*
Olive	Regeneration - *Lao-Tse / Kwan Yin*
Pine	Vergebung - *Lady Portia*
Red Chestnut	Selbstbestimmung - *Saint Germain*
Rock Rose	Mut - *Maha Chohan*
Rock Water	Flexibilität - *Djwal Khul*
Scleranthus	Balance - *Hilarion*
Star of Bethlehem	Trost - *Saint Germain*

Sweet Chestnut	Erlösung - *Christus*
Vervain	Begeisterung - *Maha Chohan*
Vine	Dienen - *El Morya*
Walnut	Entwicklung - *Serapis Bey*
Water Violet	Kommunikation - *Kuthumi*
White Chestnut	Frieden - *Hilarion*
Wild Oat	Zielsetzung - *Sanat Kumara*
Wild Rose	Freude - *Pallas Athene / Aeolus*
Willow	Erkenntnis - *Djwal Khul*

Aura-Soma-Pomander in Bezug zu Wegweisern und Edelsteinen

Rubinroter Pomander	Neuorientierung - *Granat, Hämatit, Karneol, Rubin*
Roter	Lebenskraft - *Granat, Rubin*
Orange	Loslassen, Vitalität - *Calcit, Jaspis, Tigerauge, Topas, Sonnenstein*
Goldener	Erlösung - *Bernstein, Citrin*
Gelber	Offenheit - *Bernstein, Citrin, Fluorit, Topas*
Olivgrüner	Mut - *Jade, Olivin*
Smaragdgrüner	Liebe, Dankbarkeit - *Jade, Malachit, Smaragd*
Türkiser	Harmonie - *Aquamarin*
Saphirblauer	Kommunikation - *Aquamarin, Saphir*
Königsblauer	Erkenntnis - *Fluorit, Lapislazuli*
Violetter	Führung - *Diamant, Kristall*
Magenta	Verbundenheit - *Amethyst, Granat, Rubin, Sugilith*
Pink	Selbstlose Liebe - *Rosenquarz, Turmalin*
Weißer	Wahrheit - *Kristall*

Aura-Soma-Meisteressenzen in Bezug zu Wegweisern und Bach-Blüten

Christus	Erlösung - *Gorse, Mustard, Sweet Chestnut*
Djwal Khul	Wandel - *Gentian, Rock Water, Willow*
El Morya	Hingabe, Dienen - *Chestnut Bud, Centaury, Vine*
Lady Miriam von Chaldäa	Annehmen
Hilarion	Wahrheit, Ehrlichkeit - *Agrimony, Aspen, Scleranthus, White Chestnut*
Kuthumi	Achtsamkeit, Kommunikation - *Water Violet*
Lady Nada	Mitgefühl, Dankbarkeit - *Beech, Cerato, Holly*
Lady Portia	Vergebung, Geduld - *Impatiens, Pine*
Lao-Tse /Kwan Yin	Wachstum, Friede, Fürsorge - *Chicory, Oak, Olive*
Maha Chohan	Begeisterung, Erkenntnis - *Hornbeam, Rock Rose, Vervain*
Orlon/Angelika	Vertrauen - *Elm, Mimulus*
Pallas Athene/ Aeolus	Schönheit, Gelassenheit - *Wild Rose, Cherry Plum*
Saint Germain	Transformation, im Hier und Jetzt leben - *Clematis, Honeysuckle, Red Chestnut, Star of Bethlehem*
Sanat Kumara	Verbundenheit - *Heather, Larch, Wild Oat*
Serapis Bey	Reinigung, Ordnung - *Crab Apple, Walnut*

Fallbeispiele

Mit dem folgenden Kapitel will ich anhand von ein paar Beispielen zeigen, wie man mit den beschriebenen Zuordnungen umgehen könnte. Ich habe so oft das Eins-Sein als das seelisch-geistige Ziel erwähnt. Ich weiß sehr wohl, daß wir hier auf Erden einen materiellen Körper haben, der sich manchmal sehr gegensätzlich zu dem verhält, was wir geistig anstreben. Wie paßt das zusammen? Wie finden wir hier eine Gemeinsamkeit, wo selbst in diesem Buch immer wieder Polaritäten beschrieben sind? Warum muß ich mein Problem zunächst wie einen Wollknäuel entwirren und mich auf einen roten Faden festlegen, wenn doch das Ziel die Synthese und nicht die Analyse ist? Fragen reihen sich an Fragen.

Ich weiß nicht auf alle Fragen Antworten. Ich spüre nur, daß die Antworten auf meine Fragen in mir selbst liegen. Deshalb bin ich bereit zur Umkehr oder zur Einkehr. Ich habe in meinen persönlichen Prozessen erfahren, daß die Beschäftigung mit Themen wie Glück, Vertrauen oder Ehrlichkeit Orientierungen sein können. Und nur so sind diese Wegweiser gedacht. Einerseits stellen die Wegweiser, wie sie beschrieben sind, selbst einen heilsamen Hinweis dar, andererseits sind es die Querverbindungen zu ähnlichen inneren Haltungen, die sich als heilsam erweisen werden - oder auch die Verknüpfungen zu Edelsteinen, Bach-Blüten und Farben.

Wenn uns sogenannte »heiße Prozesse« und Entzündungen zu schaffen machen, bedeutet das ein zuviel an Energie. Anhand der Edelsteinliste vermag jeder zu schauen, welches ein Ventil sein könnte oder welche

Farbe der Aura-Soma-Pomander kühlend wirkt. Wenn wir in kalten und energieverbrauchenden Prozessen festhängen, werden wir unter den Themen Regeneration und Erfüllung weitere Querverweise finden, einmal zu ähnlichen Qualitäten, dann zu Edelsteinen, Pomandern und Bach-Blüten. Wie ein Fächer bieten sich viele unterstützende Hinweise an.

Wer bisher Bach-Blüten kannte und durch Einnahme mit den Wirkungen vertraut wurde, kann an der Gegenüberstellung ersehen, welche Edelsteine oder Pomander in die gleiche Richtung zielen. Die Hinweise in der Edelsteinliste können weitere Brücken bilden, die zum besseren und erweiterten Verständnis beitragen.

Schluckbeschwerden einer Frau

Eine Mutter von drei Kindern war seit Monaten erkältet. Jeden Morgen beim Aufwachen plagten sie Halsschmerzen, der Hals war rauh und fühlte sich innerlich wie wund an. Die ersten Schlucke morgens waren eine Qual, so »dicht« und geschwollen schien es dort zu sein. Die Nase war schon chronisch verstopft und der Husten reizte besonders nachts, wenn sie - von den Tagesmühen erschöpft - schlafen wollte. Tagsüber blieb ihr gar keine Zeit, über ihre körperliche Verfassung nachzudenken, und sie raffte sich immer wieder auf. Sie baute sich von einer kleinen Erholungsphase zur nächsten auf, aber diese Energiereserven hielten nicht genügend lange an, um wieder fit und gesund zu werden.

Ich sprach mit ihr über *seelische Schluckbeschwerden* und den Bezug zu *Kommunikation.* Sie dachte darüber nach, ob es etwas gab, was sie sich nicht auszusprechen traute. Aber »eigentlich« war alles in Ordnung, nur ihre

Abwehrkräfte waren, warum auch immer, etwas schwach geworden. Sie schaute weiter und fand bei den seelischen Stolpersteinen etwas in der Rubrik *Enttäuschung*, das sie ansprach. Ihr wurde bewußt, daß sie sich ihr Leben etwas anders vorgestellt hatte. Sie sah sich in ihrer Vorstellung als eine perfekte Hausfrau, die jederzeit eine zärtliche Hand und immer die richtige Antwort für die Kinder parat hätte. Und nebenbei gab es ja auch noch den Ehemann, für den sie ebenfalls da sein wollte. Sie gestand sich ein, daß sie von sich selbst ganz schön enttäuscht war. Genau das wollte sie lange nicht wahrhaben. Sie vermutete, daß sie das alles viel besser organisieren könnte. Darüber hatte sie noch nie mit jemandem gesprochen. Sie sprach nicht aus, was die Kehle entlasten würde. Sie schämte sich, keine gute Mutter zu sein, und die Selbstvorwürfe raubten ihr die Kräfte. Mit diesen ehrlichen Gedankengängen und aufkommenden Gefühlen wurde ihr bewußt, wieviel Kraft sie für diese Unterdrückungen verbrauchte und daß dies die Kräfte waren, die ihr täglich fehlten.

In der Rubrik über Enttäuschungen waren einige Hinweise gegeben, wovon sie das *Loslassen* am meisten ansprach. Sie glaubte, am schwersten würde es ihr fallen, ihre über Jahre trainierte Maske loszulassen. Sie las das Kapitel über Loslassen und spürte nach, für welche Helfer sie offen sein könnte. Sie entschied sich für die Bach-Blüte Honeysuckle, in der Hoffnung, so von den alten und überholten Vorstellungen von Frau- und Mutter-Sein loszukommen. An dem Tag, wo sie die Blüte bekam, ging sie »zufällig« an einem Edelsteingeschäft vorbei und schaute sich die das Loslassen fördernden Edelsteine an. Ihr gefiel der hellgrüne Chrysopras, und sie freundete sich mit dem Gedanken an, daß alles ein ständiger Wandel ist und das Werden und Vergehen zum Leben dazugehören. Sie kaufte den Stein als kleinen Anhänger und trug ihn am Hals.

In den darauffolgenden Tagen bemerkte sie, daß ihre Stimme schon gelegentlich lauter wurde und ihr Hals »freier«. Es »ergab« sich eine gute Situation - oder sie hat es durch ihren inneren Helfer so geschaffen - mit ihrem Mann in Ruhe über ihre innere Haltung zu reden; sie konnte sich richtig aussprechen. Ihre Enge im Hals wurde zunehmend besser, die Absonderungen aus Nase und Bronchien sah sie selbst als innere Reinigung. Sie fühlte sich auch von ihrem Gemüt freier und lebendiger. Sie faßte den Mut, immer wieder einmal bei sich selbst nachzuschauen und nachzuspüren, ob denn in ihr etwas Altes hängengeblieben war, was es wert war, freigelassen zu werden.

Konzentrationsschwierigkeiten eines Schulkindes

Die Mutter eines zehnjährigen Jungen besprach sich mit seinen Lehrern in der Schule wegen immer auffallender werdender Konzentrationsschwierigkeiten. Die Schulaufgaben wurden für Mutter und Kind jedesmal zur Tortur. Das heißt, so war es manchmal, denn es gab auch Tage, an denen die Aufgaben leicht zu bewältigen waren. Die Mutter überlegte auch schon mit dem Vater zusammen, woran die unterschiedlichen Verfassungen des Jungen abhingen. Der Klassenlehrer teilte der Mutter mit, daß er in der Schulgemeinschaft unauffällig wäre, er könne von seiner Seite aus keine Konzentrationsschwierigkeiten bestätigen.

Die Eltern dachten über die häusliche Situation nach und erkannten, daß er sich auch nach den Schulaufgaben auffällig verhielt, und das besonders dann, wenn andere Kinder im Hause waren. Er forderte möglichst alle Aufmerksamkeit, ganz besonders von der Mutter, die tagsüber ein Pflegekind im Haushalt betreute. Die Entscheidung für ein Pflegekind ergab sich für die Eltern aus mehreren Gründen, einer davon war, daß der Junge nicht als Einzelkind aufwachsen sollte. Der Mutter fiel ein, daß er manchmal das Essen verweigerte und sagte, er wolle nicht größer werden. Wir sprachen über das Thema »Entwicklung« und sie entschied sich für die Bach-Blüte Heather, die Blüte für Menschen, die ihre wahre Identität verweigern und ein bedürftiges Kleinkind bleiben wollen. Ihr wurde bewußt, daß sie eine Zeitlang ganz vergaß, Reiki zu praktizieren. Sie erkannte, daß täglich eine Zeit mit Reiki für ihren Sohn eine schöne Möglichkeit wäre, ihn einerseits mit ihrer ungeteilten Aufmerksamkeit zu versorgen und andererseits mit universeller Kraft, die seiner Entwicklung »nicht schaden« könnte. Der Junge war damit einverstanden, vor der Hausaufgabenzeit eine Zeit mit ihr zu haben, in der sie ihm die Hände auflegte, dort, wo er es haben wollte. Danach wurde die Aufgabenzeit immer leichter und unbeschwerter. Die Mutter las auch über die Meisteressenz von Orion und Angelika nach, die eine besondere Wirkung auf Schutz und Sicherheit in Wandlungs- und Entwicklungsphasen hat. Sie ließ den Jungen wählen, ob er täglich ein paar Tropfen der Bach-Blüte Heather einnehmen oder eine Farb- und Duftessenz anwenden wolle, die Geborgenheit vermittele. Der Junge entschied sich für die Essenz von Orion und Angelika und konnte mehr und mehr von seiner »zurückhaltenden« Art und Weise loslassen.

Schlußbemerkung

Dieses Buch kann verständlicherweise nicht »vollständig« sein. Ebenfalls wichtige Qualitäten, wie zum Beispiel Demut, Humor oder Unbeschwertheit, sind nicht benannt. Ich vertraue darauf, daß diese gegebenen Anregungen etwas ins Rollen bringen konnten, ähnlich dem *Bild der weitertragenden Welle, wenn ein Stein ins Wasser fällt.* Jeder kann analog dieser Vorgehensweise seine Themen darin finden und ausbauen. Das Wesentliche ist ohnehin nicht über die Worte mitteilbar.

Der Zen-Meister Thich Nhat Hanh hat in seinem Buch »Das Wunder der Achtsamkeit« von dem *sinkenden Kieselstein* geschrieben. Wenn wir uns vorstellen, wir wären ein Kieselstein, der in einen Teich oder See fällt, dann sind im Absinken unsere Bewegungen von keiner Absicht geleitet. Wenn wir am Ort der völligen Ruhe auf dem weichen Sand des Bodens angekommen sind, bleiben wir in dieser Ruhe, diesem Frieden und dieser Absichtslosigkeit. Wenn wir das wollen, kann uns kein Gedanke an Vergangenheit oder Zukunft von der gegenwärtigen Ruhe und Freude ablenken. Kein noch so inniger Wunsch kann uns von dem allgegenwärtigen und reinen Frieden ablenken, mit dem wir *eins* sind. Jeder von uns, der mit seinen Wahrnehmungen in seine Mitte einkehrt, erlebt das.

An der Oberfläche des Teiches aber gab es kleine Wellen, die sich nach allen Seiten hin ausdehnten. Schlagen unsere Versuche, in den wahren Frieden einzukehren und Heilung zu finden, auch solche »Wellen«? Ist es so, daß andere Menschen um uns herum auch etwas davon spüren, wenn wir unser Ziel anstreben und zu unserem

Urgrund finden? Es mag sein, daß wir ein Vorbild für andere sind, wenn wir uns zutrauen, unseren eigenen Weg in die Gesundheit zu gehen; und es mag sein, daß diese dabei entstandenen Wellen andere *bewegen* und die Aufmerksamkeit wecken, eine Weile zu beobachten und es womöglich selbst zu versuchen. Der Kieselstein selbst nimmt dies bestimmt nicht mehr wahr, denn er ist auf dem Weg in seine Urtiefe, in das Eins-Sein, dort, wo es keiner Worte bedarf.

Quellennachweis

Bach-Blüten:

1 Seite 114	aus Scheffer/Storl: »Die Seelenpflanzen des Edward Bach«, Irisiana-Verlag, 1995, S. 38

Homöopathie:

2 Seite 181	aus Jürgen Becker: »Was ist Homöopathie«, Galli Verlag, Freiburg, 1991, S. 1
3 Seite 190	aus Vithoulkas: »Die wissenschaftliche Homöopathie«, Burgdorf Verlag, 1987, S. 45

Literaturliste

Allgemein:

- Sogyal Rinpoche: Das tibetische Buch vom Leben und Sterben - O. W. Barth-Verlag, 1994
- Sri Nisargadatta Maharaj: Ich bin - Peters und Context-Verlag, 1989
- Chuck Spezzano: Wenn es verletzt, ist es keine Liebe - Via Nova-Verlag, 1996
- Rüdiger Dahlke: Krankheit als Symbol - C. Bertelsmann-Verlag, 1996
- Angeles Arrien: Der Vierfache Weg - Bauer-Verlag, 1996
- Charles T. Tart: Die innere Kunst der Achtsamkeit - Arbor-Verlag, 1996
- Alan W. Watts: Weisheit des ungesicherten Weges - Serie Piper, 1994
- K. O. Schmidt: In Dir ist das Licht - Drei-Eichen-Verlag, 1995

Reiki:

- Helen Haberly: Die Geschichte von Haway Takata - Archedigm Publications, 1991
- Fran Brown: Reiki Leben, Großmeisterin Takatas Lehren - Synthesis-Verlag, 1992
- Lore Massar: Reiki, Heilung durch universelle Lebenskraft - Urania-Verlag, 1996

Edelsteine:

- Renate Sperling: Vom Wesen der Edelsteine - Aquamarin-Verlag, 1994
- Michael Gienger: Die Steinheilkunde - Neue Erde-Verlag, 1995
- Anita Bind-Klinger: Heilung durch Harmonie - Aquamarin-Verlag, 1992
- Anita Bind-Klinger: Die Antwort des Herzens - Aquamarin-Verlag, 1994

Bach-Blüten:

- Edward Bach: Blumen, die durch die Seele heilen - Hugendubel-Verlag, 1980
- Edward Bach: Von der Homöopathie zu den Bach-Blüten - Aquamarin Verlag; 1994
- Mechthild Scheffer: Bach-Blütentherapie - Hugendubel-Verlag, 1985
- Mechthild Scheffer: Schlüssel zur Seele - Hugendubel-Verlag, 1995
- Mechthild Scheffer: Bach-Blütenbilder - Hugendubel-Verlag, 1997
- Ilse Maly: Bach-Blüten als Chance und Hilfe - Knaur-Verlag, 1994
- Scheffer, Storl: Die Seelenpflanzen des Edward Bach - Hugendubel-Verlag, 1995

Aura-Soma:

- Anita Bind-Klinger: Die Aura-Soma-Meisteressenzen - Aquamarin Verlag, 1996
- Mike Booth: Aura-Soma-Tarot - Aquamarin Verlag, 1997
- Essener Bruderschaft: Schöpferkraft der Farben - Bauer-Verlag, 1995

Register

S

T

Z